KB164557

염증에 걸린 마음

THE INFLAMED MIND
Copyright © Edward Bullmore 2018
All rights reserved.

Korean translation copyright © 2020 by PRUNSOOP PUBLISHING CO. LTD
Korean translation rights arranged with Intercontinental Literacy Agency Ltd.
through EYA(Eric Yang Agency).

이 책의 한국어판 저작권은 EYA(Eric Yang Agency)를 통해
Intercontinental Literacy Agency Ltd.와 독점계약한 (주)도서출판 푸른숲에 있습니다.
저작권법에 의하여 한국 내에서 보호를 받는 저작물이므로 무단전재 및 복제를 금합니다.

염증에 걸린 마음

우울증에 대한 참신하고 혁명적인 접근

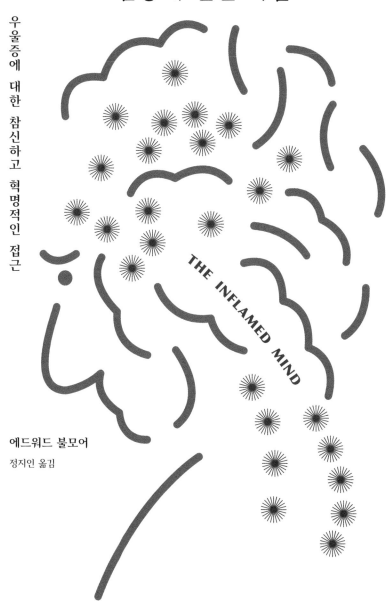

THE INFLAMED MIND

에드워드 불모어

정지인 옮김

심심

나의 가족에게

데카르트 이후 몸과 마음은 별개의 영역이라는 생각이 우리 사고를 지배해왔다. 하지만 마음은 뇌에서 비롯되고, 뇌는 몸의 일부이기에 서로 밀접한 관련이 있다. '마음이 없는 뇌' 혹은 '뇌가 없는 마음' 같은 독립적인 관점이 데카르트 이후의 크나큰 오류였다. 이 책은 세로토닌으로 대표되는 그동안의 우울증 기전과는 다른 '면역력과 염증'이라는 새로운 측면에서 우울증을 설명한다. 염증과 우울증이 서로 연결되어 있고, 둘 사이에 인과관계가 성립한다는 것은 이제 합리적 의심을 넘어 분명한 사실이다. 아마도 5~10년 안에 염증성 우울증을 치료할 수 있는 신약이 개발되어 임상에서 사용될 것이다.

권준수 서울대학교 정신과학·뇌인지과학과 교수

우울증은 마음의 감기라는 말은 역설이다. 마음은 정신 영역이라 감기 바이러스가 침투할 여지가 없기 때문이다. 그러나 과연 그럴까? 이 책은 이 역설을 명쾌하게 풀어낸다. 마음은 뇌에 있으며, 다양한 스트레스가 마치 감기 바이러스처럼 염증을 일으켜 우울증을 일으킨다는 것을 단단한 근거들로 증명했다. 데카르트의 이원론, 프로이트의 정신분석학을 가뿐하게 딛고 일어서면서 세로토닌에 안주하고 있는 현대 의학에도 신선한 자극을 선사한다. 맞다. 독감을 치료하는 것은 해열제가 아니라 바이러스 자체를 죽이는 약이듯, 우울증의 근본적인 치료법은 뇌의 염증을 가라앉히는 그 무엇일 것이다. 오랜만에 단번에 읽히는 책을 만났다.

조동찬 SBS 의학전문기자

'우울증에 대한 참신하고 혁명적인 접근'이라는 부제는 터무니없는 겸손이다. 우울증을 염증성 반응(혹은 면역계 이상성)으로 설명하려는 불모어 교수의 학설은 이미 하나의 거대한 학문적 흐름이 되었다. 임상심리학자와 정신의학자 들에게 막대한 학문적 유산을 남겨온 불모어 교수는 자신의 첫 대중서에서 누구나 알지만 누구도 쉽게 설명할 수 없는 우울증을 그만의 세공된 언어로 풀어내고, 그만이 할 수 있는 단호한 태도로 새로운 치료적 접근의 가능성을 말한다.

허지원 고려대학교 심리학과 교수 · 《나도 아직 나를 모른다》 저자

신경면역학은 얼마 전까지만 해도 의학계에서 조롱의 대상이었다. 불모어 교수는 그런 태도가 얼마나 잘못된 것인지를 조목조목 밝혀내는 일에서 선두에 서 왔다. 면역정신의학계의 선구자인 불모어 교수는 우리에게 의학적 중세에서 벗어나는 길을 안내하며, 염증 체계와 정신질환 사이의 가장 중요한 연결고리를 친절하게 설명해준다. 이러

염증에 걸린 마음

한 통찰은 암 치료 분야의 개인화된 치료처럼, 개인화된 정신의학이라는 새로운 분야를 예고하는 패러다임 전환을 이끌어내고 있다.

로버트 레클러 경Sir Robert Lechler 영국의학회 회장

《염증에 걸린 마음》은 우리가 우울증을 이해하는 데 극적인 혁신을 일으킬 뿐 아니라, 인간으로 존재한다는 것의 의미를 비범하게 탐색한다.

매튜 단코나Matthew d'Ancona《진실 이후Post Truth》저자

사고를 자극하는 이 책은 염증을 우울증의 주요 원인 중 하나라 말한다. 우리의 의료 실무를 어떻게 발전시켜야 할지, 이 패러다임으로 연구개발 분야를 어떻게 쇄신할 수 있을지 등 우리 모두에게 중요한 의미를 지닌 질문들을 던지면서 잠시도 손에서 내려놓지 못하게 만드는 흥미로운 책이다. 강력 추천한다.

샐리 데이비스Sally Davies 잉글랜드 최고의료책임관

에드워드 불모어는 면역계와 염증이 우울증에서 얼마나 중요한 위치를 차지하는지 명확한 문장과 설득력 있는 논증으로 풀어낸다. 이 생기발랄한 책은 우울증 연구뿐 아니라 조현병과 알츠하이머병 연구에도 영향을 미치고 있는 첨단 임상신경과학 분야를 소개한다.

스티븐 E. 하이먼Steven E. Hyman
하버드대학교 줄기세포 재생생물학과 공훈교수

불모어 교수는 우울증의 원인을 전통적인 시각과 달리 세로토 닌 불균형보다는 염증에서 찾는 흥미진진한 이론을 제시한다. 진실이 무엇이든 깊은 생각을 자극하는 흥미로운 책이다.

웬디 번 Wendy Burn 왕립정신의학회 회장

한 전문가가 갑자기, 우리가 안다고 생각했던 모든 것에 제동 을 걸고 의문을 제기하기 시작했다. 뇌의 작용에 관한 이 지식은 모른 척 넘어가기에는 너무나도 중요하다.

제러미 바인 Jeremy Vine BBC 저널리스트

《염증에 걸린 마음》은 신경과학과 면역학의 접점에서 일어나 고 있는 혁명을 우리 눈앞에 펼쳐놓는다. 우울증과 우울증 치료에 대한 새로운 관점을 제시하는 저자는 몸과 마음을 서로 분리된 것으로 보는 이원론의 뿌리를 추적하고, 신체 염증이 뇌와 정신에 어떻게 영향을 미 치는지 설명하며 이제 그 이원론을 넘어서야 한다고 말한다. 또한 깊은 지식을 쉽고 재미있게 풀어내 전통적인 '의학적' 증상들과 '정신의학 적' 증상들 사이의 관계를 제대로 이해하게 해 그 새로운 관점이 얼마 나 심오한 결과를 가져올 수 있는지 깨닫게 한다.

존 H. 크리스탈 John H. Krystal 예일대학교 의학대학원 정신의학과 학과장

일부 정신질환, 특히 일부 우울증이 사실은 면역계 질환이라는 주장을 매우 설득력 있고 아주 읽기 쉽게 펼쳐낸 책이다. 에드워드 불 모어의 말이 옳다면 정신의학은 지금 몸과 마음의 재결합이라는 혁명

의 문턱에 서 있는 셈이다.

콜린 블레이크모어 경 Sir Colin Blakemore

런던대학교 고등연구 과학대학 신경과학 및 철학과 교수

정신의학자들이 우울증을 새로운 관점에서 생각하고 있다. 우울증은 트라우마나 화학적 불균형, 뇌 회로의 잘못된 발화 때문인가? 에드워드 불모어 교수는 우울증을 이해하고 싶을 때 면역계를 들여다봐야 하는 이유를 알려준다. 이런 접근법은 마음과 몸을 통합적으로 바라보게 해줄 뿐 아니라, 새로운 치료 방식까지 제안한다.《염증에 걸린 마음》은 우울증을 새로운 방식으로 생각해보고 싶은 모든 사람에게 아주 중요한, 희망적인 책이다.

톰 인셀 Tom Insel 전 미국 국립정신보건원장

정신질환을 줄이는 새롭고 흥미로운 접근법을 설명하는 동시에 뇌과학의 핵심을 잘 풀어낸다. 더 좋은 점은 지나치게 단순화하지 않으면서도 쉽게 읽힌다는 것이다.

필립 캠벨 경 Sir Philip Campbell 〈네이처〉 편집장

일러두기

본문에서 각주는 ●로, 후주는 숫자로 표시했습니다. 각주는 옮긴이주, 후주는 저자주입니다.

새로운 과학이 가져올 놀라운 변화

오래전 내가 처음으로 정신의학에 매력을 느꼈던 이유는 이것이 인간의 가장 개인적인 고통을 해결하려는 노력이라 생각했기 때문이었다. 자아에 일어난 병적인 혼란, 감정의 균형과 불균형, 정신과 기억의 상태, 세계에 대한 생각이나 세계와 우리의 관계에 대한 생각 같은 것들 말이다. 젊은 의사 시절, 내게는 부은 발목이나 가려운 피부 같은 신체 증상보다는 정신 증상의 풍부하고 개별적인 내용이 훨씬 더 흥미로웠다. 과학적 관점에서도, 모든 정신 증상이 분명 뇌에서 만들어진다는 점 역시 내 마음을 끌었다. 물론 뇌가 그 증상들을 어떻게 만들어내는지 아직 밝혀지지 않았을 때였지만 말이다. 그때나 지금이나, 뇌의 메커니즘이 어떻게 정신장애를 일으키는지 더 잘 이해할 수만 있다면, 치료도 예방도 훨씬 더 잘할 수 있으리라 생각한다. 또한 정신 건강 문제가 어디에서, 무엇으로부터 생겨났는지 더 확실히 알게 된다면, 그 문제에 관해 말할 때 느끼던 수치심이나 두려움도 줄어들 것이다.

그래서 나는 서른 살쯤 되어 뇌에서 정신질환 증상들이 어떻게 생겨나는지 더 자세히 밝혀내는 것을 연구의 사명으로 삼았다. 1990년 무렵이던 당시, 많은 정신의학자가 주로 도파민이나 세로토닌 같은 뇌 화학물질이 어떻게 정신증이나 우울증 같은 장애를 초래하는지 연구하는 데 집중하고 있었다. 하지만 더 이해해야 할 것들이 어마어마하게 많다는 것도 분명했다. 그렇게 나는 정신과의사뿐 아니라 과학자도 되어야 한다는 것을 깨달았다.

그 당시 나는 몇 년 동안 생물의학 연구를 지원하는 자선단체 웰컴 트러스트Wellcome Trust의 지원을 받아 런던에 있는 정신의학연구소Institute of Psychiatry에서 마이클 브래머Michael Brammer 교수의 지도를 받으며 박사과정을 밟았다. 그때는 최초의 기능적자기공명영상fMRI(이하 fMRI) 스캐너가 전 세계적으로 겨우 몇 군데에서 막 사용되기 시작했던 무렵으로, 나는 이 fMRI라는 신문물에서 나온 데이터를 수학적으로 분석해 건강한 사람과 정신장애 환자들의 뇌 기능 지도를 만드는 일에 참여했다. 뇌 영상과 신경과학, 정신 건강에 관한 다수의 과학 논문도 단독 혹은 공동으로 썼다. 이는 나에게 아주 흥미진진한 전환이었다. 정말 운 좋게도 fMRI 연구의 첫 물결을 타기에 딱 적합한 시기에 딱 적합한 곳에 있었던 셈이다. 이후 fMRI 연구는 엄청나게 확대되어 전 세계적 범위의 새로운 과학 생태계를 만들었다. 나는 뇌스캔과 뇌과학 전반이 거스를 수 없는 물결처럼 쏟아낸 새로운 발견들로 정신장애에 관한 우리의 사고방식과 치료 방식이 급진적으로 개선되는 건 시간문제라고 생각했다. 어쩌면 몇 년 후면 그렇게 될 거라고, 적어도 내가 쉰 살이 될 즈음에는 확실히 그렇게 되어 있을 거라고 확신했다.

바로 그런 생각으로 1999년에 케임브리지대학교에서 정신의학과 교수로 일하기 시작했다. 처음에는 뇌 영상 연구를 계속하며 인간 뇌의 복잡한 연결망 조직을 측정하고 분석하는 새로운 방법을 찾으려 노력했다. 아마도 내 이름은 일명 '커넥톰connectome'●이라고 하는 이 연결망을 연구하는 뇌과학자로서 가장 잘 알려져 있을 것이다. 하지만 이 책의 주제는 커넥톰이 아니다.

내가 40대 중반이 되던 무렵, 세계적으로 뇌과학이 어마어마한 발전을 거두었음에도 영국 국민건강서비스National Health Service, NHS ●●에 속한 지역 진료소와 병원의 일상적 의료 실무에서는 여전히 큰 변화의 조짐을 찾아볼 수 없었다. 뇌스캔에 관한 논문만 계속 쓰는 것으로는 정신의학 실무에 변화를 일으킬 수 없을 것 같아 마음이 초조했다. 그러다 의학사에서 변화의 가장 강

● 뇌 속 뉴런들 사이의 모든 연결을 종합적으로 표현한 일종의 뇌 회로도. 더 넓게는 한 생물체의 신경계 전체의 연결 지도를 의미하기도 한다.

●● 국가의 일반 재정에서 비용을 충당하여 모든 국민에게 포괄적 의료서비스를 무료로 제공하는 영국의 의료 체계. 모든 국민은 자신의 거주 지역 내 지역 보건의를 주치의로 등록해야 하고, 주치의를 거쳐야 전문적인 2차 진료를 받을 수 있다. 치과와 안과, 병원 외부 처방약 등은 예외적으로 비용이 든다.

력한 지렛대는 언제나 새로운 치료법의 등장이었다는 데 생각이 미쳤다. 그래서 우울증과 정신증 및 기타 정신질환에 대한 새로운 약물 치료법 개발이 어떻게 이루어지고 있는지 알아보기로 했다.

내가 2005년에 영국의 가장 큰 제약 회사 중 하나인 글락소스미스클라인GlaxoSmithKline에서 시간제로 일하는 모험을 감행한 것은 바로 그 때문이었다. 한 주의 절반은 우리 대학 연구실에서 뇌 연결망 분석이라는 매혹적인 신비를 연구하며 보냈고, 나머지 절반은 글락소스미스클라인의 임상 연구 실장으로 일했다. 마침 그 연구실은 케임브리지대학교 부속 애든브룩스병원에서 복도를 따라 180미터 정도만 가면 되므로 두 가지 일 사이를 오가기도 아주 편리했다. 글락소스미스클라인 연구실에서는 정신의학과 신경학, 그리고 기타 의학 분야에서 임상 개발 중인 신약 효과를 테스트하는 등 많은 연구를 진행했다. 때로는 새로운 치료법이 발견될 가능성에 점점 가까이 다가가고 있다는 데 정말 신이 났다.

그러다 2010년에 글락소스미스클라인은 갑자기 정신 건강 분야의 모든 연구개발 프로그램을 중단했다. 나는 졸지에 더 이상 정신의학 연구를 원하지 않는 회사에서 일하는 50세의 정신의학자 신세가 됐다. 글락소스미스클라인처럼 크고 막강한 회사가 정신의학 치료를 발전시키는 일을 가망 없다고 판단했다면, 내가 지난 20년 동안 꼭 보게 되리라 확신하며 기다렸던 정신질환 치료의 급진적 개선은 앞으로 어떻게 되는 것일까? 이 책에서 다룰 아이디어들에 관해 내가 진지하게 생각하기 시작한 것은 바로

염증에 걸린 마음

그즈음이었다.

　나는 뇌와 마음을 면역계와 연결하는 새로운 분야의 선구적 과학자들의 연구에 점점 더 깊은 관심을 가졌다. 면역정신의학immuno-psychiatry 또는 신경면역학neuro-immunology이라 불리는 분야였다. 솔직히 처음에 이 단어들을 들었을 때는 미친 소리처럼 들렸고, 그렇게 생각한 데에는 온갖 타당한 이유를 갖다 댈 수 있었다. 그러나 깊이 파고들수록 이 새로운 학문들이 정신의학에서 참신한 치료의 진전을 몰고올, 이전과 다른 과학적 전략이라는 생각이 들었다. 나는 이에 관해 많은 사람과 이야기를 나누었고, 이번에도 운이 좋았다. 글락소스미스클라인의 상사가 그 분야를 자세히 알아볼 가치가 있다는 내 말에 동의해, 우리는 2013년 무렵부터 의학연구위원회Medical Research Council •와 웰컴 트러스트의 지원을 받아 다른 회사들 및 학계 전문가들과 제휴 관계를 맺고 염증과 우울증의 관계를 더 자세히 밝혀내기 위한 연구를 진행하고 있다.

　이 이야기로 내가 어떻게 면역정신의학 연구 프로그램에 참여했는지 설명이 되었기를 바란다. 나는 여전히 그 프로그램에서 연구를 진행하고 있다. 하지만 그 이야기로도 내가 면역정신의학에 관한 책을 쓴 이유는 설명되지 않는다. 과학자들에게는 누구나 읽을 수 있는 책보다는 전문가 동료 집단이라는 기술적으로 특

●　영국의 의학 연구를 조직하고 자금을 지원하는 관리 기관.

화된 독자층을 위한 논문을 쓰는 일이 훨씬 더 권장된다. 그러나 지난 5년 정도 면역계와 신경계가 어떻게 상호작용하는지, 신체의 염증이 우울증 같은 정신적 증상을 어떻게 초래하는지 점점 더 깊이 연구하면서, 이 문제가 많은 사람에게 중요한 의미가 있으며 공감을 불러일으킨다는 느낌을 점점 더 강하게 받았다. 면역정신의학은 몸과 마음의 관계뿐 아니라 정신의학과 나머지 다른 의학 분야들 사이에 전통적으로 존재해온 차이점들에 관한 아주 기본적인 몇 가지 관념을 건드린다. 또한 단순히 새로운 항우울제 몇 가지를 만들어내는 데 그치는 것이 아니라, 정신 건강과 신체 건강을 지금처럼 따로따로 다루지 않고 함께 아우르는, 근본적으로 재구성된 (감히 말하건대 근본적으로 더 나은) 방식을 제시한다.

이 책에는 어느 정도, 특히 면역계와 관련된 전문용어가 등장한다. 과학적인 세부 사항을 빼고 이야기하면 실질적인 내용을 제대로 전달할 수가 없기 때문이다. 나는 이 책에 담긴 이야기가 새로운 과학이 정신 건강과 관련해 어떻게 놀라운 변화를 가져올 수 있을지 알려주는, 정말로 흥미진진한 이야기라고 생각한다. 여러분에게도 그렇게 다가갔으면 좋겠다.

에드워드 불모어

차례

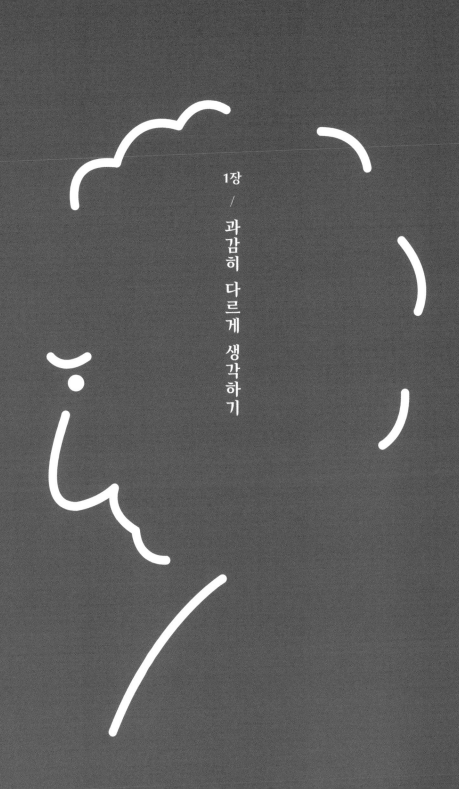

1장
/
과감히 다르게 생각하기

우울증을 모르는 사람은 없다. 지구상에 우울증의 손길에서 완전히 자유로운 가족은 없으니 말이다. 그런데도 우리가 우울증에 관해 아는 것은 깜짝 놀랄 정도로 적다.

런던에 있는 모즐리병원 외래 진료실에서 정신과 수련의로 일하던 시절, 한 환자와 면담을 하다가 내가 정말 아는 게 없다는 사실을 깨닫고 심한 창피함과 당혹감에 휩싸인 적이 있다. 교과서에서 배운 틀에 박힌 질문을 던지는 내게 그 환자는 기분이 매우 저조하며, 삶에서 어떤 기쁨도 느끼지 못하고, 새벽에 잠에서 깨 다시 잠들지 못하며, 잘 먹지도 못해 체중도 많이 줄었고, 과거에 대해서는 죄책감을 느끼고 미래에 대해서는 비관적이라고 대답했다.

"우울증인 것 같습니다." 내가 말했다.

"그건 나도 이미 압니다." 그 환자가 참을성 있게 대꾸했다.

"내가 주치의에게 이곳으로 진료 의뢰를 해달라고 부탁한 것도 그 때문이고요. 내가 알고 싶은 건, 내가 왜 우울증에 걸렸으며 내 우울증에 대해 선생님이 해줄 수 있는 일이 뭐냐는 겁니다."

나는 선택적 세로토닌 재흡수 억제제selective serotonin reuptake inhibitors, SSRI 같은 항우울제들에 관해, 그리고 그것들이 약효를 내는 방식에 관해 설명하려 했다. 세로토닌이 어떻다는 둥, 세로토닌이 부족하면 우울증이 생긴다는 둥 장황하게 늘어놓는 내가 머쓱하게 느껴질 즈음, 이럴 때 더 노련한 정신과의사들은 자신만만한 태도로 불균형이라는 단어를 꺼내 썼던 것이 기억났다. "선생님의 증상은 아마도 뇌 속 세로토닌의 불균형 때문인 것 같고, 선택적 세로토닌 재흡수 억제제가 그 불균형을 정상으로 돌려줄 겁니다." 나는 불균형한 것이 다시 균형을 잡고, 그의 불안정한 기분이 평정한 상태로 되돌아오리라는 것을 보여주려고 두 손을 마구 흔들어대며 말했다.

"어떻게 그걸 확신하시죠?" 그가 물었다. 내가 얼마 전 교과서에서 배운 우울증의 세로토닌 원인설을 다시 풀어놓기 시작하자 그가 내 말을 잘랐다. "아뇨. 그러니까 내 말은, 내 경우가 거기 해당한다는 걸 어떻게 확신하시냐고요? 내 뇌 속 세로토닌 수치가 불균형하다는 것을 어떻게 아시죠?" 진실은, 나도 그건 모른다는 것이었다.

이는 대략 25년 전 일이다. 그만큼 세월이 흘렀지만, 그때 그 환자가 한 질문을 비롯해 우울증의 원인과 치료법에 관한 많은 질문에 대해 우리는 아직도 자신 있고 일관적인 답을 내놓지 못하고 있다. 우울증은 순전히 마음의 문제인가? 그것은 '단지' 매사에 관해 생각하는 방식의 문제인 걸까? 그렇다면 왜 뇌세포에 작용하는 약들로 우울증을 치료할까? 그렇다면 그건 '정말' 뇌 속의 문제이기만 한 걸까? 우리는 우울증에 걸린 친구나 가족에게 뭐라고 말해줘야 할지 잘 모른다. 정작 우울증에 걸린 사람이 우리 자신일 때는 그 사실을 밝히는 게 수치스럽기도 하다.

과거 우울증 및 기타 정신질환을 둘러싸고 있던 먹먹할 정도의 압도적 침묵은 이제 많이 옅어졌고, 우리는 정신질환에 관해 좀 더 편하게 말하게 됐다. 그건 좋은 일이다. 비록 언제나 서로의 의견에 동의하지는 않더라도 말이다. 우울증이 매우 흔하며, 여러 면에서 심각한 장애를 일으킬 수 있다는 것, 그리고 우울증에 걸린 사람들은 기쁨을 느끼는 일이 줄어들고 기대수명도 짧아지므로 삶의 질과 양 모두가 떨어진다는 것을 우리는 알고 있다. 우울증 및 관련 장애들이 유발하는 경제적 비용이 어마어마하다는 것을, 예를 들어 다음 회계연도부터 영국에서 우울증을 완전히 치료하고자 한다면 국내총생산에 대략 4퍼센트를 더하거나, 전체 경제의 연간 성장률 목표치를 2퍼센트에서 6퍼센트로 3배 올리는 것에 맞먹을 정도의 비용이 들 거라는 글을 읽어도 우리는 놀라지 않는다.[1,2] 만약 영국이 어떻게 해서든 우울증이 전혀 없는 나라가 된다면 국부가 어마어마하게 증가할 것이다.

우리와 가까운 사람들에게서도 우울증 삽화*와 우울장애

는 매우 흔한 일이며, 세계 어디서나 우울증은 공중보건 분야에서 해결해야 할 엄청난 규모의 난제라는 것은 이제 누구나 아는 사실이다. 그런데도 여전히 우울증에 대처할 방법은 얼마 되지 않는다. 널리 사용되고 그럭저럭 효과를 내는 치료법들이 몇 가지 있기는 하지만, 지난 30년 동안 혁신적인 발전은 전혀 이루어지지 않았다. 1990년대에 우울증에 대해 사용하던 방책들, 그러니까 프로작Prozac 같은 세로토닌 조절 약물과 심리치료가 여전히 우리가 갖고 있는 치료법의 거의 전부다. 그리고 너무나 당연한 말이지만 그 정도로는 충분하지 않다. 오죽하면 우울증이 2030년까지 세계적으로 가장 많은 환자가 발생할 단일 질환으로 꼽히겠는가.

이제는 생각의 틀을 과감히 바꾸어야 할 때다.

수련의 시절 정신의학과로 전공을 정하기 얼마 전인 1989년의 어느 날, 나는 류머티즘성관절염이라는 염증성질환에 걸린 50대 후반 여성을 진료했다. 이분을 P부인이라고 하자. P부인은 여러 해 동안 관절염을 앓고 있었다. 손의 관절들이 부어올라 통증을 일으켰고, 그로 인한 흉터로 손이 뒤틀려 있었다. 무릎에서는 콜라겐과 뼈가 파괴되어 관절이 더 이상 부드럽게 움직이지 않아서 걷기도 무척 힘들었다. 부인과 나는 류머티즘성관절염의 진단 기준인 신체적 신호들과 증상들의 긴 목록을 훑으며 이야기를 나누었다. 부인은 모든 네모 상자에 체크를 했다. 그런 다음 나는

●   병적인 수준의 우울 증상들이 한동안 지속되는 상태.

표준적인 검사표에는 없는 몇 가지 질문을 던졌다. 부인의 마음 상태와 기분에 관한 질문이었다. 그러자 P부인은 약 10분에 걸쳐 자신의 에너지 수준이 매우 낮고, 이제 어떤 일에도 기쁨을 느끼지 못하며, 수면 패턴도 엉망이고, 늘 비관적인 생각과 죄책감에 사로잡혀 있다고 조용하지만 분명하게 말했다. 한마디로 P부인은 우울증에 걸려 있었다.

나는 내가 대견했다. P부인의 증상을 더욱 자세히 파고들어 작은 의학적 발견을 했다고 생각했다. 부인은 류머티즘성관절염 때문에 나를 만나러 왔지만 나는 거기에 우울장애라는 진단까지 추가했으니까. 나는 선배 의사에게 이 중요한 소식을 알리려고 서둘러 달려갔다. "P부인은 관절염만 있는 게 아니라 우울증도 있습니다." 내 예리한 진단에 대한 그의 반응은 떨떠름했다. "우울증? 글쎄, 자네가 그 부인이라면 우울증에 안 걸리겠나?"

우리 두 사람 다 P부인이 우울증도 있고 염증 질환도 있다는 것을 알았다. 하지만 당시 의학계의 통념으로 보자면 부인이 우울한 이유는 자신이 만성염증 질환에 걸렸음을 알고 있기 때문이었다. 순전히 마음의 문제라는 것이다. 우리 둘 다 부인의 우울증이 몸에서 비롯되었을지 모른다는 생각은 하지 못했다. P부인이 우울증에 걸린 건 자신에게 염증이 있다는 걸 알아서가 아니라, 단순히 염증이 있기 때문이라는 생각 말이다. 부인은 진료실에 도착할 때 안고 있던 우울과 피로의 무게를 조금도 덜어내지 못한 채 떠났다. 우리는 과감히 다르게 생각할 줄 몰랐고, 부인의 증상을 낫게 하거나 완화시켜줄 어떤 조취도 취하지 않았다.

이후 약 30년이 지나는 동안 우리는 우울증과 염증의 관계, 마음과 몸의 관계에 관한 새로운 과학적 사고방식에 훨씬 더 익숙해졌다. 언젠가 치과에 다녀온 뒤 나 자신에게서도 그 관계를 발견했다.

치과 치료가 불러온 우울감

몇 년 전 충전물로 때워놓았던 어금니 하나가 썩어서 염증이 생겼다. 치과의사는 어쩔 수 없이 내 어금니 내부에 생긴 염증과 세균을 드릴로 치근 끝까지 갈아내야 했다. 치근관 치료는 한 시간 정도의 여가를 보내기에 내가 썩 좋아하는 일은 아니지만, 그래도 해야만 하는 일인 것은 분명했다. 치과 시술 의자 위로 고분고분 올라가 입을 쫙 벌릴 때까지만 해도 나는 꽤 쾌활한 상태였다. 그러나 시술이 끝나자 어서 집으로 가 침대에 눕고 싶은 생각뿐이었고 사람들과 말을 주고받기도 싫었다. 그리고 마침내 집에 도착해서는 혼자 틀어박혀 죽음에 관한 암울한 생각만 곰곰이 곱씹다 잠들었다.

그러나 다음 날 아침 일어나 출근한 뒤로는 죽을 수밖에 없는 인간의 운명 따위는 까맣게 잊었다. 나는 드릴로 치아를 뚫는 시술과 잇몸에 든 멍을 감내했고, 길지 않은 시간 동안 약간의 정신적 증상과 행동적 증상을 겪었다. 무기력과 사회적 위축,● 병적으로 음울한 반추까지. 다소 우울한 상태였다고 할 수 있다. 하지만 생각해보라. 치과에 가는 걸 좋아할 사람이 어디 있겠는가.

이 일련의 사건에는 통상에서 벗어난 것은 하나도 없어 보이고, 실제로도 없다. 하지만 알고 보면 그 일에 대한 통상적인 설명은 유일한 설명이 아니다.

전통적인 방식으로 생각하자면, 이 사소한 에피소드는 감염과 상처에 대한 내 몸의 면역반응에서 시작됐다. 내 치아가 어떤 세균에 감염되었고, 그 감염에 대한 반응으로 잇몸에 염증이 생겼다. 치과의사가 어금니를 드릴로 파고 충치를 긁어낸 일은 장기적인 외과적 치유를 위한 것이긴 했지만, 잇몸의 염증이 더 심해지고 치아에 있던 세균이 혈류 속으로 퍼져나갈 위험을 높이는 단기적 불리함을 유발했다. 내가 치과에 간 이유와 그곳에서 나에게 일어난 일은 내 몸의 완전성에 대한 하나의 도전이자 생존에 대한 위협이었고, 면역계에게 염증반응 수위를 한 단계 높이라는 명백한 요구였다.

부상이나 감염 같은 물리적 공격이 면역계의 염증반응으로 이어지는 기계적인 인과관계의 사슬을 밝혀낸 것은 의학의 판도를 바꿔놓은 성과였다. 그것은 면역학의 쾌거였다. 면역학은 현재 거의 모든 질병을 이해하는 데 깊이 스며들어 있다. 백신접종

●   타인과의 상호 작용을 회피하고, 사회적으로 고립되며, 타인과의 사회성 기술이 결핍된 상태.

과 이식수술뿐 아니라, 류머티즘성관절염과 다발경화증,• 다양한 종류의 암을 치료하는 신약들이 효과를 내는 데 밑바탕이 되는 학문인 것이다. 이 엄청나게 강력한 면역의 과학은 내 치아의 감염이 왜 잇몸에 국소적 염증을 일으켰으며, 치근관 치료가 어떻게 염증을 급격히 악화시켰는지에 관해 매우 상세한 설명을 들려줄 수 있다.

하지만 염증에 걸린 환자에게 염증이 어떤 느낌을 안기는지, 예를 들어 염증이 어째서 내 생각과 행동에 영향을 미쳤는지에 관해서는 면역학도 아직 들려줄 말이 그다지 많지 않다. 나는 왜 혼자 있고 싶었던 걸까? 왜 침대에 들어가 가만히 누워 있고만 싶었을까? 내 기분은 왜 그렇게 음울했을까? 이런 질문들에는 전통적으로 면역학이 아니라 심리학이 답을 해왔다.

그래서 나는 나 자신에게 심리학적인 설명을 들려줬다. 치과 시술이 말 그대로 내 이가 길어지고 있다는,•• 즉 내가 늙어가고 있다는 사실을 상기시켰으리라는 설명이었다. 필멸必滅에 대한 그 진부한 은유에 실체적인 의미가 담겨 있음을 확인하고는, 내가 앞으로 얼마나 더 살지 꼽아보는 합리적 비관의 시간을 갖게 된 게 틀림없다고. 이러한 자가 진단을 달리 표현하자면, 나는 치근

• 뇌와 척수에 있는 신경 부분의 말이집myelin sheath이 되풀이하여 산발적으로 파괴되는 병. 눈의 이상, 지각 장애, 언어 장애, 운동 실조, 운동 마비, 배설 곤란, 현기증 따위의 증상이 나타나는데 원인은 밝혀지지 않았다.

•• long in the tooth, 늙었다는 의미의 관용구.

관 치료에 숨겨진 함의에 관해 생각하다 일시적 우울 상태에 빠진 것이다. 내 마음 상태는 몸이 직접 초래한 것이 아니라 몸 상태에 대한 고찰 혹은 숙고 탓이었다는 설명이다.

이 설명을 듣고 놀라지 않았다면 당신은 이원론자다. 내게 일어난 일에 관한 전통적인 의학적 설명은 이원론을 그대로 따르기 때문이다. 이원론에 따르면 육체와 정신이라는 두 개의 영역이 따로 존재하고, 그 둘 사이에는 흐릿한 연결점만이 있다. 내가 치과에 갈 때까지 일어난 모든 일은 육체의 영역 안에서, 감염과 면역의 생물학으로 설명된다. 반면, 치과 치료를 받은 후 내 기분과 행동에 일어난 모든 일은 정신의 영역 안에서, 늙어감에 관해 내가 스스로 갖다 붙인 심리학적 의미로 설명된다.

그때가 2013년쯤이었던 것 같은데, 당시 나는 내가 겪은 염증과 우울감의 관계를 그런 방식으로 설명하고는, 그렇게라도 '납득이 된다'는 것에 어느 정도 위안을 받았다. 이렇게 돌이켜보는 지금에야 표준적인 이원론적 설명이 얼마나 불완전하고 뒤틀려 있는지 깨닫고서 깜짝 놀랐다. 이제는 나에게 일어났던 그 일을 아주 다른 방식으로 설명할 수 있기 때문이다. 나의 치근관 우울증을 바라볼 또 다른 관점이 존재한다. 이 관점에 따르면 내가 일시적으로 우울 상태에 빠진 것은 단순히 염증 때문이었다. 염증이 불러올 결과들을 생각했기 때문이 아니라는 말이다. 입안에서 일어난 일시적 염증의 폭발이, 시술 직후 감지한 내 기분과 행동, 인지의 변화를 직접적으로 초래했다는 것이다.

이 새로운 설명은, 내가 늙어가는 중이라는 이유를 들어 내 자신에게 들려주었던 판에 박힌 이원론적 추론보다 논리적으로 훨씬 단순하다. 이원론적 설명에 담긴 서사의 흐름은, 내가 치과 의자에서 내려오는 순간 육체의 영역에서 더 이상 갈 데가 없어져 흐름이 끊겼다가, 집에 돌아가 침울한 마음으로 침대에 누워 있을 때 기적적으로 정신의 영역에서 다시 표면으로 솟아올랐다. 그러나 새로운 설명에서는 처음부터 끝까지, 염증이 생긴 치아라는 최초의 원인부터 우울한 기분이라는 최종적 결과까지 인과의 사슬이 모두 육체의 영역 안에서 완결된다.

그러나 여기서 그 인과성을 과학적으로 정확히 규명하기는 어렵다. 염증이 우울을 유발했다는 것을 완전히 확신하려면 크게 두 가지 질문에 대한 답을 알아야 한다.

몸의 면역계에서 생긴 염증 변화는 정확히 어떤 단계를 거쳐 뇌의 작용에 변화를 일으키고 사람을 우울하게 만드는가?

우울증 환자가 애초에 염증에 걸린 이유는 무엇인가? 그리고 원래 질병과 맞서 싸울 때 우리를 돕도록 진화한, 그래서 우리를 이롭게 하도록 되어 있는 신체의 염증반응이 왜 우리에게 우울함을 느끼게 하는 것인가?

내가 P부인을 만났던 30년 전에는 이런 인과성에 관해 질

염증에 걸린 마음

문을 던지는 사람이 거의 없었고, 그 질문에 과학적으로나 의학적으로 타당한 답도 존재하지 않았다. 내가 치근관 치료를 받았던 2013년에는 판도를 바꾸는 새로운 과학 연구 덕분에 그 질문이 좀 더 자주, 좀 더 엄밀하게 제기되었고 답도 점점 명확해지고 있었다. 그리고 지난 5년 사이 그 연구는 계속해서 매우 빠른 속도로 진척되었다.[3,4,5,6]

새로운 과학들이 대개 그렇듯, 이 과학 역시 더욱 잘 확립되어 있는 기존 지식 영역들 사이의 접점에서 등장했다. 이것은 면역학과 신경과학, 심리학, 정신의학의 경계선 위에 존재한다. '신경-면역학neuro-immunology'이나 '면역-정신의학immuno-psychiatry'처럼 주로 붙임표로 이어놓은 어정쩡한 명칭으로 불리는데, 이런 조어는 그것이 원래 혼종으로 생겨났다는 사실과 면역계의 메커니즘으로 뇌와 몸과 마음을 연결하려는 경계 넘기의 야심을 갖고 있음을 드러낸다. 신경면역학은 면역계가 뇌 또는 신경계와 상호작용하는 방식을 연구하며, 면역정신의학은 면역계가 마음이나 정신 건강과 상호작용하는 방식에 더 초점을 맞춘다.

신경면역학과 면역정신의학

최초로 신경면역학자라고 자처할 만큼 대담했던 아주 작은 무리의 사람들을 주류 과학자들은 의혹의 눈초리로 깔보듯 대했다. 20세기에는 뇌와 면역계가 서로 전혀 무관하다고 철석같이 믿었던 탓에, 뇌과학의 영역인 뇌와 면역학의 영역인 면역계 사이의 관련성을 탐구하는 일은 전문가로서 존중받을 만한 일이라 여겨지지 않았다. 면역계에 속하는 백혈구와 항체는 혈류를 따라 몸속을 돌다가 비장脾臟●과 림프절 등 면역에 중요한 신체 기관을 통과한다. 그러나 면역계의 세포와 단백질도 뇌로는 자유롭게 스며들 수 없는데, 이는 혈뇌장벽blood-brain barrier●●이 뇌를 보호하고 있기 때문이라고 했다. 1980년대에 나는 의대에서 혈뇌장벽이 마치 베를린장벽처럼 철저하게 면역계와 신경계를 완전히 분리한다고 배웠다. 혈뇌장벽의 견고함을 믿는 전통적 사고방식의 과학자들은 씨를 말려버릴 기세로 신경면역학의 초기 이론들을 혹독하게 경멸했다. 단백질이 혈액과 뇌 사이에 세워진 장벽을 통과할 수 없다는 건 누구나 아는 일인데, 어째서 신경면역학자란 자들은 혈액검사로 측정한 염증 단백질 수치가 뇌나 마음과 관련이 있다는 주장을 진지하게 한단 말인가. 이 주장은 1990년경에 시작되었는데 단순히 틀린 주장이 아니라 몹시 괘씸한 주장이었다.

혈뇌장벽을 베를린장벽 같은 것으로 보는 견해는 데카르

● 척추동물의 림프 계통 기관. 위胃의 왼쪽이나 뒤쪽에 있으며, 오래된 적혈구나 혈소판을 파괴하거나 림프구를 만드는 작용을 한다.

●● 혈뇌장벽은 뇌혈관 내막을 따라 위치하며, 뇌혈관 속을 흐르는 특정 이물질이 뇌 조직으로 스며드는 것을 막아 보호하는 역할을 한다. 혈뇌장벽을 통과할 수 있는 물질과 통과할 수 없는 물질이 있다.

염증에 걸린 마음

트까지 거슬러 올라가는 더욱 오래된 굳건한 관념, 즉 오늘날 우리가 말하는 정신과 육체, 혹은 데카르트의 표현으로 영혼과 육체는 철저히 다른 별개의 것이라는 이원론을 그대로 이어받았다. 17세기의 데카르트 이원론 철학은 서구 의학의 근본 토대이며, 혈뇌장벽이 뇌와 육체를 엄격히 차단해 분리한다는 것은 그 철학의 실체적 구현이었다. 그러니 선구적인 신경면역학자들이 혈액 내 염증 단백질이 혈뇌장벽을 통과해 정신에 영향을 미칠 수 있다는 의견을 제시한 일은 단순히 혈뇌장벽의 생물학적 사실들에 대해 틀린 말을 한 것이 아니라 의학의 철학적 토대에 심각한 불경을 저지른 것이었다.

지금은 내가 의대에서 배웠던 것 중 틀린 내용이 많았다는 게 분명해졌다. 혈뇌장벽이 뇌와 몸 사이의 모든 면역학적 혼선을 막아내지는 못한다는 사실이 명백히 밝혀진 것이다. 이제 우리는 사이토카인cytokine이라 불리는 혈액 속의 염증 단백질이 혈뇌장벽을 뚫고 몸에서 뇌와 마음으로 신호를 보낼 수 있다는 사실을 안다. 사이토카인에 대해서는 나중에 더 자세히 이야기하겠지만, 사이토카인을 처음 들어보는 독자라면 혈액을 타고 흐르면서 뇌를 포함한 몸 전체에 강력한 염증반응을 일으키는 호르몬이라고 생각하면 된다. 그러니까 치과의사가 내 잇몸을 진찰하고 내 치아를 긁어낼 때 내 입속 면역세포는 사이토카인을 만들어냈을 것이고, 그렇게 생겨난 사이토카인은 혈류를 타고 온몸을 돌며 한때 불투과성이라 알려져 있던 혈뇌장벽 너머로 염증 신호를 보냈고,

그 신호들은 내 뇌의 뉴런에 도달해 내 마음이 염증을 일으키도록
했을 것이다.

염증이 생긴 마음은 어떤 모습일까

아주 진지하게 생각했던 건 아니지만, 한때 나는 마음의 염
증이 신체의 염증과 비슷할 것이라 생각했다. 로마시대부터 우리
가 늘 알고 있었듯이, 몸에 염증이 생기면 빨갛게 변하며 부어오
른다. 그래서 나는 마음에도 염증이 생기면 은유적으로 빨갛게 되
고 부어오를 것이라고 상상했다. 그러니까 화가 나고, 감정이 과
해지며, 열정적이고, 통제할 수 없고, 잠재적으로 위험하며, 정신
의학 용어로는 조증 상태에 가장 가까울 것이라고 말이다. 그러나
지금 내게 떠오르는 염증에 걸린 마음의 이미지는 그와 거의 정반
대로, 성미가 불같고 위협적인 사람이 아니라 오히려 우울하고 위
축된 사람의 이미지다. 관절염으로 손이 붓고 뒤틀린 채, 자신이
왜 그렇게 우울하고 피로한지 모르겠다고 조용히 말하던 P부인처
럼. 지금 내게는 P부인의 상태가 염증에 걸린 마음의 전형으로 여
겨진다. 이 말은 은유적 표현이 아니라 실제 메커니즘에 관한 묘
사다.

염증이 생긴 마음을 은유가 아닌 메커니즘으로 보게 된 관
점의 전환은 염증과 우울증 사이의 강력한 연관관계를 보여주는
압도적 증거들을 받아들이면서 시작됐다. 너무 당연해서 오히려

염증에 걸린 마음

인지하지 못했던 그 사실을 그저 인정하는 것이야말로 가장 적절한 출발점이다. 그러나 정말로 결정적인 질문은 인과성에 관한 것이다. 이원론을 탈피한 새로운 사고방식이 뿌리내리려면, 염증이 우울증과 단순히 연관되거나 관계있는 것만이 아니라 직접적으로 우울증을 초래할 수 있다는 것을 과학적으로 증명해야만 한다.

원인과 결과를 판단하는 한 가지 방법은 사건의 시간 순서를 관찰하는 것이다. 원인은 반드시 결과보다 먼저 있어야 한다. 따라서 염증이 우울증 증상의 한 원인이라면 우울증 이전에 염증이 일어난 증거가 있을 것이다. 그리고 그런 증거는 최근의 연구에서 어느 정도 나와 있다. 브리스틀과 잉글랜드 남서부의 어린이 1만 5000명을 대상으로 한 연구 결과가 2014년 발표되었는데, 9세 때 약간의 염증이 있던 아이들이 10년 뒤 18세에 우울증이 나타날 가능성이 유의미하게 높다는 것이 밝혀졌다.[7] 이 연구는 염증이 우울증 또는 우울 행동을 예측하거나 우울 행동보다 선행될 수 있음을 보여준 수십 건의 인간 연구와 수백 건의 동물 연구 중 한 사례이다.

그러나 시간상 앞선다는 사실만으로는 염증이 우울증의 원인임을 진지하게 받아들이기가 어렵다. 회의적인 과학자들과 의사들은 정확히 어떤 생물학적 메커니즘에 따라 염증이 우울증을 초래하는지, 즉 혈액 속 사이토카인에서 뇌 속의 변화로, 그것이 다시 기분의 우울증적 변화로 이어지는지 단계별 과정을 하나하나 알고자 할 것이다. 동물과 사람을 대상으로 한 최근 실험들에서 이 부분을 뒷받침하는 증거도 나왔다.

쥐에게 염증성 세균을 주입하면 그 쥐는 치과 시술을 받은 뒤의 나와 비슷하게 행동한다. 다른 쥐들과 사회적 접촉을 피하며 움츠러들고, 잘 움직이지 않으며, 잠을 자고 먹이를 먹는 패턴도 엉망이 된다. 한마디로 염증은 확신해도 될 만큼 동물들에게 질병 행태sickness behavior라 불리는 증후군을 유발하는데, 이 증후군이 인간의 우울증 증상과 유사하다는 것은 한눈에 알 수 있다. 사실 쥐에게 염증을 일으켜야만 이런 질병 행태를 보이는 건 아니다. 사이토카인만 주입해도 충분한데, 이는 질병 행태를 유발하는 것이 균 자체가 아니라 염증에 대한 면역반응이라는 것을 증명한다. 염증은 동물에게 직접적으로 우울증 유사 행동을 초래한다. 이는 의심의 여지없이 확실한 사실이다.[8]

집쥐와 생쥐를 통해 우리는 염증이 뇌에 어떤 영향을 미칠 수 있는지도 알게 되었다. 사이토카인에 노출된 뉴런은 죽을 가능성이 커지고 재생할 가능성은 줄어든다. 염증은 뉴런 사이의 연결부, 즉 시냅스가 정보 패턴을 학습하는 능력을 떨어뜨리고, 뉴런 사이의 전달물질인 세로토닌의 공급도 감소시킨다. 적어도 동물에 관한 한, 몸의 염증이 곧바로 뇌 속 뉴런의 활동 방식 변화로 연결되고, 여기서 다시 우울증과 유사한 질병 행태가 직접 발생한다는 설명 사슬이 완성되었다.

그러나 사람의 경우 이에 맞먹는 인과 사슬을 밝혀내는 일은 쉽지 않다. 실험을 하겠다고 사람에게 위험한 세균을 주입할 수도 없고, 건강한 사람의 뇌에 직접 사이토카인을(혹은 다른 무엇이라도) 주입할 수도 없다. 그리고 살아 있는 사람의 뉴런에, 그것도 한 번에 하나의 뉴런에 염증이 어떤 영향을 미치는지 관찰하는 것도 불가능하다. 약 1000억 개에 달하는 뉴런은 뇌 속에 빽빽하게 밀집되어 있고, 뇌는 두개골이 보호하고 있다. 우리가 살아 있는 사람의 두개골 안에서 무슨 일이 벌어지고 있는지 '볼' 수 있는 유일한 방법은 자기공명영상MRI(이하 MRI) 같은 뇌스캔 기술을 사용하는 것이다. 그런데 최근 MRI 연구들은 몸의 염증이 인간 뇌의 활동과 기분에 직접적인 영향을 끼칠 수 있음을 보여주는 증거를 내놓기 시작했다. 예를 들어 건강한 젊은이들에게 장티푸스 백신을 주사하면 그들의 면역계는 세균을 주입한 쥐의 면역계와 비슷하게 반응하고, 혈중 사이토카인 수치도 치솟는다. 또한 백신주사를 맞은 사람들은 약간 우울한 상태가 되는데, 백신접종 이후의 이러한 우울감은 감정 표현을 담당한다고 알려진 뇌 영역들이 대단히 활성화된 것과 관련이 있었다.[9]

　그러니 면역정신의학은 내가 치과 시술 후 어째서 우울해졌는가 하는 질문에 새롭고 빈틈없는 과학의 논리로 대답하게 도와줄 정도까지는 발전한 셈이다. 몸이라는 기계 속에 감정을 만들어내는 유령이 숨어 있기 때문이 아니다. 이제 나는 치근관 치료로 급증한 사이토카인이 혈뇌장벽 너머로 염증 신호를 보내 뇌에서 감정을 처리하는 뉴런의 연결망에 변화를 일으켰고, 이것이 우울 삽화를 유발해 내가 죽음에 대한 생각을 곱씹도록 만들었던 것이라는 개연성 있는 주장을 펼칠 수 있다. 이원론을 무너뜨리는 이 비통상적인 설명의 모든 단계에는 그것을 뒷받침하는 신뢰할 수 있는 실험 증거들이 존재한다. 그러나 아직 그 증거가 전적으로 완전한 것은 아니다. 급속도로 발전하는 모든 과학 분야가 그렇듯 지금까지 확보된 증거에는 빈틈과 예외가 분명히 존재한다. 게다가 '어떻게'에 대한 완전한 답을 갖고 있다고 하더라도, 여전히 우리는 '왜'라는 질문의 답도 알아야 한다.

그 질문에 대해 과학적으로 용납할 수 있는 유일한 답은 진화의 관점에서 풀어낸 것이다. 염증은 왜 우울증을 유발할까? 그것은 오직 자연선택 때문이라고 볼 수밖에 없다. 분명 어떤 면에서는 감염이나 그 밖의 염증에 우울증으로 반응하는 것이 우리의 생존에 유리할 (또는 유리했을) 것이다.[10, 11] 그리고 우리는 분명, 염증에 우울증으로 반응하게 해 조상들을 생존에 유리하게 만든 결과 자연선택된 유전자를 물려받았을 것이다. 치과에 다녀온 후 내가 일시적으로 우울한 상태가 된 이유는 과거에 내 조상들을 감염에서 살아남게 도와주었던 유전자를 물려받았기 때문이라고 합리적으로 추론할 수 있다. 게다가 이 유전자는 감염성 세균을 공격적으로 죽임으로써, 그리고 그 공격이 진행되는 동안 에너지를 아끼도록 나를 침대에 누워 있게 함으로써 내가 치근관 치료라는 경미한 트라우마에서 회복하는 것도 도와주었을 것이다.

물론 신경면역학과 면역정신의학이라는, 서로 연결된 새로운 과학이 지닌 진정한 중요성은 내가 치과에 가는 걸 싫어하는 또 하나의 이유를 알려주는 데서 그치지 않는다. 더 중요한 것은, 몸에서 시작해 면역계를 거쳐 뇌와 마음으로 이어지는 경로를 지도로 그리고 나면, 다시 말해 염증이 생긴 마음이라는 탈이원론적 관념을 명백히 규명해내고 나면 정신질환에 대처하는 완전히 새로운 방식을 발견할 수 있다는 사실이다.

면역계가 중심이 될 치료의 미래

우울증, 조현병, 자폐성 장애, 중독, 알츠하이머병……. 이 길고도 애절한 목록에는 정신과의사와 임상심리학자, 신경과의사들이 보통 '순전히 마음의 문제'인 것처럼, 혹은 '순전히 뇌의 문제'인 것처럼 대하는 장애들이 나열되어 있다. 내가 치과에 다녀온 다음 날에도 떨치고 일어나지 못해서 결근을 했다고 가정해보자. 계속해서 더욱더 위축되고 울적해져서 결국 아내가 나에게 의사를 만나보라고 설득했다고 해보자. 그랬다면 어떤 일이 일어났을까? 내 주치의는 아마도 내 마음 상태에 대해 몇 가지 질문을 던진 다음 (언젠가는 죽는다는 생각에 대한 내 심리적 문제를 해결하기 위해) 심리치료를 제안하거나 (내 뇌 속의 세로토닌 혹은 다른 신경전달물질이 불균형할 거라는 관념적 추측에 근거해) 항우울제를 처방했을 것이다. 그 의사가 치근관 치료에 딱히 진단과 관련한 중요성을 부여했을 가능성은 별로 없다. 혈중 사이토카인 수치를 측정하기 위해서나, 내가 염증에 대한 우울 반응과 관련된 유전적 위험 요인을 갖고 있는지 알아보기 위해 혈액검사를 지시하지 않으리라는 것도 거의 확실하다. 그가 (프로작 같은) 항우울제 대신 (아스피린 같은) 항염증약을 추천했을 상황도 상상할 수 없다. 나는 분명, 내 기분은 면역계와는 아무 관계도 없다고 여기는 합리적이고 능숙한 전통 방식으로 치료받았을 것이다. 내가 P부인을 치료했던 바로 그 방식 말이다.

과학적으로는 인과성에 관한 의문이 아직 남아 있을지 모르지만, 염증과 우울증이 연관되어 있다는 데는 반론의 여지가 없다. 그런데도 나는 왜 치과 치료 후 우울증에 빠진 나를 진료할 의사가 내 면역계에는 전혀 주의를 기울이지 않을 거라고 그토록 확신하는 것일까? 한 가지 이유는 의학계가 아주 보수적이고 고도로 통제되는 업종이기 때문이다. 생명과학에서 개념적 발전이 일어나도 의학계가 그 발전을 따라잡아 의료 실무에 적용하기까지 수십 년씩이나 걸리는 경우도 드물지 않다. 의학의 진전 속도가 기대보다 너무 느릴 때가 많다는 건 DNA 이중나선이 현재 우리의 삶에 미치는 영향이 어느 정도인지만 봐도 알 수 있다.

제임스 왓슨James Watson 과 프랜시스 크릭Francis Crick은 1953년에 DNA의 구조 원리를 발표해[12] 유전학과 분자생물학에서 완전히 새로운 분야들을 열어젖혔다. DNA 구조의 발견은 후에 생물학의 중심 정론이 된 이론, 즉 유전정보는 DNA 분자의 염기서열에 의해 부호화되며, 각각의 DNA 염기서열은 수백 혹은 수천 개의 아미노산을 연결해 각각의 다양한 단백질을 합성하는 방식을 구체적으로 결정한다는 이론이 확립되는 과정에서 중요한 전환점이 되었다. 단백질은 사람의 체내에서 (항체와 사이토카인, 효소, 다양한 호르몬을 포함해) 어마어마하게 광범위하고 다종다양한 집단을 형성하고 있으므로, DNA가 단백질 합성을 어떻게 유전적으로 조절하는지 깊이 이해하게 된 것은 생물학의 역사에서 가장 중요한 진전 중 하나다.

그때부터 약 50년이 지난 2000년 1월, 인간 유전체의 염기서열분석을 축하하는 백악관 행사에서, 새천년 진입기의 무한한 낙관론에 고무된 빌 클린턴 대통령은 유전체를 가리켜 "의심의 여지없이, 인류가 만든 것 중 가장 중요하고 가장 경이로운 지도"라고 말했다.[13] 인간 유전체 분석을 이례적인 규모와 속도로 의학적 돌파구들을 만들 수 있는 과학적 진보라고 본 것이다. "이제 우리 자녀들의 자녀들은 암cancer이라는 단어를 게자리Cancer라는 별자리 이름으로만 알게 될 미래도 상상해볼 수 있습니다." 그 말을 한 지 20년 가까이 흐른 지금 빌 클린턴은 할아버지가 되었지만, 우리는 암이라는 단어를 점성술만의 용어로 넘겨주는 단계 근처에도 가지 못했다. 2018년 현재, 영국 국민건강서비스에서 유전학은 백혈병이나 유방암 환자 중에서 새로 나온 항암제에 다행히 더 잘 반응하는 유전자 프로필을 가진 일부 환자에게 생사를 가르는 차이를 만들어주고 있다. 그러나 유전학의 치료 잠재력이 국민건강서비스의 전체 범위에서 실현되려면 아직 여러 세대가 더 지나야 할 것이다.

그러니 면역정신의학이 실제 의료에 적용되는 일도 상당히 더디게 진행될 거라고 보는 게 합리적 예상이다. 2018년 현재, 영국 국민건강서비스에서 면역학은 우울증이나 정신증 또는 알츠하이머병 환자에게 아무 도움도 주지 못한다. 면역계에 일차적으로 작용해 우울증을 치료하는 승인된 약품이나 치료법 자체가 존재하지 않기 때문이다. 한편으로, 과도한 사회적 스트레스가 몸의 염증을 증가시킨다는 사실이 새롭게 밝혀졌고, 아동기에 역경이나 학대를 경험한 사람은 아동기와 성인기에 염증이 있을 가능성이 훨씬 크다는 증거도 점점 많이 쌓여가고 있다.[14,15,16] 게다가 우울증이 있으면서 염증도 있는 환자는 전통적인 항우울제가 잘 들을 확률이 낮다는 것도 점점 더 분명해지고 있다.[17] 그런데도 현재로서는 의사나 다른 정신보건 종사자 들이 이 새로운 지식을 활용해 우울증 환자를 도울 널리 알려진 방법이 아직 없다. 그러니 나는 내 주치의가 내게 면역학을 활용한 우울증 치료를 해줄 수 있는 입장이 될 때까지는, 그가 먼저 나서서 시간을 들여 우울증에 관한 이 신기하고 새로운 면역학적 견해에 관심을 기울일 거라고는 기대하지 않는다.

나는 이런 상황이 바뀌리라고 생각한다. 정신질환과 신체질환을 나누던 해묵은 경계선을 수정하고, 400년 된 이원론적 진단의 오래된 습관을 떨쳐내고서, 면역계를 중심에 두고 우울증 같은 심리적·행동적 증상에 관해 생각하고 치료하게 될 미래를 나는 꿈꾼다. 앞으로 대략 5년 안에는 이 방향으로 옮겨가는 결정적 움직임이 만들어지리라 예상한다. 역사를 돌이켜보면 의학 혁명이 리얼리티 텔레비전 쇼의 흥미로운 소재가 되지 않을 것임은 분명하다. 그러나 일상적 의학 실무에서는 겉으로 드러나지 않지만 심층에서는 우울증을 비롯한 정신질환에 대처하는 방식을 바꿔놓을 과학적 변화의 흐름이 면면히 이어지고 있다. 그 흐름이 바로 이 책의 바탕이 되는 개념이다. 우리는 우울증을 순전히 마음의 문제 아니면 순전히 뇌의 문제라고 보는 해묵고 양극화된 관점에서 벗어나, 몸 역시 우울증의 근원 중 하나라고 보는 관점으로, 또한 우울증은 적대적 세계에서 인류가 생존의 위협에 응수하는 한 방식이라고 보는 관점으로 옮겨가게 될 것이다.

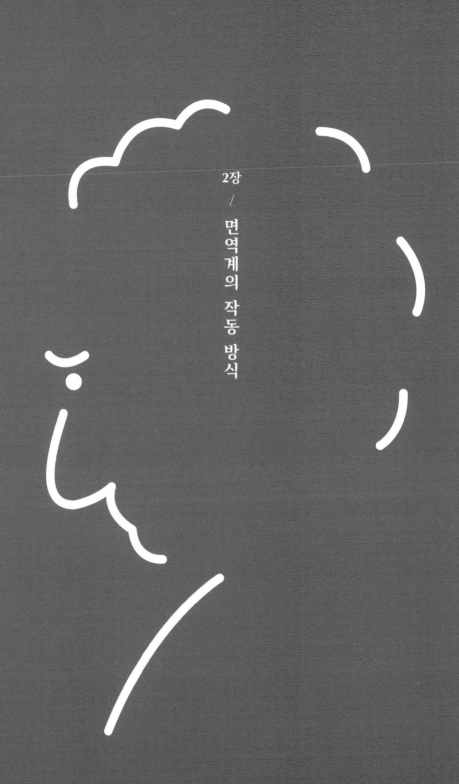

2장
/
면역계의 작동 방식

우울증에 대한 이 새로운 관점을 이해하려면 조금 낯선 장소에서 시작해야 한다. 바로 림프절과 비장과 백혈구인데, 이들은 염증의 메커니즘과 그 근거를 설명하는 면역계의 과학, 즉 면역학의 영역에 속한다. 면역학 덕분에 우리는, 염증이란 적에 대항해 자신을 방어하라고 면역계가 우리를 각성시킬 때 일어나는 일임을 알게 되었다.

염증에 대처하는 일은 의학에서 늘 중요한 영역이었고, 나역시 정신의학으로 전공을 정하기 전인 수련의 시절, 그러니까 1990년쯤까지는 임상면역학을 꽤 열심히 공부했다. 그러나 그 후로는 면역학 교과서나 논문을 한 번도 들여다보지 않았다. 그러다가 2012년 무렵에 내가 관심을 끊고 있는 동안 면역학에서 어떤일들이 벌어졌는지 알게 되면서 진심으로 탄복했다.

21세기 면역학은 내가 20세기에 배웠던 것과 같은 토대를 일부 공유하지만(교과서에 실린 도해들 일부의 골자는 같다) 전체적인 그림은 모든 면에서 경이로울 정도로 더욱 상세하고 복잡해졌다. 그사이 완전히 새로운 발견도 몇 가지 있었고, 과거에 확실하다고 여겼던 몇 가지 믿음은 완전히 무너졌다. 쇄신과 성장을 이어가고 있는 면역학은 과학 및 치료의 측면에서 전례 없는 방식으로 막강한 힘을 발휘한다.[1] 특히 우리가 다루는 주제와 관련해서는 면역계와 뇌, 행동, 정신의 관계를 예전과 다르게 생각할 근거를 제공한다. 우리 몸의 염증 상태, 즉 면역계가 위협을 각성하는 수준은 우리의 기분과 우리가 생각하는 내용에 직접 영향을 미친다. 좀 더 과학적으로 말하자면 몸의 염증은 뇌가 작동하는 방식을 변화시키고, 이는 다시 우리가 우울증으로 알고 있는 기분과 인지, 행동의 변화를 불러온다.

염증과 감염

이 과정이 처음부터 끝까지 어떻게 이루어지는지 알아보기 위해 인체의 기본 구성 요소인 세포부터 살펴보자. 세포는 수백만 가지 다양한 형태로 존재하며 각자 서로 다른 기능에 특화되어 있다. 신경세포는 신경계 대부분을 구성하며, 백혈구는 면역계 대부분을, 내피세포는 심혈관계의 동맥과 정맥의 내막을 형성한다. 백혈구는 더욱 특수화된 면역세포들인 대식세포macrophage, 림프구lymphocyte, 미세신경교세포microglia로 세분할 수 있다. 이 세

포들은 면역계에서 제일 잘나가는 주인공들이다.(그림 1)

모든 세포의 원료는 단백질이며 인체에는 수십억 가지 단백질이 존재하는데, 이 각각의 단백질들은 우리가 부모에게서 유전적으로 물려받은 DNA 암호에 따라 만들어진다. 모든 항체와 효소, 인슐린 같은 다수의 호르몬, 그리고 사이토카인 같은 염증 호르몬도 단백질이다. 한 세포 내부 혹은 세포들 사이에서 정보를 전달하는 생물학적 신호 역할을 하는 단백질도 많은데, 이 단백질은 수용체라고 하는 또 다른 단백질을 인지해 거기에 달라붙어 정보를 전달한다. 이렇게 기관계와 세포, 단백질, DNA로 이루어진 생물학적 계통이 하나의 유기체, 즉 우리와 같은 사람을 구성한다. 인간의 자기self 는 필연적으로 세균 같은 비인간 유기체들(총칭 항원抗原, antigen 또는 비자기non-self 라고 한다)의 공격을 받는다. 염증은 면역계가 그러한 비자기들에게서 자기를 방어하기 위해, 비자기들에 맞서 우리를 보호하기 위해 일어난다.

고대부터 사람들은 염증에 관해 알고 있었는데, 우리가 확인할 수 있는 최초의 설명은 로마의 의사였던 켈수스Celsus가 한 말이다. 이 켈수스라는 사람이 의학계에서 어찌나 유명했던지, 그가 죽은 지 1500년이 지나 중세 유럽에서 가장 독창적이고 자만심 가득했던 의사가 자신의 상표로 의기양양하게 갖다 붙인 가명이 바로 '켈수스를 능가하는'이라는 뜻의 파라켈수스Paracelsus였을 정도다.

염증을 붉어짐, 열, 부기, 통증 등의 증상과 신호의 무리로,

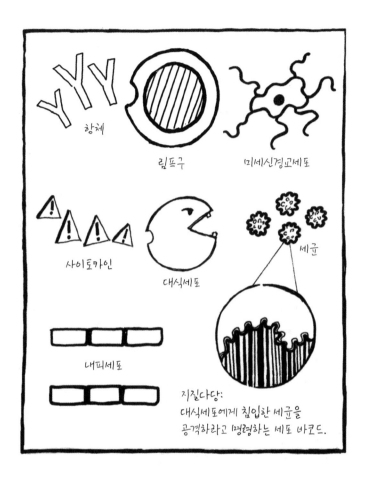

그림 1. 면역세포들

이 그림은 면역계의 핵심 세포들을 나타낸다. 대식세포는 커다란大 먹는食 세포로, 세균을 잡아먹고 염증 호르몬인 사이토카인을 만들며 몸 전체 곳곳에 존재한다. 미세신경교세포는 뇌(를 포함한 중추신경계)에 있는 대식세포다. 림프구는 대식세포들이 감염에 맞서 싸우도록 돕는 항체를 만든다. 내피세포는 동맥과 정맥의 안쪽 막을 형성한다.

즉 하나의 증후군으로 묘사한 최초의 사람이 바로 켈수스였다. 그는 염증이 종종 부상 이후에 생긴다는 사실을 알아차렸다. 예를 들어 어떤 사람이 손을 베이면, 상처가 난 부위는 뜨겁고 빨갛게 부어오르며 통증이 몰려온다.(그림2) 손에 급성염증이 생긴 것이다. 그 정도는 임상검사로도 분명히 알 수 있어서 급성염증이라는 개념은 이후 의학계에서 꾸준히 유용하게 사용되었다. 그러나 몸이 부상에 대해 어째서, 그리고 왜 이런 특정한 방식으로 반응하는가 하는 염증 메커니즘에 대한 핵심 의문은 근대에 이르러서까지도 명확히 풀리지 않았다.

면역학은 이 질문에 대해 놀랍도록 정밀한 답을 내놓았다. 이제 우리는 수백 가지 단백질이 복잡한 신호 경로들 속에서 어떻게 상호작용해 상처의 외상 자극을 염증반응으로 옮겨내는지 안다. 부상에 대한 염증반응이 일부 혈관들을 확장해 상처 부위에 더 많은 혈액이 흘러들게 해서 고대부터 알고 있던 열이 나는 증상이 나타난다는 것을 원인과 결과의 분자적 사슬을 한 단계씩 짚어가며 설명할 수도 있다. 또한 염증이 혈관벽의 투과성을 높여 더 많은 체액이 혈관에서 빠져나가 손의 근육과 기타 조직에 축적되게 함으로써 부기浮氣라는 전형적인 증상이 나타난다는 것도 정확히 알고 있다. 그밖에도 면역계가 염증반응을 일으키는 방식에 관한 여러 가지 생물학적 세부 사항들과 그 이유도 안다.

염증과 면역은 적대적인 세상에서 우리의 목숨을 유지하게 해준다. 아주 드문 유전자 돌연변이 때문에 선천적으로 면역계

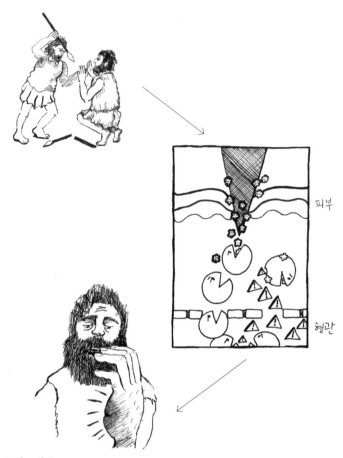

그림 2. 염증

최초의 인류가 살았던 시절부터 싸움과 갈등은 신체 부상과 감염의 흔한 원인이었다. 현대 면역학은 날카로운 것에 찔렸을 때 일어나는 적대적 세균의 침입에 신체가 어떻게 염증반응을 일으키는지 설명한다. 대식세포는 오염된 칼날에 붙어 있던 세균들을 먹어치우고 사이토카인을 혈류로 방출하는데, 이렇게 방출된 사이토카인은 더 많은 대식세포를 상처 난 부위로 불러 모아 세균들을 압도해 비자기에게서 자기를 성공적으로 방어한다. 이렇게 현미경으로 봐야 보일 만큼 미세한 면역계의 작동 방식을 알면 상처 난 손의 부기와 붉어짐, 민감함 같은 급성염증의 전형적 증상과 신호 들이 어떻게 나타나는지 알 수 있다.

염증에 걸린 마음

가 온전히 작동하지 않는 불운한 사람은, 많은 경우 그리 오래 살아남지 못한다. 면역계가 없으면 우리는 적들이 잡아먹기 쉬운 고깃덩어리에 불과하다. 게다가 우리는 벌레, 균, 병원체, 바이러스, 세균, 기생충, 원생동물,● 균류 등 켈수스 같은 고대 의사들은 보지 못했던 많은 적에게 둘러싸여 있다. 우리를 감염시키는 데 성공하도록 진화해온, 대체로 현미경으로 봐야만 보이는 유기체들은 무수히 많다. 그리고 일반적으로 그들의 성공은 우리의 실패를 의미한다.

손을 찌른 칼이 더러울 경우, 아니 대체로 깨끗하더라도 철저하게 살균되지 않은 경우, 그 칼날은 세균으로 뒤덮여 있을 것이다. 칼에 찔린 손은 칼을 오염시킨 세균에 감염될 것이고, 일단 안정적으로 손에 자리를 잡은 세균은 번식을 시작해 놀라운 속도로 증식한다. 그러면 우리는 어떻게 될까? 이는 처음에 칼에 있던 세균이 어떤 유형 혹은 종인지에 따라 다르다. 세상에는 수백만 가지 세균 종이 있고 이 모두가 똑같은 정도로 사람에게 위험한 것은 아니다.

그런데 그 칼에 묻어 있던 세균 중에 파상풍균Clostridium tetani이 있었다고 가정해보자. 그렇다면 경미한 부상을 당했더라도 사망에 이를 수 있다. 왜냐하면 그 이름에서 짐작되듯이 파상풍균

● 단세포로 된 가장 하등한 원시적인 동물들을 가리킴. 세포분열이나 발아에 의해 번식한다.

은 당연히 파상풍을 유발하기 때문이다. 메커니즘 측면에서 설명하면, 파상풍균이 독소를 만들고 그 독소가 신경계로 들어가 신경세포의 자극과 억제 사이의 정상적 균형을 무너뜨리는 것이다. 독소에 침범당한 신경세포는 흥분상태에 빠져 근육으로 끊임없이 신호를 보내고, 이에 근육은 수축하며 오랫동안 고통스러운 경련을 일으킨다. 전형적인 최초의 신호는 개구開口장애다. 평상시에 입을 열고 닫던 근육이 영구적으로 수축해 더 이상 입이 벌어지지 않고, 환자는 말도 못하고 먹지도 마시지도 못한다. 또한 얼굴 근육에 일어난 파상풍 경련으로 입 가장자리가 위로 말려 올라가는 탓에, 점진적 마비로 극심한 고통을 겪으며 전혀 움직일 수 없게 되어 결국 사망에 이르는 와중에도 환자의 얼굴에는 야릇하게 냉소를 띤 것 같은 표정이 굳어져 있다.

우리가 현재 직면해 있고, 항상 직면해왔던 것이 바로 이런 상황이었다. 우리는 늘 적대적이고 위험한 적에게 공격받고 있다. 외부의 모든 유기체가 우리에게 걸어오는 생물학적 전쟁에서 우리 각자를, 각자의 자기를 방어하는 것이 바로 우리의 면역계다. 그리고 면역계에는 이 필수적인 방어 역할을 탁월하게 수행하도록 하는 핵심 특징이 있다. 그것은 바로 면역계의 위치, 의사소통 방법 그리고 신속한 반격과 학습 능력이다.

이렇게 대단한 면역계지만, 그렇다고 아무 오류도 없는 것은 아니다. 면역계도 실수를 한다. 면역계가 제대로 작동할 때는 우리가 병에 걸리지 않도록 아주 훌륭하게 방어하지만, 착오를 일으킬 때는 그만큼 심각한 또 다른 질병의 원인이 되기도 한다. 먼저 면역계의 좋은 면부터 살펴보자.

위치, 위치, 위치

이 말은 면역계에서 위치가 매우 중요하다는 의미일 뿐 아니라, 면역계가 아주 많은 곳에 위치하고 있다는 뜻이기도 하다. 신경계 대부분은 머릿속에 밀집해 있고, 호흡기계는 대부분 가슴속에 들어 있다. 그러나 면역계는 다르다. 몸의 어느 한 부분을 가리키며 "여기가 내 면역계가 있는 곳이야"라고 말할 수는 없다. 면역계는 모든 곳에 있기 때문에 면역계의 정해진 위치라는 것은 없는 셈이다.

감염을 일으키는 공격은 어디로든 들어올 수 있기 때문에 면역계는 모든 곳에 있어야만 한다. 바이러스와 세균은 다양한 통로로 몸을 감염시킬 수 있다. 어떤 것은 피부를 뚫고 들어오고, 어떤 것은 허파나 내장을 통해 감염시킨다. 자기와 비자기 사이, 몸과 외부 세계 사이의 모든 표면은 공격에 노출되어 있고, 이런 표면은 파상풍균 같은 적대적 비자기 전투원들과 자기의 외곽 방어군 사이에서 벌어지는 생물학적 전쟁의 최전선이다.

몸 곳곳에 가장 널리 분포해 대부분의 외곽을 수비하는 면역세포는 대식세포macrophage다. 19세기에 그리스어의 '크다'라는 뜻의 macro와 '먹다'라는 뜻의 phage를 조합해 만든 단어다. 대식세포는 아주 많이 먹는 큰 세포라고 생각하면 된다.(그림 1, 2) 그리고 대식세포가 먹는 것은 대개 세균이다. 적대적인 세균을 막으로 감싼 다음, 효소로 소화시켜 파괴한다. 대식세포는 대단히 효과적인 살균 기계지만, 단거리 무기로서만 강력한 힘을 발휘한다. 이 말은 세균을 잡아먹으려면 대식세포가 물리적으로 그 세균과 직접 접촉하는 곳에 있어야 한다는 뜻이다. 그래서 하나의 대식세포는 자기가 있는 위치에서 매우 제한적인 반경(몇 밀리미터)에 있는 세균 감염만을 처리할 수 있다. 외곽 전체를 보호하기 위해서는 수백만 개의 대식세포가 국경수비대나 보병 소대처럼 주둔하면서 각자 맡은 국부 조직을 수비해야 하고, 특히 공격이 들어올 확률이 높은 곳에 전략적으로 집중 배치되어 있어야 한다.

감염에 맞서 싸우는 주요 격전지는 내장이다. 내장의 내벽은 음식에서 영양분을 흡수할 수 있도록 비교적 얇아야 하고 외부 세계에 대한 수용성도 높아야 한다. 질긴 케라틴 표피층으로 된 피부와 달리 내장은 물리적으로 감염을 막아낼 방법이 없는데, 그런 채로 각종 세균뿐 아니라 매일같이 창자를 통과하며 소화 과정을 거치는 음식에 노출된다. 세균은 수시로 내장 벽에 침입하고 입부터 항문까지 영구적으로 밀집 주둔하고 있는 대식세포 군단이 항상 내장 벽을 수호한다.

허파와 생식관과 요로, 눈의 표면에서도 비슷한 이야기가 펼쳐진다. 신체가 외부 세계에 직접 노출된 곳이면 어디서나 대식세포들이 다량 발견되며, 이들은 골칫거리의 첫 신호가 나타나기만을 기다리고 있다. 그러나 최전방의 방어가 아무리 효과적이어도 방어선을 뚫고 들어오는 세균은 있게 마련이다. 현장에서 바로 잡아먹히는 것을 어떻게든 피하고 증식에 성공한 세균은 혈액과 림프액을 타고 몸 곳곳으로 퍼져나간다. 대식세포는 중요한 내장 기관을 추가로 방어하기 위해 비장과 간, 신장, 근육, 지방조직과 뼈에도 주둔하고 있다. 핵심은 면역계가 최소한 대식세포의 형태로라도 모든 곳에 있어야 한다는 것이다.(그림 3)

면역세포들의 의사소통 방식

면역계의 방어전에서 다음으로 중요한 요소는 커뮤니케이션이다. 면역계가 하나의 통합적이고 적응적인 체계로서 작동하려면 개별 대식세포들이 잘 편성되어 있어야 한다. 고립된 보병 소대가 아니라 로마 군단처럼 움직여야 하는 것이다. 면역세포들이 서로 의사소통하는 방식에 관한 과학은 최근 면역학의 폭발적 성장에서 핵심을 차지한다.

지금 우리는 대식세포가 면역계의 나머지 부분들과 의사소통하는 방법이 두 가지라는 걸 알고 있다. 하나는 다른 세포와 직접 접촉하는 것이고, 또 하나는 몸 전체로 자유롭게 이동하며 많은 세포에게 신호를 전달하는 사이토카인이라는 단백질을 분비하는 것이다. 특정한 적에 관한 구체적인 정보를 전달하는 데는 세포 간 직접 접촉 메커니즘이 가장 유용하다. 이에 비해 사이토카인 분비 메커니즘은 현재 감염이 일어난 상태라거나 그에 대한 염증반응이 일어났다는 등 더욱 전반적인 경고 메시지를 방송하는 데 더 적합하다.

사이토카인은 대식세포에서 분비되어 혈류로 들어가 몸 전체를 순환하다가 다른 대식세포의 표면에 있는 특정 수용체를 만나면 그 수용체에 결합해 신호를 전달함으로써 대식세포가 더 화를 내게, 그러니까 염증 상태가 더 심해지게 만든다. 대식세포는 거의 평생(몇 십 년까지도 살 수 있다) 내장이든 피부의 작은 조직한 부분이든 정해진 자기 위치를 조용히 지키며 무슨 일인가 벌어지기를 기다린다. 그러다 갑자기 어떤 일이 벌어진다. 급속히 증식하는 세균들로 이루어진 적군이 곧 집어삼킬 듯이 자기 동네에 침범하는 사태가 발생하는 것이다. 그러면 대식세포는 나머지 면역계에 즉각 경고신호를 보내야 하는데, 전투가 진행되고 있는 최전방의 자기 위치를 이탈할 수는 없다. 그래서 강력한 사이토카인 신호를 뿜어내 도움을 요청한다. 사이토카인은 혈류를 타고 재빨리 퍼져나가 몸속 다른 면역세포들에게 경고 메시지를 방송해 무장하라고 알리고, 다른 면역세포들은 제 표면에 있는 사이토카인 수용체를 통해 그 신호를 수신한다. 대식세포는 다른 대식세포가 도움을 요청하며 보내는 사이토카인 신호에 매우 민감하다. 염증성 사이토카인들이 조용히 있던 대식세포를 각성시키면, 이 대식세포는 평소에 지키고 있던 자기 위치를 버리고 전우를 지원하기 위해 염증 신호가 발생한 근원을 향해 이동한다.

세포 대 세포 커뮤니케이션의 예로 다시 자상 입은 손을 생각해보자. 그 상처에 감염이 일어났다면 국부 염증반응이 촉발되어 손이 빨갛게 부어오른다. 그러다가 며칠이 지나면 감염된 손과 같은 쪽 겨드랑이도 약간 부어오른다. 이와 유사한 사례로, 목안이 심하게 따갑고 아프면(식도와 후두에 붙어 있는 인두에 국부 염증이 생긴 것이다) 며칠 뒤 목이 부어오르는 경험을 한 적이 있을 것이다. 일반적으로 "편도선이 부었다"고 말하는 상황인데, 의학적 용어로는 림프절이 비대해졌다고 말한다. 손 자상의 경우에는 겨드랑이에 있는 겨드랑림프절이, 목이 따가운 경우에는 경부림프절이 비대해진다.

이런 일이 일어나는 이유는 면역세포들이 집결해 직접 접촉을 통해 정보를 교환하는 중심지가 림프절 또는 림프선이기 때문이다. 손이 감염된 후 겨드랑림프절이 부어오르는 것은 대식세포들이 박테리아 적군과 성공적으로 교전을 끝낸 다음에는 전방을 떠나 가장 가까운 림프절로 이동하기 때문이다. (이때 손에서 출발한다면 가장 가까운 림프절은 겨드랑이에 있고, 인두에서 출발한다면 목에 있다.) 이웃한 림프절로 몰려가는 대식세포들은 싸움을 피해 달아나는 것이 아니라, 면역계 전체에 보고서를 제출하러 가는 것이다. 이들은 적의 본성에 관한 매우 중요하고도 상세한 첩보를 전달한다. 각각의 대식세포들은 자신이 먹고 소화한 박테리아의 작은 단백질 조각들, 그러니까 비자기 침입자의 조각들을 갖고 있는

데, 이 조각들을 항원이라고 한다. 서로 다른 대식세포는 무작위로 서로 다른 조각들, 즉 서로 다른 항원을 가지고 또 다른 종류의 면역세포인 림프구를 찾아 림프절로 몰려간다. 각 대식세포가 가져온 항원 퍼즐 조각들을 알아보고 그에 대해 어떻게 대처해야 할지 아는 것이 바로 림프구이기 때문이다. 대식세포들은 림프절을 휘돌며 마치 단체 소개팅을 하듯이 여러 림프구와 차례로 한 번씩 짧게 접촉하다가, 마침내 그 대식세포가 전방에서 본부로 가져온 적에 관한 신호를 읽을 수 있는 림프구와 만난다. 대식세포가 소대장이라면, 림프구는 장군이라고 할 수 있다. 혹은 대식세포는 로보캅으로, 림프구는 첩보요원으로 생각해도 좋다.

일단 소대장이 자신이 보고할 장군을 찾아내면, 이 대식세포와 림프구 커플은 며칠 동안 서로 결합 상태를 유지한 채 항원에 담긴 상세한 내용에 관해 회의를 거친 끝에 림프구가 어떤 조치를 취할지 결정한다. 그 조치는 대개 처음에 대식세포들이 촉발한 면역반응을 강화하거나 다양화하는 것이다.(그림 3)

면역세포들 사이의 직접 접촉은 항원에 관한 상세한 내용, 즉 적의 본질을 알리는 데 결정적이다. 그것은 시간이 많이 걸리는 일이며(감염 후 림프절이 붓기까지는 며칠이 걸린다), 되든 안 되든 일단 해보는 식이며(세포들 간 접촉 중 상당수는 정보 전달을 완료하지 못한다), 특별한 장소를 필요로 한다. 면역세포들은 겨드랑이, 사타구니, 목, 그리고 흉강과 복강의 중심선을 따라 모여 있는 림프절에서 주로 만난다. 또한 편도선과 인두편도선(아데노이드) 같은

염증에 걸린 마음

림프 조직이 모여 있는 곳에서도 모임을 갖는데, 이런 림프조직은 내장 전체에 걸쳐 위치한다. 그리고 비장과 골수, 흉선에서도 모인다. 면역계의 기관들이라고도 불리는(그림 3) 이 장소들은 세포들이 모여 머리를 맞대고 전선에서 벌어지는 현재의 위협적 상황과 그에 대처할 방법을 의논하는 지휘·통제 센터로 볼 수 있다.

면역계의 신속한 반격과 학습

면역계에게는 비자기로 인식되는 모든 것, 따라서 잠재적으로 위험한 모든 것을 감지하고 그에 대해 극단적 편견을 갖고 반응하는 선천적인 능력이 있다. 이 신속한 반격 기능은 특히 최초 감염 신호에 재빠르고 강력하게 반응하도록 진화에 의해 훈련된 최전방의 대식세포 군단이 담당한다.

반응 속도가 중요한 이유는 세균과 바이러스가, 그러니까 적들이 매우 빠른 속도로 번식할 수 있기 때문이다. 파상풍균 하나는 약 20분이 지나면 두 개가 될 수 있고, 그 수는 20분마다 계속 배가된다. 기하급수적 성장이라는 무시무시한 논리에 따라 세균 하나는 몇 시간 만에 수백만 개가 될 수 있다. 힘의 균형이 결정적으로 침입자에게 유리한 쪽으로 기울어지기 전에, 면역계는 전쟁에서 신속하게 승리하거나, 적어도 적의 수를 충분히 감소시켜야 한다.

그러므로 최전방에 있는 각각의 대식세포에게는 자기인

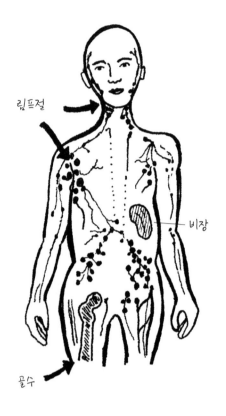

림프절

비장

골수

그림 3. 면역계

해부학적으로 면역계를 살펴보자. 면역계는 어디에 있을까? 겨드랑이를 비롯한 몇 군데에 위치한 림프절들은 림프관이라는 가지처럼 뻗어 있는 그물망으로 서로 연결되는데, 림프관은 면역세포들이 몸 전체를 자유롭게 순환하고 혈류 속으로 들어갈 수 있게 해준다. 혈액 속에 있는 면역세포는 백혈구라고 한다. 비장은 면역세포들을 저장하고, 골수는 새 면역세포를 만드는 데 중요한 역할을 한다.

염증에 걸린 마음

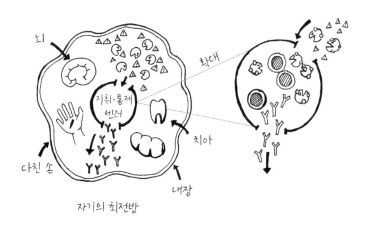

뇌

확대

지휘·통제
센터

치아

다친 손

내장

자기의 최전방

생리학적 관점으로도 면역계를 살펴볼 수 있다. 면역계가 하는 일은 무엇일까? 면역계는 모든 전선으로 끊임없이 들어오는 공격에 맞서 자기를 방어함으로써 우리의 생존을 돕는다. 대식세포는 진화에 의해 훈련된 전방 부대원들로, 적대적인 공격자를 발견하면 즉시 잡아먹고, 적이 정확히 어떻게 생겼는지 면역 군대의 장군인 림프구에게 알리기 위해 잡아먹은 박테리아의 소화된 조각들을 자기 표면에 얹고 이동한다. 그리하여 림프절과 비장, 골수 등 면역계의 지휘·통제 센터에 도착하면 림프구 장군에게 보고한다. 이에 림프구는 항체를 혈류 속으로 뿜어내어 대식세포들이 즉각 그리고 앞으로도 공격에 맞서 자기를 방어하도록 돕는다.

지 비자기인지, 친구인지 적인지를 즉석에서 판단할 수 있는 능력이 필요하다. 다른 세포와 상의하느라 시간을 허비하지 않고 자주적으로 판단을 내려야 한다. 그런데 예상하지 못한 위협, 그리고 어쩌면 전례도 없는 위협에 대식세포가 그렇게 신속하고 단호하게 반응할 거라고 어떻게 기대할 수 있을까? 적대적인 저 외부 세계에는 수백만 종의 세균과 바이러스가 존재하는데, 하나의 대식세포가 이전에 그 모두를 만나보았을 가능성은 없다. 하지만 모든 대식세포에게는 조상에게서 물려받은 지혜가 있다. 한 번도 본 적 없는 적을 적으로 알아볼 능력을 선천적으로 갖고 있는 것이다.

인간과 세균의 생물학적 전쟁은 15만 년도 더 전에 호모사피엔스가 처음으로 독립된 하나의 종으로 진화한 이래 줄곧 격렬하게 이어져 왔다. 포유동물과 세균 사이의 전쟁, 혹은 다세포 유기체와 단세포 침입자 사이의 전쟁은 영원처럼 긴 시간 동안 계속 진행 중이다. 그리고 적자생존, 즉 가장 적합한 자만이 살아남는다는 진화의 제1원칙은 생물 역사의 전 기간에 걸쳐 지켜졌다. 자신의 유전자를 다음 세대에게 전한 조상들은 대개 감염에서 살아남은 존재들이다. 감염을 이겨내는 데 아주 약간의 유리함이라도 가지고 있는 유전자 돌연변이는 자연적으로 선택되었을 것이다. 그러므로 우리의 대식세포는 무작위적인 유전자 돌연변이와 가차 없는 자연선택이라는 과정에 의해, 우리는 살면서 한 번도 직접 만나본 적 없는 위협이라도, 생물학적 시간을 거슬러 올라가는 진화의 계보 속에서 우리의 조상들은 만나보았고 또 거기서 살아남았던 위협들을 감지하고 반응하도록 훈련받은 것이다.

예를 들어 당신이 아프리카에 한 번도 가본 적이 없다고 하자. 그러다가 어느 해에 휴가를 맞아 아프리카에 간다면, 당신의 면역계, 특히 내장 속 면역계는 갑자기 이국적이고 낯선 세균 무리에 노출된다. 이런 생물학적 위협은 매우 낯설고 대규모로 닥쳐오기 때문에 목숨을 위태롭게 할 수도 있다. 그러나 우리의 면역계는 진화의 시간을 거치면서 세균들에 관한 매우 유용한 사실을 학습해왔다. 자연선택이 대식세포를 마치 로봇처럼 사전에 프로그래밍했다고 할 수도 있다. 대식세포에게는 아주 다양한 세균을 즉석에서 감지하고 죽일 수 있는 정교한 소프트웨어가 이미 설치되어 있는 셈이다.

대식세포는 아프리카에서든 미국에서든 내장을 감염시키는 세균들의 공통점을 알고 있다. 그 세균들은 내장의 소화작용에서 자신을 보호하기 위해 견고한 외벽을 둘러치고 있는데, 이것은 지질다당lipopolysaccharide, LPS●이라는 분자로 이루어져 있다. 결정적인 사실은 지질다당이 우리 몸속에서 만들어지는 분자가 아니라는 것, 우리의 포유류 조상들이 만든 분자가 아니라는 것이다. 오직 세균만이 지질다당을 만든다. 따라서 지질다당은 아군과 적군의 차이를 구분하는 매우 믿을 만하고 편리한 지표인 셈이다. 어떤 세포가 외부 표면에 지질다당을 갖고 있다면, 대식세포는 그

● 지방과 다당류의 복합체.

세포에 관해 다른 것은 하나도 몰라도 된다. 세포의 분자 바코드, 즉 분자 패턴만으로도 그것이 우리 자신의 세포가 아니라 적의 세포가 분명하며, 따라서 파괴해야 한다는 것을 알 수 있기 때문이다. 내가 이 사실을 아는 이유는 면역학 교과서에서 이 내용을 읽었기 때문이다. 하지만 내장 속의 대식세포들이 '이 사실을 아는 것'은 자연선택의 결과다.

적을 식별하고 제거하는 과정은 매우 신속하게 진행된다. 그것은 자동적인 패턴 인식에 따라 발견 즉시 사살하는 알고리즘적 반응이다. 우리 몸속의 모든 대식세포는 진화에 의해 고도로 훈련되어 있으며, 선천적 면역반응을 가능하게 하는 지질다당 바코드리더와 기타 장치들이 장착되어 있다. 처음으로 아프리카를 여행할 때 우리를 보호하고 우리를 생각보다 덜 순진한 존재로 만들어주는 것이 바로 이러한 대식세포의 유전학과 분자적 메커니즘으로 표현되는, 조상들에게서 물려받았고 우리 안에 깊이 뿌리내린 지식이다.

면역계는 적들에 관한 지식을 갖고 태어날 뿐 아니라, 살아가는 내내 새로운 적에 관한 지식을 습득하고 학습할 만큼 똑똑하다. 면역 학습의 가장 익숙한 예는 백신접종이다. 내가 휴가를 맞아 아프리카로 가기 전, 열대 국가에서 파상풍 위험이 높아졌다는 소식을 듣고 파상풍 백신을 맞기로 했다고 하자. 이는 만약 야생에서 처음으로 만날 경우 나를 죽일 수도 있는 병균을 약하게 만든 형태로 내 몸에 주사하기로 스스로 결정한다는 뜻이다. 면역학적 관점에서 그다음에는 어떤 일이 일어날까?

　백신을 맞은 후 처음 몇 시간이나 며칠 동안은 주사를 맞은 부위가 좀 아프고 부어오를 것이다. 이 전형적인 염증 신호들은 그 부위의 대식세포들이 강력한 항원이자 도발적인 비자기 세균을 의도적으로 주입한 데 대해 선천성 면역반응을 보이고 있다는 표시다. 그러나 그것은 백신접종의 부작용이지 일차적인 목적이 아니다. 백신접종을 하는 목적은 면역계의 림프구를 자극해 항체를, 그러니까 주입한 바로 그 항원을 인식해 그것에 들러붙도록 디자인된 단백질을 만들게 하는 것이다. 이 항체는 콕 집어 파상풍 항원을 인식하기 때문에 대량 생산되도록 선택된다. 그리고 항체 생산 과정은 일단 시작되면 대개 몇 년 동안 계속되므로 이제 나의 면역계는 다음에 파상풍균을 만날 때 2배로 더 잘 대처할 수 있는 준비가 되어 있다. 진화로 조상들에게서 물려받은, 대식세포의 '발견 즉시 사살' 반응을 촉발하는 선천적 면역 방어선 외에 또 하나의 방어선을 추가로 구축한 것이다. 내 면역계는 내가 살아오는 동안 세계에 관한 무언가를 줄곧 학습하고 기억해왔다. 한마디로 적응해온 것이다. 백신접종을 통해 내 림프구는 저 바깥 세상에 파상풍균이 존재하며 그것이 무시하지 못할 위협이라는 것을, 그래서 끊임없이 항체를 생산해 계속 그것에 대비해야 한다는 것을 배웠다.

면역계의 이면, 자가면역

지금까지 나는 면역계가 수백만 개의 세포들 사이에 명확한 의사소통 라인을 갖추고 온몸 곳곳의 모든 위치를 관리할 수 있으며, 우리를 공격하는 일에 혈안이 된 미생물로 가득한 세상에서 우리의 생존을 돕기 위해 신속한 반격과 적응 학습 프로그램을 정교하게 운영할 수 있는, 가공할 방어 병력이자 전적으로 신뢰할 수 있는 동맹군인 것처럼 설명했다. 이는 전부 사실이지만 사실의 전부는 아니다. 면역계에는 어두운 이면도 있다.

지금까지 내가 염증에 대한 은유로 전쟁을 사용한 탓에, 여러분은 고급 정보를 통해 표적을 명확하고 정밀하게 조준함으로써 승전 가능성을 높이는 현대의 첨단기술 군대처럼 면역계도 항상 염증과의 전쟁에서 승리한다고 생각할지도 모르겠다. 그러나 사실은 염증과의 전쟁도 군사적 전쟁과 마찬가지로 불가피하게 주변에 있는 무고한 존재들에게까지 막대한 피해를 입힌다. 또한 총과 미사일처럼 면역계의 무기들도 엉뚱한 방향을 조준해 아군의 공격에 의한 사상자를 낳을 수 있다.

대식세포는 지질다당 같은 분자 바코드로 즉각 식별할 수 있는 생물학적 외계 물질을 탐지해 파괴하는 엄격한 프로그램에 따라 움직인다. 침입한 세균을 포위해 집어삼킨 대식세포는 다량의 소화효소와 세균 파편들을 주변 조직에 뿜어낸다. 이러한 대식세포의 폐기물은 우연히 세균 감염 지역 근처에 있었을 뿐 그 면역반응과는 무관한 뼈나 근육이나 신경세포 같은 죄 없는 이웃에게 유독한 영향을 끼친다. 사이토카인 신호를 받아 염증 지역에 동원된 대식세포의 수가 많으면 많을수록, 염증이 그 지역에 거주하는 세포에게 미치는 부정적 영향도 더 커진다. 치열한 대식세포 전쟁은 실제 전쟁에서의 초토화나 융단폭격 전술과 유사하다. 두 경우 모두 전쟁에 참가하지 않은 존재들에게까지 막대한 피해를 입힐 수 있다는 점에서 그렇다. 대식세포는 상처 입은 손의 감염이 온몸에 퍼져 치명적 결과를 초래하는 것은 예방할 수 있을지 모른다. 그러나 그 감염이 완전히 제거되지 않고 억제만 되었다면 대식세포 군대는 그 위치에 참호를 파고 몇 달이고 몇 년이고 계속 버티고 있는데, 이렇게 되면 상처 입은 손의 정상적이고 건강한 조직의 상태도 영구히 훼손된다. 근육과 피부, 뼈가 파괴되기도 하고, 그나마 영향이 가볍고 적으면 질긴 섬유형 흉터가 그 자리를 차지한다. 말하자면 대식세포의 방어 방식은 상처 입은 사람의 목숨을 구하는 대가로 손을 불편하게 만들 수 있는 것이다.

대식세포의 부수적 피해가 주위의 무고한 이웃을 무차별적으로 싹쓸이하는 데 비해, 림프구의 아군 공격은 자기와 비자기의 구분을 더욱 정밀히 조준한다. 면역계는 이 구분을 정확하게 하는 능력이 대단히 뛰어나지만, 그렇다고 언제나 정확한 것은 아니다. 때로는 대식세포가 잡아내 림프구로 운반하는 항원이 세균의 단백질 조각이 아니라, 우리 자신의 단백질 조각, 우리 조직들의 분자 조각인 경우도 있다. 때로는 실수로 이런 자기 단백질을 잠재적인 적의 바코드로 보고받은 림프구가 다시 실수로 자기를 향해 적대적인 면역반응을 일으키기도 한다. 이럴 경우 림프구는 세균이나 다른 진짜 비자기 항원들에 대한 항체를 만드는 대신, 자기의 단백질에 대한 항체, 그러니까 우리 자신에 맞서는 항체, 즉 자가항체를 쏟아낸다.

자가항체가 질병을 유발하는 현상은 세균과 바이러스에 맞선 항체의 질병 치유 혹은 예방 효과 못지않게 극적일 수도 있다. 파상풍균에 맞서는 '착한' 항체는 치명적인 파상풍 감염에서 나를 보호할 수 있지만, 나 자신의 몸에 맞서는 '나쁜' 자가항체는 파상풍만큼이나 목숨을 위협하는 질병을 유발할 수 있다. 췌장에서 인슐린을 만드는 세포들은 때때로 면역계에서 오는 아군의 포화 공격을 당하기도 한다. 자가항체들이 췌장의 다른 모든 세포는 전혀 다치지 않게 남겨두면서 그 세포들만을 공격해 파괴하는 것이다. 눈에 보이는 흉터는 없지만 이는 잠재적으로 치명적인 자해다. 인슐린을 생산하는 세포가 없으면 신체는 혈중 포도당 수치를 유지하는 것은 물론 정상적인 신진대사의 여러 측면을 통제하는 능력을 상실하고, 그 사람은 당뇨병에 걸리고 만다. 당뇨병에 대한 인슐린 대체요법이 발명되기 전에는 많은 환자가 자신의 면역계가 자기를 겨냥하는 이 개별적이고 파괴적인 공격 때문에 금세 뇌사상태에 빠져 사망했다.

염증에 걸린 마음

지금쯤이면 여러분은 이 이야기의 어느 부분이 우울증과
관련이 있는 건지 궁금할 것이다. 나는 감염과 외상에 대해서는
많은 이야기를 했지만 아직 기분이나 마음 상태에 대해서는 한마
디도 하지 않았다. 백혈구와 림프절, 대식세포와 사이토카인에 관
한 이 정교하고 세세한 지식은 정신 건강과 어떤 관련이 있을까?

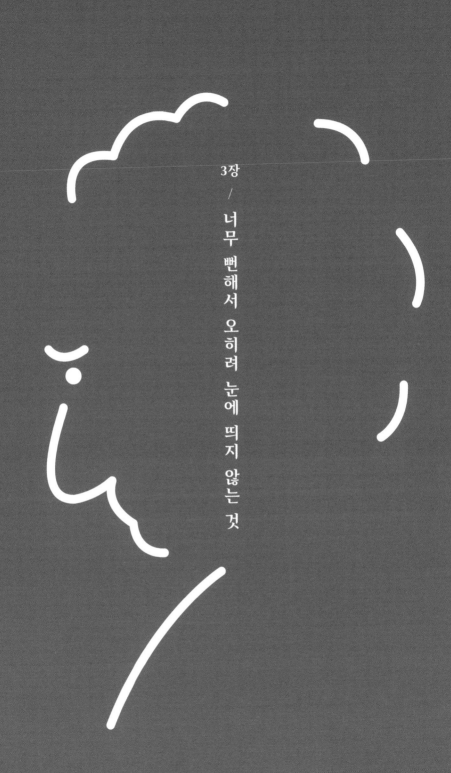

3장
/
너무 뻔해서 오히려 눈에 띄지 않는 것

아픈 건 우울한 일

P부인을 기억하는가? 관절염을 앓고 있었고, 아마도 그 입장이라면 누구나 그렇듯이(과연 그럴까?) 우울증도 있던 그 부인 말이다. 내가 P부인을 만나 일상적인 진료를 했던 그날을 떠올려보면, (누구나 부인의 입장이라면) 당연히 우울증에 걸릴 거라는 가정 아래에 깊이 뿌리 내리고 있는 개념들이 얼마나 배배 꼬여 있는지 어안이 벙벙할 정도다. 그 당연하다는 말이 전제하는 바를 좀 더 풀어서 이야기하자면, P부인이 자신의 상황을 의식적으로 깊이 생각하고 있었다는 것이다. 부인은 자신이 류머티즘성관절염에 걸렸고, 그 상태가 피할 수 없이 악화되고 있으며, 자신의 몸을 점점 더 마음대로 움직일 수 없게 될 것이고, 머지않아 휠체어에 묶여 지내게 되리라는 것을 알았다. 자신의 점진적 퇴화가 암울한 종말을 맞으리라는 걸 분명 예견했고, 그래서 부인은 우울증

에 걸렸다. 부인과 같은 운명이라면 누구나 그럴 것이다.

이는 내가 한 선배 의사에게 P부인이 우울증과 염증성질환을 모두 갖고 있다며 상의했을 때 그가 내놓은 이론적 분석이었다. 그리고 그 말에는 어느 정도 진실이 담겨 있다. 자신이 아프다는 것 그리고 병세가 더 악화될 것을 아는 것은 실제로 우울한 일이다. 그러나 그가 말로 표현하지는 않았지만 '그 병에 관해 생각하는 것'이, 신체적 질병이 우울증을 초래할 수 있는 유일한 방식이라는 무언의 가정은 그리 옳지 않았다. 실질적으로 선배 의사의 말이 의미하는 바는 P부인의 우울증은 자기가 신경 쓸 문제가 아니라는 것이었다. 그는 부인의 건강에서 신체적인 측면을 보살피는 의사였다. 부인의 우울증은 신체 질병에 대한 정상적인 심리적 반응이며, 그 뿌리는 부인의 몸속에 있는 것이 아니고 부어오른 관절의 병리학적 원인과도 무관했다. 그 일은 자신의 전문 영역을 벗어난 일, 정신과의사나 성직자의 영역에 속하는 일이었으니, 그것에 대해 그가 할 수 있는 일은 없다는 말이었다.

그날의 일이 하나의 일화에 지나지 않는다는 건 나도 인정하지만, 그렇다고 예외적인 사례도 아니다. 류머티즘성관절염을 앓는 많은 사람이 두 가지 측면에서 P부인과 같은 경험을 한다. 첫째로 부인의 정신적 증상들은 전혀 드문 것이 아니다. 관절염 환자 중 약 90퍼센트가 피로를 자신의 가장 주된 문제로 꼽고, 약 40퍼센트는 우울증이 있다. 머릿속에 안개가 낀 듯 멍한 '브레인 포그brain fog'의 느낌이나, 명료한 사고를 하거나 계획 세우기가 어

　　　　　　　　　　　　　　　　　　　염증에 걸린 마음

려운 것 역시 흔한 일이다. 관절염 자선단체와 환자 자조 단체 들이 작성한 '미충족 임상 수요'● 목록은 심리적 증상으로 가득하다. 내가 P부인에게서 발견해 대단히 특기할 만하다고 생각했던 우울증과 류머티즘성관절염의 조합은 알고 보니 아주 흔한 일로 밝혀졌지만, 그럼에도 여전히 겉으로는 잘 드러나지 않는다.[1]

P부인의 경험 중 많은 관절염 환자가 공감할 만한 또 한 가지 측면은 의사들의 노골적인 무관심이다. 류머티즘성관절염 환자를 진료하는 류머티즘 전문의들은 마모된 관절의 MRI 스캔과 혈액검사 같은 신체적 질병의 증거에 주로 주의를 기울인다. 이는 그들이 훈련받은 방식이자 아주 잘하는 일이다. 그들은 심리적 증상이나 행동 증상에는 별로 관심을 기울이지 않는다. 대체로 류머티즘 전문의들이 환자에게 에너지 수준이나 감정, 생각에 관해 질문하는 일은 극히 드물다.[2] 환자가 자진해서 자신의 무기력하고 기쁨이라곤 느낄 수 없는 마음 상태에 관해 이야기하더라도 의사들은 그에 대해 자기가 어떻게 해야 할지, 심지어 뭐라고 대꾸해야 할지도 모를 것이다. 내가 P부인에 관해 의논했던 선배 의사가 했던 것과 똑같은 생각이 자동적으로 떠오르더라도, "당연하죠. 내가 환자분이라도 우울증에 걸릴 거예요" 하고 환자에게 대놓고 말할 수는 없는 노릇이니 말이다.

●　　치료를 필요로 하는 증상과 환자는 존재하지만 아직 진단 및 치료법이 존재하지 않는 상태.

도대체 무슨 일이 벌어지고 있는 것일까? 환자에게 그렇게 중요하고도 그렇게 흔한 일을 왜 의사들은 반사적으로 도외시할까? 우울증과 관절염 사이의 밀접한 관계가 그렇게 분명한데도 왜 겉으로 드러나지 않는 걸까? 나는 이게 다 데카르트 탓이라고 생각한다.

코기토, 신, 기계

르네 데카르트는 17세기의 수학자이자 철학자로, 류머티즘 전문의나 면역학자는 아니었다. 그렇지만 그의 관념은 계속해서 현대 의학에 만만치 않은 영향력을 행사하고 있다. 의학과 관련해 데카르트의 가장 중요한 철학은, 세계의 만물은 두 종류가 존재하며 경험에도 두 영역이 존재한다는 관념인 이원론二元論이다. 외부의 물리적 세계가 있고, 그곳에서는 대상들이 경험으로 증명할 수 있는 법칙에 따라 기계적으로 상호작용한다. 또 한편에 내면의 영적 세계가 있으니, 여기서는 주관적 관념과 감정이 의식 및 자신의 자아에 대한 인식 내용을 구성한다. 우리도 모두 이 이원론에 의해 둘로 나뉜다. 우리의 몸은 물리적, 객관적, 무의식적 영역에 속하고, 정신은 영적, 주관적, 의식적 영역에 속한다.

데카르트가 이 결론에 도달한 방식은 아주 희한하고 독창적이었다. 그는 먼저 근본적인 의심에서 출발했다. 극단적 의심으로써, 자신이 세계에 관해 알고 있다고 생각했던 모든 것을 검증하도록 자신을 몰아붙인 것이다. 그는 감각 정보가 신뢰할 만한 앎의 원천이 될 수 있다는 생각을 깊게 불신했다. 꿈속에서 그의 감각들이 적극적으로 그를 오도했기 때문이었다. 꿈속에서 그는 온갖 것을 보고 듣고 느낄 수 있었지만 잠에서 깨면 그것들이 실제로 존재하지 않음을 깨달았다. 그래서 그는 두 눈을 뜨고 돌아다니며 자신이 깨어 있다고 생각할 때 진짜 같아 보이는 것들이, 두 눈을 감고 꿈을 꾸고 있을 때 보았던 것들보다 더 실제적이라고 어떻게 확신할 수 있을지 자문했다. 나를 둘러싼 세계가 아직 깨지 않은 꿈속 세계가 아니라고 어떻게 확신할 수 있단 말인가?

최종적으로 데카르트는 그렇게 극단적인 의심에서 살아남은, 유일하게 확실한 것은 의심 자체뿐이라고 결론지었다. 잠시도 가만히 있지 못하고 자신이 아는 것과 모르는 것, 자신이 안다는 것을 아는 것과 자신이 모른다는 것을 모르는 것 등에 대해 끊임없이, 철저하게, 회의적으로 사고하는 동안, 데카르트가 의심의 여지없이 아는 단 하나는 그가 사고하고 있다는 것뿐이었다. 나는 모든 것을 의심해, 나는 그 어떤 것도 실제라고 생각하지 않아, 난 모두 꿈이라고 생각해. 나는 내가 생각하고 싶은 것은 무엇이든 생각할 수 있지. 하지만 내가 아무리 이 세계를 회의하고 무시해버리고 싶다고 해도, 의심하고 있는 나 자신만은 의심할 수 없어. "나는 내가 실제가 아니라고 생각한다"라는 건 말 자체가 모순이거든. 내가 나 자신에게 그 말을 한다면, 나는 의심의 여지없이 그 말이 참일 수 없다는 걸 알아. 돌려서 말하면, '코기토 에르고 숨

cogito ergo sum(이하 코기토)', 즉 내가 생각하고 있으니 내가 존재한다는 것은 분명 참일 수밖에 없지.

이 말은 데카르트가 쓴 말 중 가장 유명한 말이다. 그러나 또한 그는 과학혁명의 주요 설계자이자 근대과학의 창시자 중 한 사람으로도 기억되며, 그의 이름은 비슷한 시기에 살았던 갈릴레오와 뉴턴 같은 이들과 동시에 거론된다. 하지만 그의 명성에서 이 두 측면이 어떻게 서로 조화될 수 있는지 단박에 분명히 이해되지는 않는다. 자신의 생각을 제외하고는 그 무엇도 확실히 알 수 없다는 유아론唯我論적 결론에 도달한 사람이, 이 세계가 거의 모든 것에 관한 더욱 확실한 과학적 지식으로 나아가도록 만든 사람과 어떻게 동일인일 수 있는 걸까? 놀라운 말일지도 모르지만, 그 답은 신에서 찾을 수 있다.

데카르트는 종교개혁 이후, 종교적 신앙이 문화의 주류였고 격렬하게 토의되던 시대에 글을 썼던 독실한 가톨릭 신자였다. 그는 자신이 물질적 실체가 없는 불멸의 영혼이며, 이 영혼이 자신의 생각과 의심, 신과의 교감을 포함해 그의 의식을 구성하는 모든 것에 생명을 불어넣는다고 믿었다. 그는 중세식 추론의 흐름을 따라, 신은 반드시 죽는 존재인 인간이 지닌 유한한 상상력의 역량을 초월한 존재이기 때문에, 완벽하고 무한한 신에 관한 자신의 우주적 비전은 자신이 거짓으로 지어내거나 오해할 수 없다고 주장했다. 신이 존재하지 않는다면 한낱 인간이 신을 상상해낸다는 것은 한마디로 불가능하다는 의미였다. 데카르트 자신을 포함해 발달한 이성을 가진 사람이 흔히 신을 상상할 수 있다는 사실은 신이 존재한다는 확실한 증거라고 했다. 또한 자애로운 신에 대한 그의 믿음은 자명한 명제 같은 것이어서, 신은 실재였을 뿐 아니라 실재여야만 했다.

또한 데카르트는 자신뿐 아니라 자신과 비슷한 다른 사람들이, 자신들의 정신적 기량을 최대한 근면하고 비판적으로 사용해 만사를 이해하려고 노력한다면, 자애로운 신이 오류에 빠지지 않도록 지켜줄 것이라고 믿었다. 결국 세계를 데카르트가 잠재적으로 알 수 있는 대상으로 만들어준 존재, '내가 생각하니 고로 나는 존재한다'는 것밖에 모르는 앎의 고립에서 그를 구해준 존재, 그리고 실험과학으로 그의 마음을 이끌어준 존재가 바로 신이었다.

만물의 외양을 통제하는 추상적인 물리적 메커니즘을 정의하는 일에 수학을 사용했던 그는 세계를 하나의 기계로 생각하기 시작했다. 인간의 신체도 신경과 혈관, 근육 같은 여러 구성 요소로 이루어진 기계이며, 이 구성 요소는 동물 및 무생물 기계의 메커니즘을 관장하는 것과 같은 물리법칙에 따라 상호작용한다고 보았다. 물리학은 과학적 지식이라는 나무의 줄기였고, 형이상학(달리 말해 신)은 그 나무의 뿌리였으며, 다른 모든 과학은 물리학이라는 줄기에서 갈라져 나온 가지들이었다. 데카르트는 신체를 물리적 기계로 보고 그 생각을 설득력 있고 명확하게 표현한 최초의 인물이라고 할 수 있는데, 그의 이러한 비전은 이후 구축된 생물학과 과학적 의학의 이례적인 성공에 대한 사업계획서 같은 것이었다.

물론 당시에 데카르트는 인간의 몸 안에서 정말로 어떤 일이 벌어지고 있는지에 대해서는 짐작할 수 없었다. '신체 기계body machine'가 어떻게 구축되었는지 이해하는 것은 해부학의 소관이었고, 실질적으로 그것은 인간의 시체를 해부하는 일을 의미했다. 이전에 적어도 2000년 동안은 종교적 이유로 널리 금지되던 일이었다. 현대인의 눈에 그럭저럭 엇비슷해 보이는 심장과 뇌의 해부도는 데카르트보다 100년 정도 앞선 시기가 되어서야 등장하기 시작했다. 한편 인체가 실제로 어떻게 작동하는지 이해하는 것은 생리학의 소관이었고, 당시 생리학은 한층 더 원시적인 상태였다. 17세기의 의사 윌리엄 하비William Harvey가 혈액순환에 관한 최초의 정확한 이론을 막 발표한 때와 거의 비슷한 시기에, 데카르트는 혈액은 어떤 식으로인지 덥혀지고 팽창함으로써 심장에서 뿜어져 나오는 것이라는 터무니없는 가정을 했다.

데카르트가 만든 신체 기계라는 개념의 초기 구상들이 지금 우리에게는 세부적 오류와 어리석음으로 가득해 보일지 몰라도, 어쨌든 그 범위는 놀랍도록 야심 차 보인다. 데카르트는 지금 우리가 알고 있는 것에 비하면 신체 기계에 관해 거의 아무것도 몰랐다. 하지만 그는, 인간은 모든 것을 알아낼 수 있고 결국에는 신체의 물리적 메커니즘으로 모든 동물의 생명을 설명할 수 있다고 확신했다. 동물들의 경우는 단순했다. 동물들은 영혼이 없는 기계일 뿐이었으니까. 하지만 인간은 그리 단순명료하지 않았다. 신체에 대한 기계적 물리학만으로 한 인간의 모든 것을 설명하는 일은 불가능했다. 그렇게 되면 영혼의 형이상학을 배제하게 될 테니 말이다. 그리고 데카르트에게 영혼은 기정사실이었으니, 영혼은 실재였고 또 실재여야만 했다. 그리하여 그는 신체 기계가 존재해야만 한다는 것, 또한 영혼도 존재해야만 한다는 것, 그리고 그 둘이 합쳐져 인간을 구성한다는 타협안을 받아들일 수밖에 없었다. 그렇다면 영혼은 신체가 하지 못하는 무엇을 하는 걸까? 영혼은 몸속 어디에 있을까? 그리고 영혼과 신체는 어떻게 상호작용할까?

이 질문들에 답하려는 데카르트의 시도들은 그 자신조차 만족시키지 못했다.[3] 높은 지적 역량이나 신과의 교감은 분명 영적인 것이었다. 그렇다면 감정과 기억은 어떨까? 이것들도 전적으로 동물적이어서, 물리학 법칙으로 설명할 수 있을까? 신체에서 영혼이 차지하는 위치도 해부학적으로 정확히 집어내기가 어려웠다. 데카르트는 가능한 후보 여럿을 저울질하다가 결국 얼마 전 인간 뇌를 해부하는 과정에서 발견된 작고 무엇인지 불분명한 구조물인 솔방울샘●으로 마음을 정했다. 그는 뇌 구조물들이 대부분 대칭으로 구성되어 있는데 반해 홀로 중심에 있는 솔방울샘이 마음에 들었다. 대뇌반구는 좌우에 하나씩 쌍으로 존재하며, 뇌 기계를 구성하는 부분들 대부분이 양쪽 반구에 똑같이 존재한다.

● 좌우 대뇌 반구 사이 셋째 뇌실의 뒷부분에 있는 솔방울 모양의 내분비 기관.

영혼의 본질은 고유하며 나뉠 수 없으니, 양쪽으로 나뉜 것이 영혼의 자리가 될 수는 없었다. 그 외에도 뇌에는 뇌하수체처럼 하나만 있어서 영혼을 수용하기에 적합하다고 여길 만한 장소가 더 있다. 그러나 데카르트는 솔방울샘이 더 움직임이 자유롭다고 생각해 그것을 선호했다.

마치 사실처럼 여겨지던 이런 허술한 해부학적 추측이 신체와 영혼이 상호작용하는 방식에 관한 데카르트의 기계론을 불안정하게 떠받치고 있었다.(그림 4) 그는 "동물 정기animal spirits"●가 혈액에서 솔방울샘으로 스며들 수 있고, 눈이 감지한 시각적 장면 역시 솔방울샘 내벽에 투사되어 의식에 의해 인지된다고 상상했다. 그러니 신체 기계가 영혼에게 말을 걸 수 있는 장소는 솔

● 이 개념은 고대 그리스의 의학이론, 특히 갈레노스에게서 유래한 것으로 18세기까지 이어졌다. 갈레노스는 프네우마πνεῦμα라는 개념을 자주 사용했는데 이는 숨breath과 정기spiritus 두 가지를 가리켰다. 정기란 생명의 원리로서 (1)프네우마 퓌시콘πνεῦμα φυσικόν, 즉 자연의 정기spiritus naturalis 와 (2)프네우마 조티콘πνεῦμα ζωτικόν, 즉 생기의 정기spiritus vitalis, (3)프네우마 프쉬키콘πνεῦμα ψυχικόν, 즉 동물의 정기spiritus animalis의 세 종류로 나뉜다.

그리스어 프쉬케ψυχή와 라틴어 아니마anima는 모두 영혼을 뜻하는 말이며, 따라서 동물의 정기에서 '동물'이란 영혼이 있어 살아 움직일 수 있는 존재를 총칭하는 것으로 볼 수 있다. 갈레노스는 이 세 가지 정기가 인체의 주요 기능인 소화, 호흡, 신경을 담당한다고 보았다. 먹은 음식이 간에서 '자연의 정기'로 바뀌어 이것이 정맥을 통해 온몸에 공급되고, 이중 일부가 폐를 통해 들어온 공기와 결합해서 '생기의 정기'가 되어 동맥을 통해 온몸에 공급되며, '동물의 정기'는 뇌에서 나와 신경을 통해 퍼진다고 주장했다.

염증에 걸린 마음

방울샘이라는 것이었다. 또한 데카르트는 솔방울샘의 움직임이 영혼이 신체를 지휘할 수 있는 메커니즘을 제공할 수 있다고도 상상했다. 솔방울샘이 일종의 밸브나 수도꼭지처럼 끊임없이 작동하면서, 영혼이 신체의 신경을 통해 근육으로 흘러갈 방향을 지시해 행동을 통제한다고 생각했다.

대략 이런 입장이 20년에 걸친 데카르트의 비범한 지적 여정에서 종착점으로 기록된다. 그 여정은 의심에서 코기토로 갔다가, 거기서 다시 신을 통해 세계라는 기계로 돌아오고, 궁극적으로 데우스 엑스 마키나deus ex machina, 즉 기계인 인간 내부에 있는 신이라는, 개념적으로도 해부학적으로도 지극히 허술한 개념에 이른 것이다. 자신의 생각을 의심하는 것을 빼면 데카르트에게 무엇이 남겠는가. 그 역시 이원론이 문제를 풀어내는 것 못지않게 많은 의문점을 제기한다는 것을 잘 알았고, 그래서 그 문제를 해결하기 위해 계속 노력하던 중 어느 날 갑자기 세상을 떠났다.

데카르트는 물려받은 재산이 있어 자기 힘으로 살아갈 수 있었고, 경제 사정 때문에 원치 않는 일을 억지로 할 필요가 없었다. 혼자 사는 것을 좋아했고, 사생활을 보호하기 위해 주소도 자주 바꾸던 사람이었는데, 어쩌다 보니 본의 아니게 한 주에 세 번씩, 그것도 그가 침대에 누워 생각에 몰두하기를 가장 좋아하는 시간인 오전 5시부터 10시까지 스웨덴 여왕에게 철학 개인지도를 해야 하는 상황에 처했다. 그러다 스톡홀름의 춥고 어둡던 2월 어느 날, 폐렴에 걸렸고 열흘 후 54세의 나이로 숨을 거두었다. 몇 년

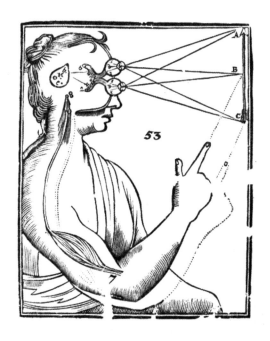

그림 4. 인간의 정신과 신체에 관한 솔방울샘 이론을 설명하는 여인

이 그림은 데카르트의 마지막 저술 《인간에 관한 논고Traité de l'homme》[4]에 실린 판화 중 하나로, 화살에서 나온 빛이 눈의 수정체를 통과해 시각신호를 (각 안구의 뒤쪽에서 뻗어 나온) 시신경으로, 이어서 대략 오른쪽 귀가 있을 법한 부위에 위치한 (H라고 표시된 큰 물방울 모양 또는 솔방울 모양의) 솔방울샘으로 보내는 것을 보여준다. 광학과 기하학은 나무랄 데가 없다. 시각 자극을 생리적 회로에 의한 운동 반응과 연결한 수준 높은 발상은 당시로서는 매우 발전된 것이며, 19세기의 신경 반사 개념에 놀랍도록 근접해 있다. 그러나 뇌 해부학은 17세기 기준으로 봐도 조악하기 짝이 없다. 솔방울샘은 엉뚱한 위치에, 실제보다 10배 정도 크게 그려져 있고, 뇌의 나머지 부분들과는 전혀 연결되어 있지 않으며, 눈과 근육들과도 종이 위에 잉크로 그린 몇 개의 선만으로 연결되어 있다. 영혼의 자리는 명명만 되었을 뿐 확정되지는 못했다.

뒤, 결론을 짓지 못한 채 끝난 그의 마지막 저작이 출간되었다. 데 카르트 자신이 고안했으나 해결하지는 못한 심신 문제에 관한 책이었다.

긴 그림자

지금 우리는 데카르트가 최초로 제안했던 이원론이 세부적으로 다 틀렸다는 것을 안다. 데카르트는 솔방울샘이 인간 신체 기계에서 중추적이고 역동적인 역할을 하리라 예상했지만, 사실 훨씬 미미한 역할만 한다. 솔방울샘은 햇빛의 일간 주기와 계절 주기에 민감한 생체시계이며, 24시간마다 규칙적인 각성과 활동의 일주기日週期 리듬을 유지하는 생리적 체계의 한 부분이다. 중요하지만 우주적 의미를 띤 것은 아니다. 솔방울샘은 별로 움직임이 없고, 뇌실 속에서 액체의 흐름을 통제하지도 않으며, 몸의 모든 신경섬유에 연결되어 있지도 않고, 영적으로 조율되어 있지도 않다. 병으로 솔방울샘이 다치거나 손상되면 환자는 수면-각성 주기가 무너지는 불편함을 겪을 수 있다. 하지만 몸에서 분리된 의식이라든가, 물리적 세계에 의해 오염되거나 정보를 제공받은 적이 전혀 없는 순수한 마음 상태 같은 것은 경험하지 않는다.

데카르트의 이원론이 평범한 과학 이론이었다면, 솔방울샘이 하는 일에 관해 그가 제안했던 내용과 실제로 솔방울샘이 하는 일 사이의 불일치 때문에 그 이론은 이미 오래전에 폐기되었을 것이다. 그러나 이원론은 과학 이론이라기보다는, 인간 경험 중에서 어떤 측면이 과학적으로 다룰 수 있는 것인지, 따라서 의학적으로 존중할 수 있는 것인지에 관한 하나의 관념(이데올로기라고 할 수 있을지도 모른다)으로서 굳건하게 지속되었다.

인간의 신체를 기계로 본 데카르트의 시각은 의학계에서 위풍당당하게 군림하고 있다. 신체가 원자와 분자, 세포와 기관으로 이루어져 있다는 것은 보편적으로 합의된 바다. 우리는 신체를 밀리미터와 초 단위로 측정할 수 있고, 다른 동물들의 생물학적 구조 및 기능과 비교할 수 있으며, 신체가 보편적 물리법칙을 따를 거라고 예상할 수 있다. 이 모든 점 때문에 신체는 과학적으로 다룰 수 있는 대상이 된다. 아직은 모든 세부를 과학적으로 낱낱이 이해하지 못했더라도, 미래에는 더 완전히 이해하게 될 거라고 생각하지 않을 이유가 없다. 또한 우리는 역사적으로 몸에 관해 더 깊은 과학적 지식을 쌓아가는 과정을 통해 질병에 맞선 치료 전쟁에서 어느 정도 승리를 거두어왔다. 그러니 우리가 의학적인 통제력을 갖고 있고, 이원론으로 분리해낸 우리의 육체적 측면은 진보하고 있다고 생각할 수 있다.

그러나 이원론의 정의에 따른 인간의 정신적 측면은 현대 과학과 의학이 보는 정신과는 당황스러울 정도로 다르다. 데카르트는 정신에 관해 말할 때 전혀 부끄러운 기색 없이 노골적으로 영적인 용어들을 썼다. 그러나 그것은 400년 전, 종교적 이상주의가 아직 유럽 문화 전반에 고루 배어 있던 시절의 이야기다. 또한

염증에 걸린 마음

데카르트는 자신이 실험의 착오에 빠지지 않게 지켜줄 존재로서도 신이 필요하다고 생각했다. 그러나 그 사이 몇 세기를 지나오면서 찬란한 과학적 성과를 이뤄온 우리는 데카르트에 비해 훨씬 건방져졌다. 지금 우리는 신의 보호 없이도 안전하게 과학을 할 수 있는 논리와 기술을 갖고 있다고 확신하고 있고, 그 확신에는 충분한 근거가 있다. 전반적으로 우리는 신이 과학과는 무관하며, 과학도 신에 관해 우리에게 해줄 말이 하나도 없다는 관점을 갖게 되었다. 그렇다면 데카르트가 말하는 신체 기계 속의 신은 도대체 어떻게 처리해야 하는 것일까?

　　우리는 그것을 영이나 영혼이라고 부르는 대신 마음이나 정신, 의식 또는 무의식이라고 부를 수 있다. 무엇이든 우리가 부르고 싶은 대로 부를 수 있다. 하지만 그래도 여전히 그것은 물리적 공간 안에 존재하지 않는다. 그것을 과연 측정할 수 있는지도 모르지만, 할 수 있다고 해도 어떻게 측정해야 하는지도 분명하지 않다. 우리는 그것이 물리법칙을 따를 거라거나, 다른 동물도 인간의 마음처럼 영적 혹은 정신적 경험을 할 거라고 예상할 아무런 근거가 없다. 그리고 솔방울샘 이론이 굴욕적으로 붕괴한 이후로, 마음이 몸 또는 뇌와 어떻게 연관되는지도 여전히 불분명한 상태다. 이런 모든 점 때문에 정신의 영역은 현재나 미래에도 과학적으로 다룰 수 없는 것처럼 보인다. 우리는 현미경으로 마음을 들여다볼 수 없고 그 메커니즘을 구성하는 부분도 볼 수 없으며, 따라서 몸의 병을 다룰 때만큼 마음의 병(이런 표현을 쓰는 게 말이 된다면)을 다루는 데서 치유의 효과를 내리라고 기대할 수 없다.

우리가 아무리 데카르트의 회의론을 칭송하고 인간의 몸을 기계로 본 그의 혁명적 시각을 높이 산다 해도, 그는 우리에게 과학적 의학이 아직도 풀지 못한 난제 하나를 남겼다. 데카르트주의 의학에서 마음과 몸은 같은 것이 아니라 서로 다른 종류의 것인데, 우리는 여전히 그 둘이 어떻게 서로 연결되어 있는지 모른다. 몸은 의사들의 영역이며, 물리학을 비롯한 과학으로 알 수 있다. 정신은 정신의학자나 심리학자의 영역이며 자기성찰적 추측 혹은 행동을 기반으로 한 추론으로만 알 수 있다. 2018년 현재, 국민건강서비스로 움직이는 영국의 보건 체계는 여전히 데카르트가 그어 놓은 경계선을 따라 구획되어 있다. 환자들은 이원론에 의해 분리된 몸과 마음의 문제에 관해, 글자 그대로 다른 문을 통과하고, 다른 병원을 찾아가, 다른 교육을 받은 의사에게 진료를 받는다.

내가 하고 많은 장소 중에서 하필 국민건강서비스의 류머티즘 진료소에서 P부인에게 마음 상태에 관해 질문했을 때, 나는 나도 모르는 사이에 철학적·조직적 경계선을 가로질러버린 셈이었다. 선배 의사는 내 실수를 바로잡으려 했다. P부인의 우울증은 관절 질환과 무관하다. 어떻게 그 둘이 관계가 있을 수 있겠는가? 그건 분명 일종의 '정신적 반응'이나 '필멸에 대한 두려움' 또는 자신의 진행성 질환과 자신이 직면한 암울한 현실에 대한 이성적인 성찰임이 분명하다. 부인이 그저 그런 일들에 대해 너무 많이

염증에 걸린 마음

생각하고 있었기 때문이다. 보행 보조기나 휠체어를 사용해야 할 때까지 남은 시간이 점점 짧아지고 있다는 현실을 너무 골똘히 생각한 것이다. '코기토 에르고 새드Cogito ergo sad', 생각하니 고로 슬픈 것이라고 말할 수도 있겠다. 부인의 우울증은 심리적인 문제였다. 그리고 그런 부인을 누가 탓할 수 있으랴? 그 입장이라면 당신도 그렇지 않겠는가?

P부인만의 일이 아니다

　내가 P부인을 만났던 것은 1989년의 일이다. 거의 30년이 지난 지금은 P부인의 이야기를 상당히 다른 방식으로 설명할 수 있다. 이 다른 방식의 진단은 아직 확실한 지식이 아니다. 아직 하나의 사실로서 의학교육 과정에 포함되지는 않았다는 말이다. 그리고 지금부터 내가 하려는 이야기에 대해 정중하게 회의적인 태도를 표현하는, 혹은 대놓고 불신하는 똑똑한 의사도 많다.

　P부인의 우울증을 일으킨 직접적인 원인은 부인의 염증성 질환이었다. 붓고 아픈 관절과 마찬가지로 우울증 역시 류머티즘 질환의 한 증상이었다는 말이다. P부인이 우울했던 것은 염증이 생겼기 때문이었다. 물론 일단 우울증 상태가 된 뒤로 부인은 보행 보조기를 써야 할 때가 얼마나 남았을지 헤아리며 평소보다 더 많은 시간을 상당히 비관적이고 암울한 생각에 빠져 보냈을 것이다. 우울증이 부인의 인지를 편향되게 만들었을 것이다. 그러니까

염증이 생긴 뇌가 P부인을 미래에 대한 최악의 시나리오를 곰곰이 곱씹는 쪽으로 편향시킨 것이다.

물론 P부인은 자신이 염증 질환을 앓고 있다는 것을 알았다. 자신이 류머티즘 질환에 걸렸다는 것을 알았고, 그것이 무엇을 의미하는지도 알았다. 부인은 면담하기가 아주 쉬운 환자였다. 처음 만난 젊은 의사에게 자신의 병에 대해 알아야 할 모든 것을 정확히 말해줄 수 있는, 그야말로 풍부한 경험을 쌓은 전문가였다. 데카르트의 충실한 후예인 의사라면 단지 부인이 자신의 류머티즘 질환에 관해 생각했기 때문에 우울증에 걸렸다고 생각하겠지만, 나는 그렇게 생각하지 않는다. 자신이 진행성 염증 질환에 걸렸다는 사실을 아는 것이 우울함을 안기는 충격이라는 것은 나도 인정한다. 그러나 나는 P부인의 곤경을 다른 방식으로도 생각해볼 수 있다고 생각한다. 부인은 단지 자신이 염증 질환에 걸렸음을 알았기 때문이 아니라, 더 단순하게, 염증 질환에 걸렸기 때문에 우울증에 걸렸던 것이다.

어떻게 그럴 수가 있을까? 관절 질환이 어떻게 우울증을 유발할 수 있는 걸까? 우선 류머티즘성관절염에 관해 대부분이 동의하는 점부터 이야기해보자. 관절염은 관절에 생긴 병을 의미하지만, 류머티즘은 근본적으로 면역계 질환이다. 여기서 관절은 어떤 의미에서 면역질환, 다시 말해 자가면역질환의 피해자인 셈이다. 류머티즘 질환은 면역계가 자기를 공격적으로 감염시키는 적(비자기)이 아니라 몸(자기)을 공격하기 때문에 발생한다. 류머티즘 환자의 면역계는 환자 자신의 몸속에 있는 '좋은' 항체들에 결합하도록 콕 집어 디자인된 '나쁜' 자가항체들을 마구 쏟아낸다. 마치 몸의 다른 부분에서 만들어진 항체들이 몸을 공격해 감염시키고 있다고 면역계가 착각하는 것 같은 상황이다. 면역계는 '나쁜' 항체와 '좋은' 항체가 싸우게 해서 자기와 싸우기 시작하고, 그러면 대식세포들까지 맹렬히 싸움에 뛰어든다. 관절과 몸속 다른 여러 곳에 도사리고 있던 대식세포는 몸속에 그렇게 많은 자가항체가 순환하고 있다면, 다시 말해 공중으로 그렇게 많은 총알이 날아다닌다면 근처에 진짜 적이 나타난 게 분명하다는 (잘못된) 결론을 성급히 내리는 것이다. 그래서 사이토카인을 쏟아내고 유독성 폐기물을 토해내면서, 관절에 염증을 일으키고 근처 동네를 융단폭격한다. 이런 일은 수년 동안 계속될 수도 있다. 면역계는 원래 스스로 만든 위협을 쉽게 제거하지 못하기 때문이다. 림프구는 계속해서 자가항체를 만들어내고 대식세포는 계속해서 가짜 적을 두들겨 패면서 근육과 뼈와 콜라겐을 손상시켜 결국 환자의 관절에 만성질환을 일으키는 지경에 이른다. 류머티즘성관절염은 면역계의 어두운 이면, 즉 면역계가 자신에게 어떻게 해를 입히는지 보여주는 전형적인 예다.

이 이야기는 P부인의 손이 잼 병도 못 열 정도로 뒤틀리게 된 경위를 면역학적으로 설명한다. 그러나 부인이 아침에 잠에서 깨면 (잼 병을 여는 것은 고사하고) 아침식사를 하러 침대에서 나올 힘도 없을 만큼 기진맥진한 느낌이 드는 이유는 설명하지 못한다.

기진맥진한 부인의 상태는 최소한 류머티즘성관절염이 국소 질환이라는 잘못된 생각에서 벗어나게는 해준다. 물론 임상검사에서는 국소 질환처럼 보일 수 있다. 어떤 관절에는 염증이 생기고 어떤 관절에는 생기지 않기 때문이다. 하지만 그 병의 분자 단계에서 본 원인은 국소성이 아니라 전신성이다. 자가항체와 사이토카인은 몇 군데 국소 분쟁지역에 집중되어 있는 것이 아니라 전신을 순환한다. 의사들이 혈액검사로 류머티즘 질환을 진단할 수 있는 것도 바로 그 때문이다. P부인 같은 환자들의 혈액을 분석해보면 사이토카인과 기타 염증 단백질의 농도가 정상보다 훨씬 높다. P부인은 관절뿐 아니라 온몸에 염증이 난 상태였다. 그리고 온몸이라는 말에는 뇌도 포함된다.

　1989년에 나는, P부인이 자신의 암울한 앞날을 생각한 결과 합리적인 수순으로 우울증 상태에 도달했다는 선배 의사의 의견에 동의했고, "하지만 혹시……?"라는 토조차 달지 않았다. 나 역시 암묵적인 데카르트주의 교리를 덥석 받아들였다. 당시 우리 중에는 그런 질문을 던질 만큼 뭔가를 알고 있었던 사람은 없었다고 생각한다. "하지만 혹시 부인의 우울증이 전신성 염증 질환의 여러 증상 중 하나이고, 높은 혈중 사이토카인 수치와 직접 연관된 것이라면?"이라는 질문 말이다. 당시에 누군가 그런 질문을 했다면 유별난 추측으로, 어쩌면 약간은 미친 소리로 여겨졌을 것이다. 수련 중인 신참 의사라면 선배 의사들에게 미친 사람으로 보이지 않는 게 좋다. 내가 입을 다문 것도 어쩌면 그 때문인지 모

　　　　　　　　　　　　　　　염증에 걸린 마음

른다. 더 이상 토를 달다가는 그 대화가 내 경력을 망치는 지경으로 치달을 수도 있다는 걸 감지한 것이다. 그러나 30년이 지난 지금도 내게는 여전히 그 질문이 남아 있다. "만약 그렇다면?" 만약 P부인의 우울증이, 그러니까 의욕과 기력 상실, 슬픔, 특히 자신의 피로가 가족과 직장 동료들에게 불편함을 끼친다는 죄책감이, 몸의 염증과 혈액 속 높은 사이토카인 수치와 직접 연관된 것이라면? 그렇다면 우울증은 류머티즘성관절염뿐 아니라 염증과 관련된 다른 많은 질병 사례에도 흔히 나타나리라고 예상할 수 있을 것이다.

내가 의대에 다니던 시절, 면역질환은 상당히 드물고 종잡을 수 없는 병으로 여겨졌다. 우리는 전신홍반성루푸스가 관절염과 혈관염을 유발하며, 이 염증은 환자 자신의 DNA를 표적으로 삼는 자가항체와 어떤 식으로든 관련되어 있다고 배웠다. 하시모토 갑상선염은 이름에서 짐작할 수 있듯 갑상선의 염증을 유발하며, 이는 환자 자신의 갑상선 세포를 표적으로 삼고 그 세포들이 티록신 호르몬(갑상선에서 분비되는 호르몬으로 체내의 물질대사에 관여한다)을 분비하지 못하게 만드는 자가항체 때문이라는 것도 배웠다. 그리고 우리는 다른 수십 가지 질환에 관한, 과학적으로 체계적이지는 않지만 진단상 편리한 사실을 나열한 항목을 익혔다. 적어도 익히려고 노력은 했다. 예컨대 쇼그렌증후군은 침샘에 염증을 일으켜 환자의 입안이 건조해지고, 강직성척추염은 척추에 염증을 일으켜 환자가 등을 굽히지 못하게 되며, 베체트병은 관절염과 남성 성기의 궤양을 초래하고, 건선은 관절염을 일으키고 팔꿈치 피부에 빨갛게 도드라지는 염증 판(플라크)을 형성한다. 이외에도 우리는 인정받는 의학용어로 다양하고 희한한 면역질환을 인지하고 이름을 말할 수 있도록 많은 사실을 배웠지만, 지금 우리가 면역계의 생물학적 메커니즘에 관해 알고 있는 사실들에 대해서는 완전히 무지한 상태였다.

지난 20여 년에 걸쳐 면역학이 폭발적으로 발전하면서 우리는 전신홍반성루푸스 같은 질병들의 원인에 관해 훨씬 더 많은 것을 알게 되었다. 과거에는 이런 병들이 어떤 식으로든 면역이 원인이라고만 어렴풋이 알려진 정도였다. 이보다 과거의 상식을 더욱 무너뜨리는 것은, 전통적으로 면역계와 아무 관계도 없다고 여겨졌던 많은 장애도 염증 및 자가면역과 관련되어 있다는 사실이 밝혀진 것이다.

20세기에 우리는 죽상동맥경화증이 동맥 내벽 바로 밑에 콜레스테롤이 쌓여 동맥이 두꺼워져 생긴 질병이라고 배웠다. 콜레스테롤이 많이 축적되면 동맥을 완전히 막고, 그 동맥이 마침 심장에 혈액을 공급하는 동맥이라면 환자가 심장마비를 겪게 된다고 생각한 것이다. 우리는 이 병을 배관에 비유해서 배웠고, 대개는 치료하는 방법도 배관 작업과 유사해서 외과수술로 동맥이라는 파이프에서 막힌 부분을 뚫거나 우회했다. 하지만 21세기의 의대생들이 배우는 이야기는 이와 상당히 다르다. 축적된 콜레스테롤은 동맥벽에서 염증반응을 촉발한다. 죽상동맥경화증의 경우 대식세포는 거품세포라는 다른 이름으로 불린다. 대식세포들이 콜레스테롤 방울들을 잡아먹다가 결국 지방으로 가득 차는데, 이를 현미경으로 보면 거품과 비슷해 보이기 때문이다. 아무튼 이 동맥의 대식세포들은 보통 대식세포가 화가 났을 때 하는 모든 일을 한다. 유독성 폐기물을 토해내 이웃의 다른 세포에게 부수적 피해를 입히고, 혈류에 사이토카인을 뿜어내 순환시킨다. 그리고 동맥 내벽을 더욱 끈적끈적하게 혹은 접착성 있게 만들어 혈구(혈액세포)들이 자유롭게 흘러가지 못하고 거기에 더 잘 달라붙게 해 점진적으로 혈전을 형성하는데, 이것이 쌓이면 결국에는 혈액순환을 완전히 막아버릴 수도 있다. 결국 심장마비는 어쩌다 생긴 배관의 재앙이 아니라, 대개는 동맥에 생긴 염증이 불러온 최종결과인 셈이다.

오늘날에는 오히려 염증이나 자가면역 때문에 발병하거나 합병증이 생긴 것이 아닌 질병을 찾기가 어려울 정도다. 또한 우울증과 피로, 불안을 비롯한 정신적 증상과 연관되지 않는 질병을 찾는 것 역시 똑같이 어렵다. 관상동맥에 생긴 염증 때문에 심장마비가 일어난 사람은 이후 몇 주 동안 우울 증상이 나타날 위험성이 50퍼센트, 주요 우울 삽화major depressive episode를 겪을 확률은 20퍼센트에 달한다. 장기간 심장질환을 앓은 사람도 불안증과 우울증을 겪는 비율이 상당히 증가한다. 그리고 우울증은 관상동맥질환의 위험 요인이자 심장마비에서 회복하는 것을 어렵게 하는 위험 요인이기도 하다. 우울증과 심장병 사이에도 우울증과 류머티즘성관절염 사이처럼 양방향의 영향이 작동하는 셈이다. 심장병과 관절염은 둘 다 우울증의 위험을 높이고, 우울증은 그만큼 심장병과 관절염의 증세를 악화시킨다. 당뇨병이 있다면 우울증에 걸릴 위험은 최소 2배 높아진다. 다발경화증이 있는 사람은 주요 우울 삽화가 생길 확률이 3배 높고, 자살 위험성도 커진다. 이런 목록은 계속 이어진다. HIV, 암, 뇌졸중, 만성기관지염 등 어떤 병이든 댈 수 있다. 무엇이든 장기적인 신체 질병을 앓는 환자는 대부분 정신 건강 문제들이 생길 위험이 증가하고, 그중 가장 자주 나타나는 것이 우울증이나 피로 증상이다.[5] P부인만 그런 것이 아니다.

강경한 데카르트주의자라면 오랜 세월 이어온 방식으로 거듭 되풀이해 말할 것이다. "글쎄요……, 만약 내가 특이성 혈거염Idiosyncratic troglodytis●이든 뭐든 아주 고약한 병에 걸렸다는 걸 안다면, 나도 상당히 우울하거나 불안하거나 피로하기까지 할 거라고 충분히 상상이 되는데 말이죠." 언제나 그렇듯 이건 완전히 틀린 말이 아니지만, 절대적으로 혹은 유일하게 옳은 말도 아니다. 이와 달리 우리는 염증이 거의 모든 심각한 의학적 질환에 광범위하게 연관되어 있다는 새로운 지식을 받아들일 수도 있다. 그리고 P부인 같은 많은 환자가 겪는 정신 건강상의 문제들은 그들

●　실제로 존재하는 병명이 아니라 저자가 장난스레 지어낸 말. troglodyte는 혈거인, 즉 동굴에 사는 사람들을 뜻하는데, 여기에 염증을 뜻하는 접미사 -itis를 붙여 일종의 염증처럼 보이게 한 단어다.

의 신체적 증상을 유발한 바로 그 염증 메커니즘에 의해 직접적으로 일어난 것일 수 있다.

사이토카인을 잡아라

탈데카르트 세계관에서는 항염증약이 류머티즘이나 그 밖의 염증 질환 환자들의 우울증 증상과 피로, 머릿속에 안개가 낀 듯 멍한 '브레인 포그' 증상을 완화하는 항우울 효과도 갖고 있을 가능성이 상당히 크다. 메커니즘 측면에서는 몸 전체에 염증의 영향을 퍼뜨리는 것은 혈류 속으로 방출되어 순환하는 사이토카인이라는 것을 우리는 안다. 사이토카인이 방출된 근원이 관절염이 생긴 무릎의 대식세포이든, 죽상경화가 일어난 동맥이든, 충치든 상관없다. 사이토카인은 몸속 어디서든 염증이 생겼다는 사실을 뇌라는 중추신경계에 알리는 가장 중요한 방송매체다. 그러므로 우리는 사이토카인을 표적으로 삼는 약물, 즉 항사이토카인제가 P부인 같은 환자들에게 대단히 강력한 항우울 효과를 낼 거라고 예측할 수 있다.

1989년에는 그런 약이 없었다. P부인은 수년에 걸쳐 다양한 치료법을 시도했다. 학식 있는 담당의의 충고에 따라 심지어 소량의 금을 삼키기도 했다. 지금은 연금술 시대의 묘약처럼 들리겠지만 당시에는 전혀 나무랄 데 없는 류머티즘 치료법으로 여겨지던 방법이다. 부인이 복용했던 모든 약은 작용 메커니즘, 즉 그

것이 몸속 분자 차원에서 작용하는 방식이 정확히 알려지지 않았던 약이었다. 물론 그중에 구체적으로 사이토카인을 무력화하는 작용을 하도록 디자인된 약은 하나도 없었다. 그리고 P부인이 심하게 불평하지는 않았지만 잘 알고 있었듯이, 그중 어떤 약도 딱히 효과가 좋지는 않았다.

　　P부인 같은 환자들에게 제공할 수 있는, 현존하는 어떤 약보다 류머티즘을 잘 치료할 수 있는 약을 만들겠다는 희망으로 특정한 표적, 즉 특정한 사이토카인을 제거할 신약을 개발한다고 가정해보자. 어떻게 그 일을 할 수 있을까? 파라켈수스의 선례를 따라 의약 화학을 활용해 후보가 될 만한 약물 분자 수십만 가지를 만들어볼 수 있다. 그런 다음에는 각각의 후보 약물 중에 어느 것이 시험관 안에서 표적 사이토카인을 가장 잘 무력화하는지 시험해야 한다. 제약업계에서는 이렇게 무작위 대입법으로 신약을 발견하는 방법을 고속 대량 선별검사high throughput screening라고 하는데, 모든 후보 약물을 하나씩 차례로 지치지 않고 철저하게 테스트하는 일은 점점 로봇의 몫이 되어가고 있다. 그러나 아무리 로봇으로 가득한 실험실이라도 이는 시간을 많이 잡아먹는 과정이며, 최종적으로 선택된 약물이 실험실에서는 사이토카인을 잘 무력화했어도 동물이나 사람의 몸 안에서는 잘 무력화하지 못할 수도 있다. 혹은 표적 사이토카인을 잘 무력화하는 약물을 찾아냈더라도 그 약이 당신이 의도하지 않았던 다른 단백질의 작용까지 방해하는 일이 생길 수도 있다. 다시 말해, 화학적 시행착오의 길

고 구불구불한 길을 다 통과해 얻은 최선의 후보 약물이더라도 환자에게는 실험실에서만큼 좋은 효과를 내지 못할 수 있고, 표적 사이토카인만을 선별적으로 제거하는 게 아니라 무해하고 건강에 중요할 수 있는 다른 단백질까지 파괴하는 부작용을 초래할 수도 있다. 1980년대 이후로는 상황에 따라 생물학에 더욱 의존하는 대안적 방식을 사용해, 이보다 나은 결과를 이끌어내는 일이 가능해졌다. 생물약제학이라는 새로운 기술을 탄생시킨 최초의 거대한 돌파구는 바로 류머티즘성관절염의 새 치료법 발견으로 생겨났다.

일단 류머티즘이 기본적으로 관절 질병인 관절염이 아니라, 혈액 내 다량의 사이토카인이 대식세포의 자기파괴적 행동을 부추기는 면역계 이상이라는 사실이 분명해지자, 과학자들은 사이토카인 신호를 꺼버릴 약물을 만들면 그것으로 대식세포 군대를 해산시키고 관절이 입는 부수적 피해를 줄일 수 있을 거라고 추론했다. 원리상 항사이토카인제는 관절염을 즉각 멈출 수 있다. 과학자들은 종양괴사인자tumor necrosis factor라는 특정 사이토카인에 주목했다. 종양괴사인자는 류머티즘 치료 약물이 표적으로 삼아야 할 바로 그 사이토카인일 가능성이 매우 높다고 면역학자들이 판단한 물질이었다. 이제 표적을 정확히 명중시켜 종양괴사인자를 무력화할 수 있는 항종양괴사인자 약물을 어떻게 찾아낼 것인가 하는 문제가 남았다. 이 문제에 대한 답도 면역학에서 나왔다.

종양괴사인자 같은 인체 단백질을 생쥐 같은 다른 동물에게 주입하면 생쥐의 면역계는 인간 종양괴사인자를 항원으로, 즉 비자기 단백질로 인식하고 방어적으로 대응한다. 생쥐에게는 염증이 생길 것이고 생쥐의 림프구는 인간 종양괴사인자에 대항하는 항체를 만들기 시작할 것이다. 인간 종양괴사인자를 주입하고 며칠이 지나면 생쥐의 항체들은 인간 종양괴사인자에 결합해 생쥐의 몸에서 그것을 효과적으로 제거할 것이다. 이로써 생쥐는 인간 종양괴사인자에 대한 백신주사를 맞은 셈이며, 항종양괴사인자 항체들은 이후 여러 달 동안 계속해서 생쥐의 몸속을 순환할 것이다.

여기서 얻은 생물약제학의 핵심 통찰은, 이런 자연적인 면역반응이 신약을 발견하고 제조할 생물학적 장치로 사용될 수 있다는 것이었다. 효과가 있을지 없을지 모르는 어마어마한 양의 후보 약물을 로봇으로 검사하는 대신, 생쥐를 활용하면 인간 종양괴사인자를 확실하고 선별적으로 무력화할 항체를 신속하게 만들어낼 수 있다. 그런 다음 생쥐가 만든 항종양괴사인자 항체를 류머티즘성관절염 환자에게 다시 주사하면, 이론적으로 생쥐에게서 나타난 것과 정확히 같은 효과, 즉 혈액 속을 순환하는 인간 종양괴사인자를 신속히 제거할 수 있을 터였다.

종양괴사인자가 정말로 타당한 표적이라면, 항종양괴사인자 항체처럼 막강하고 선별적인 약물로 그 표적을 공격하면 분명치료 효과가 나타날 것이다. 그러나 종양괴사인자는 류머티즘성관절염에 관여하는 유일한 사이토카인이 아니고 개연성 있는 유일한 표적도 결코 아니므로, 일부 전문가들은 면역계의 복잡한 커뮤니케이션 연결망에서 이렇게 분자 신호 하나만을 정조준하는 전략은 치료 효과를 내지 못할 거라고 예측했다. 하지만 실제로 그것은 훌륭하게 효과를 냈다.[6]

신약과 관련해 이론적으로는 그럴듯한 아이디어 대부분이 성공에 이르지 못한다. 어떤 이유에서건 실제로는 효과를 내지 못한다는 말이다. 생물학적 이론으로 새로운 약품을 만드는 것은 거의 불가능하고, 수십 년 동안 류머티즘학에서 혁신적인 치료법이 성공한 사례는 매우 드물었다. 그러나 류머티즘성관절염의 새 치료법으로서 항종양괴사인자 항체의 첫 임상시험 데이터는 확실한 성공을 보여주었다.[7] 고용량 또는 저용량의 항종양괴사인자 약물과 위약을 무작위로 환자들에게 투약한 지 4주 뒤, 고용량 약물 복용 환자의 79퍼센트가 치료에 잘 반응했고, 저용량에는 44퍼센트가, 위약에는 8퍼센트만이 반응했다. 상업적으로 첫 출시된 류머티즘성관절염 치료약인 항종양괴사인자 항체(휴미라Humera와 레미케이드Remicade라는 상품명으로 판매됨)는 제약업계 역사상 가장 많이 팔린 약품에 속한다. 런던의 채링크로스병원 소속으로 1992년에 최초 임상시험을 이끌었던 면역학자 마크 펠드먼Marc Feldmann과 라빈더 메이니Ravinder Maini는 2003년에 의학계의 오스카상인 래스커상을 수상했다.

2009년에 이르자 항종양괴사인자 항체의 세계 시장규모는 한 해에 200억 달러 이상으로 추산되었다. 이 약들은 모든 의미에서 진짜 블록버스터였다. 우선 많은 환자에게 실질적인 차도가 있었으며, 구상과 실행 모두가 진정으로 혁신적이었기 때문에 큰돈을 벌었다. 또한 항종양괴사인자 항체 개발에 참여한 사람들은 새로운 치료 전략 하나를 개척했고, 다른 면역질환들에 대한 항체 약물을 개발할 때도 적용할 수 있는 가장 중요한 경로가 표시된 지도를 만들었다. 류머티즘성관절염 치료를 위해 생물약제학이 처음 열어젖힌 그 영토는 이후 현대 의학에서 가장 크고 가장 생산적인 분야 중 하나가 되었다.

데카르트주의의 맹점

항사이토카인 약물들이 많은 염증성질환의 신체 증상을 막대하게 개선한 효과를 보면, P부인이 나에게 이야기했던 우울증과 피로, 불안 같은 정신적 증상에 그 약물들이 미치는 효과에 관해서도 이미 많은 양의 지식이 쌓여 있으리라고 생각할지 모른다. 류머티즘 질환에 시달리는 많은 환자가 가장 큰 문제로 꼽는게 피로라는 사실을 감안하면,[8] 지금쯤이면 항사이토카인 항체가 신체 증상뿐 아니라 정신 증상에도 어떤 이로운 영향을 미치는지 알아내기 위한 대대적인 연구가 실시되었을 거라고 짐작할 수도 있다. 하지만 그 짐작은 틀렸다.

영국 국민건강서비스에서 항종양괴사인자 항체를 새로운

류머티즘성관절염 치료약으로 사용하기 시작한 것은 내가 P부인을 만난 지 10년이 지난 1999년부터였다. 나는 P부인이 그 후에 항종양괴사인자 치료를 시도해보았는지, 그랬다면 부인의 우울증 등 류머티즘 질환의 다른 양상들에 차도가 있었는지 알지 못한다. 나는 그 한 번의 만남 이후 부인을 다시 보지 못했다. 그 일은 의료계에서 내가 했던 마지막 일이었다.

　　나의 다음 직업은 정신의학자로서 내 첫 직업이기도 했다. 그때는 내가 의료계와 국민건강서비스의 조직 구획을 설정한 데카르트식 분계선을 막 건너려던 참이었다. 나는 물리적 메커니즘을 다루는 의사보다는 정신적인 것들을 다루는 박사로서 전문 활동을 하기로 했기 때문에 의사로서 항종양괴사인자 항체로 환자들을 치료하는 직접적인 경험은 전혀 하지 못했다. P부인 같은 환자가 처음으로 항종양괴사인자 치료를 받았을 때 어떤 일이 일어나는지 직접 내 눈으로 확인할 기회를 전혀 갖지 못한 것이다. 하지만 나는 그런 경험을 한 다른 의사나 간호사 들과 이야기를 나누었고 그중 다수가 표현은 조금씩 달라도 결국 똑같은 이야기를 들려주었다. 그 치료를 받으면 환자가 쾌활해지는데 그것도 즉각 그렇게 되는 경우가 많다는 이야기였다. 그런 결과가 너무 확실히 예측되기 때문에, 유니버시티칼리지런던 대학병원의 류머티즘 병동 간호사들은 항종양괴사인자 주사 놓는 일을 서로 자기가 맡으려 한다는 말도 들었다. 정맥주사를 놓으면 환자 대부분이 바로 기분이 좋아져서 감격하며 감사를 표현하기 때문이었다. 그런 반응이 너무나 확실히 예측되기 때문에 그 상태에 대한 별명까지 생겼다고 했다. 바로 '레미케이드 하이Remicade high'다.

만약 사이토카인이 우울증을 초래하는 것이 맞는다면 이는 정확히 예상되는 결과다. 항사이토카인이 항우울제 역할을 하며, 항종양괴사인자 주사가 마음에 염증이 난 사람의 기분을 고양시키는 것이다. 그러나 레미케이드 하이는 평소 임상 실무에서 흔히 쓰이는 용어가 되었음에도 불구하고 아직도 진지하게 고찰되지 않았고, 대개는 위약 반응 정도로 무시되어 왔다. 환자에게 레미케이드라고 하고 무해한 포도당 주사를 놓아도 여전히 레미케이드 하이가 생길 거라는 말이다. 환자의 고양된 기분을, 신기한 신약으로 신체 건강이 호전되리라 기대하는 심적인 반사 효과로 본 것이다. "기분이 고양되었다고요? 글쎄요, 당신이라면 관절 질환을 낫게 해줄 블록버스터 신약으로 치료를 받았다고 생각하면 그런 기분이 안 들겠어요?" 이런 판에 박힌 헛소리를 반박해줄 과학 연구, 그러니까 환자가 항종양괴사인자 치료를 받은 뒤 급속하게 기분이 좋아지는 것은 그 약이 가져올 결과에 대해 긍정적으로 생각해서가 아니라 그 약이 환자의 뇌에 직접적으로 이로운 항염 효과를 내기 때문이라는 탈데카르트주의적 가설을 검증하기 위한 연구는 아직 겨우 몇 건밖에 진행되지 않았다.[9] 레미케이드 하이는 우울증과 피로를 비롯해 염증에 걸린 마음의 증상을 치료할 새로운 방법에 관한 의미심장한 실마리일 수 있다. 이 실마리에 대해서는 뒤에서 더 자세히 알아볼 것이다. 그러나 지금까지 의학

염증에 걸린 마음

은 대체로 그것을 마음이 부리는 농간 정도로 평가절하해왔다. 그것은 눈에 뻔히 보이는데도 알아보지 못하는, 또 하나의 데카르트주의 맹점이다.

✝

다음 장에서 우리는 정신의학의 세계로 들어간다. 전통적인 관점에서는, 그 세계로 들어가면 모든 게 달라진다. 이원론의 우주에서 몸과 마음은 전혀 다른 별개의 것들이다. 그러나 이제 우리는 한쪽에서 다른 쪽으로, 즉 '진짜 의사'라 불리는 이와 '재주나 피운다'는 평가를 받던 이를 가르던 거대한 분계선을 넘어가면서, 실제로 몸과 마음을 하나로 엮어줄지도 모를 염증의 가닥을 계속 따라갈 것이다.

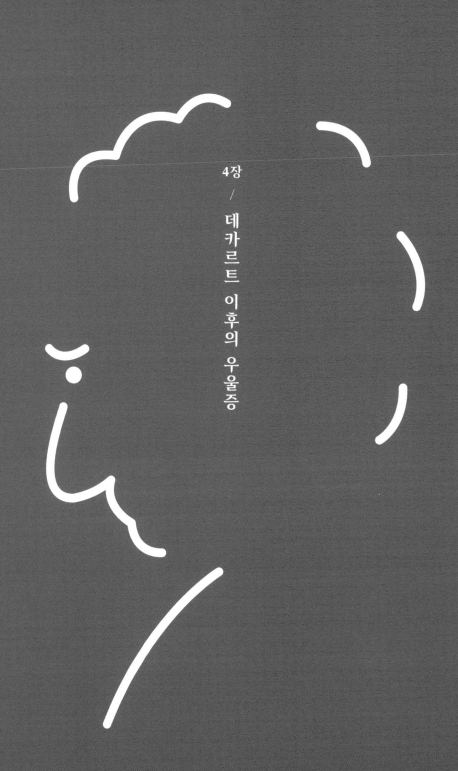

4장
/
데카르트 이후의 우울증

흑담즙에서 주요우울장애로

우울증은 의학적으로 염증보다 역사가 더 길다. 염증의 주요 증상들은 고대 로마에 와서야 밝혀졌지만, 우울증은 고대 그리스인에게도 중요한 주제였다. 기원전 400년 경 히포크라테스의 학교에서 교육받은 의사들은 우울증에 두 가지 측면이 있음을 알았는데, 바로 오늘날 우리가 감정적 측면과 인지적 측면이라 부르는 것이다. 그들은 공포, 낙담, 슬픔, 침울 등으로 표현되는 앙고르 아니미angor animi, 즉 영혼의 괴로움을 목격했다. 또한 비관적이거나 비현실적인 믿음, 깊은 수심에 잠기는 경향도 묘사했다. 예를 들어 갈레노스의 환자 중에는 "자신이 일종의 달팽이 같은 것으로 변했기 때문에 껍질이 으스러지지 않도록 모든 사람을 피해야만 한다고 생각한 사람이 있었고, 세계를 떠받치고 있는 아틀라스가 그 일에 싫증을 내고 떠나버릴까 봐 두려워한 사람이 있었다." [1]

그 옛날의 의사들은 이런 감정적 증상과 인지적 증상을 생리학적으로 설명했다. 비장에 흑담즙이 과도하게 축적되어 신체 기능을 비정상으로 만든다는 설명이었다. 히포크라테스의 생리학에 따르면 몸에는 흑담즙, 황담즙, 점액, 혈액의 네 가지 체액이 순환하며, 이 체액들이 환자의 기질과 질병에 대한 민감성, 치료에 대한 반응 등 여러 측면을 통제한다고 했다. 옛 의사들은 이 체액들이 서로 주고받는 영향력의 크기와 상대적 균형을 기반으로 질병의 임상적 외양을 진단했다. 점액이 너무 많으면 사람이 냉담해지고 류머티즘과 폐병에 걸리고, 황담즙이 너무 많으면 화를 잘 내고 간 질환에 걸리기 쉬우며, 혈액이 너무 많으면 긍정적이고 쾌활하지만 심장병에 걸리기 쉽고, 흑담즙이 너무 많으면 우울한 사람이 된다는 것이었다. 당시의 우울증 치료는 섭생과 운동, 설사 유도제, 사혈로 체액간 균형을 바로잡아 몸속 흑담즙의 불쾌한 영향력을 줄이는 것이었다.

지금 우리는 몸속에 흑담즙 같은 것은 존재하지 않는다는 사실을 알고 있으므로 이런 고대인들의 생각이 다소 우스꽝스러워 보일지 모른다. 하지만 4체액설은 유럽 의학에서 지배적 이론으로 놀랍도록 오랜 세월 동안 살아남았다. 영국 의사들은 대개 1850년대까지도 계속 히포크라테스의 전통에 따라 의료 행위를 했다. 그러나 우울증 환자 본인에게는, 예스러운 흠이 있기는 하지만 어쨌든 생리학인 히포크라테스 의학이, 신학을 기반으로 한 대안적 치료보다 훨씬 나은 경우가 많았다. 예를 들어 켈수스는

염증에 걸린 마음

우울증의 근본 원인에 대해 히포크라테스와 생각이 달랐다. 그 이전과 이후의 많은 사람처럼 켈수스 역시 우울증을 환자가 아령에 사로잡힌 증거로, 사악한 영혼이 비행이나 도덕적 방종을 처벌하기 위해 환자의 영혼을 장악한 신호로 보았다. 그 생각에 따라 켈수스는 엑소시즘(악령 퇴치), 매질, 화형, 독방 감금, 사슬이나 수갑 채우기 같은 혹독한 치료법을 추천했다. 태고부터 중세를 거쳐 18세기의 마녀사냥 시대까지 무수히 많은 우울증 환자가 지독하게 잔인한 일들을 당했는데, 그런 짓이 허용된 이유는 그 환자들이 신체적으로 고통받는 것이 아니라 영혼에 깃든 악령 때문에 고통받는 것이라는 광신적 확신이 있었기 때문이다.

1850년 이후에야 약 200년 전 데카르트가 열성적으로 예언한 대로 의학에 불어온 기계론적 혁명이 히포크라테스 전통보다 우위를 차지하기 시작했다. (의학계에는 변화가 항상 더디 온다.) 그리고 1950년대가 되어서야 데카르트 이원론 이전의 고대 의학 이론(정신적 증상과 신체적 증상을 모두 체액이라는 동일한 인과적 요인으로 설명했던)이 거의 완전히 무너지고 신체를 기계로 다루는 의학으로 대체되었다. 현대 의학 용어에 남아 있는 히포크라테스 의학의 흔적은 딱 하나다. 아직도 정신의학자들은 우울증을 말할 때 멜랑콜리아⦁라는 단어를 사용하는데, 이제는 흑담즙을 의미하는

⦁ melancholia는 그리스어로 검다는 뜻의 melas와 담즙을 뜻하는 khole를 결합해 만든 단어로 원래 흑담즙을 뜻한다.

것이 아니라 주요우울장애에 대한 또 하나의 진단명처럼 쓰인다.

고대인이 말한 염증 증상들을 지금도 의대생에게 가르치는 것처럼, 현대의 우울증 증상들도 2000년 전 멜랑콜리아로 처음 진단했을 때와 놀랍도록 일치한다. 하지만 염증의 기본 특징을 면역학이라는 새로운 과학이 심층적으로 규명한 것과 달리, 우울증의 임상적 증상들은 메커니즘 측면에서 그만큼 상세한 수준으로 해명되지 않았다. 미국 정신의학협회가 《정신질환 진단 및 통계편람 5판》[2]에서 공식적으로 정의한 대로, 주요우울장애를 진단할 때 점검하는 우울증 증상 목록에는 쾌감 상실과 식욕 상실 등 갈레노스도 알아보았을 증상들이 있다. 어떤 환자가 슬픔이나 쾌락을 느끼지 못하는 것을 포함해 그 목록의 다른 다섯 가지 증상 중 적어도 네 가지 증상을 최소한 2주 동안 거의 매일, 그러나 2년은 넘지 않게 경험했다면, 《정신질환 진단 및 통계편람 5판》을 편찬한 유명한 정신의학자들이 정의한 바에 따라 그 환자는 주요우울장애를 앓고 있는 것이다. 혈액검사나 신체검사, 엑스선촬영이나 MRI 스캔을 할 필요는 없다. 《정신질환 진단 및 통계편람 5판》의 진단 원리에 의하면, 신체에 관해 알아낸 사실 중에서 주요우울장애를 진단하는 데 도움을 줄 수 있는 것은 하나도 없기 때문이다. 혈액검사나 엑스선촬영에서 다른 신체질환이 있을 수 있다는 결과가 나오면 그 환자는 주요우울장애 진단을 **받지 못한다.** 《정신질환 진단 및 통계편람 5판》 판결에 따르면, 증상들이 "다른 의학적 질병의 생리학적 영향에서 기인한 것으로 볼" 수 있는 경우, 주요우울장애 진단은 명백히 배제된다. 그러므로 정말 기가 막히게도 P부인은 절대 주요우울장애일 수 없다. 부인은《정신질환 진단 및 통계편람 5판》의 증상 목록에서 모든 항목에 표시를 할 수 있지만, 부인의 류머티즘성관절염이 주요우울장애 진단의 가능성을 차단해버리기 때문이다. 우울증은 이렇게 이원론적 분리의 정신 측면에 공식적으로 고립되어 있다. 염증이 전통적으로 신체 측면에 갇혀 있었던 것처럼 말이다.

그렇다고 누가 신경을 쓰겠는가? 우울증이 이원론에 의해 정신 쪽으로 분류되었다고 해서 누가 신경을 쓰겠는가 말이다. 어쩐지 학자들의 철학적 말장난처럼 들리는 이 말이 실제 삶에서 우울증 환자에게, 그리고 그들을 치료하는 정신의학자와 심리학자에게는 어떤 의미를 갖는 걸까?

우울증을 둘러싼 낙인과 침묵의 문화

많은 환자에게 그 말은 우울증이 개인적 실패의 신호로 여겨질 가능성을 의미한다. 만약 우울증이 순수하게 정신적인 것이라면, 순전히 마음속의 일이라면, 단순히 느끼거나 생각하거나 행동하는 방식의 차이일 뿐이라면, 내가 하는 생각이나 결정 같은 정신적인 다른 현상들이 내 책임인 것처럼 우울증도 내 책임이 아니겠는가. 우울증에 걸린 것에 대해 자신이 비난받아 마땅하다고, 자신의 잘못이라고 느끼는 것이 우울증 환자들의 공통 경험 중 하나다. 임상심리학자들은 이를 인지 편향이라고 본다. 자기 자신에 대해 긍정적인 생각보다는 부정적인 생각을 더 많이 하는 경향으로, 우울증의 특징 중 하나이며 인지행동치료로 치료할 수 있다. 그러나 아주 심각한 경우에는 자기비판이나 집착적인 자기 비난적 사고가 자기 처벌이나 자해 행동을 부를 수 있고, 개인적 실패라는 식의 생각이 허무주의적 망상으로 변질돼 자신이 이미 죽은 거나 다름없다는 잘못된 믿음을 갖게 되기도 한다. 말할 필요도 없이 자기비판적으로 편향된 이 모든 마음 상태는 궁극적인 자기 파괴 행위인 자살의 위험 요인이다.

그러므로 정도의 차이는 있지만, 자신의 자아감sense of self에 대한 심리적 공격과 자살 같은 자기 신체에 대한 공격은 수많은 우울증 환자의 경험에서 중심적이고도 심각한 부분을 차지한다. 이는 수천 년 동안 그래 왔던 일이니 이에 대한 비난을 전적으로 데카르트에게만 돌릴 수는 없다. 그러나 나는 우울증을 정신의 영역에만 배타적으로 고립시켜둔 것, 즉 순전히 마음속 문제일 뿐이라는 가정은 우울장애에 수반하는 죄책감을 더욱 악화시킬 수 있고, 여전히 우울증을 비롯한 기타 정신질환을 둘러싸고 있는 낙인과 침묵의 문화를 더욱 부추길 수 있다고 믿는다.

이미 여러 번 말했지만 반복할 가치가 있는 말이니 다시 한 번 하겠다. 만약 내 팔이 부러졌다면 최소한 나는 주변 사람들의 동정과 응원에 기댈 수 있다. 팔이 부러진 정황에 관한 재미있는 이야깃거리가 하나 생겼을지도 모르고, 사고로 흘린 피와 관련한 아찔하고 생생한 경험담을 들려줄 수도 있을 것이다. 대체로 사람들은 기꺼이 그 이야기에 귀를 기울이며 동정을 표하고, 다 들은 뒤에는 자신이 겪었던 무용담을 들려주기도 할 것이며, 자신이 아는 의학적 충고도 나눠줄 것이다. 그러나 만약 금이 간 게 내 마음이라면 나는 이런 것들 중 무엇에도 의지할 수 없다. 내가 우울증에 걸렸다면, 그래서 기쁨도 희망도 없이, 잠도 못 자고, 한순간도 떨쳐지지 않는 자신의 무가치함에 대한 자각에 시달리고 있다면, 나는 혼자 있을 확률이 아주 높을 것이다. 사람들과 함께 외식을 하며 내 절망에 관한 다듬어지지 않은 거친 독백을 늘어놓지도 않을 테고, 사람들은 내가 정신과 진료실에서 겪은 웃긴 이야기를 재미있게 듣지도 않을 것이며, 자신의 비슷한 경험담을 들려주려고 열성을 부리지도 않을 것이다. 나의 친구들조차 "무슨 말을 해야 할지" 몰라 화제를 돌릴 것이다. 내가 직장인이라면, 아마도 나는 고용주가 내 인사 기록에 '우울증'이라는 단어를 써넣지 않기를 바랄 것이다. 구직 중이라면 이전 직장에서 어쩔 수 없이 몇 달 동안 병가를 냈던 이유를 설명할 다른 핑계를 찾으려 할 것이다. 만약 내가 공직에 출마한다면 우울증 사실이 폭로되는 것만으로도 선거운동이 실패로 돌아가기에 충분할 것이다. 일부 나라에서는, 우울증에 걸렸다는 단순한 사실만으로 결혼할 자격을 박탈당하고, 더불어 형제자매들이 결혼할 전망까지 어둡게 만들 수 있다.

이런 걸 바로 낙인이라고 한다. 예수는 십자가에 못 박혔을 때 생긴 손발의 상처로 낙인이 생겼다. 가장 모멸적이고 굴욕적인 처벌을 받아 마땅한 범죄자라는 신체적 표식이 생긴 것이다. 우울증 및 기타 정신 건강 장애에 대한 현대의 낙인은 그만큼 노골적으로 잔인하지는 않다. 우리는 스스로 그때보다는 훨씬 문명화되었다고 여기고 싶어 하고, 실질적인 진보가 이루어진 것도 사실이다. 과거에 정신질환자에게 가했던 야만적인 일들의 상당수를 이제는 더 이상 하지 않는다. 그러나 여전히 우리는 그 병에 관해 되도록 이야기하지 않으려 한다. 사실 아직도 우리는 뭐라고 말해야 할지 모른다. 왜냐하면 그게 정말 순전히 그 사람 마음속의 일이라면 그 가련한 영혼 개인의 탓일 테니 말이다. 21세기에는 신체적 상해나 야만적 처우처럼 환자들에게 가하는 행위가 아니라, 행동하지 않고 말하지 않는 것으로 우울증에 낙인을 찍는다. 우울증 환자들의 경험을 일상 대화에서 배제하고, 그들이 스스로 회복하도록, 혼자서 우울증을 해결하고 자신을 추스르게 내버려두었다가 마음 정리가 다 끝난 다음에야 우리에게 돌아오도록 함으로써 사실상 우리는 그들을 격리하고 있다.

　이원론에 따라 우울증을 마음의 영역에 격리해두는 행위가, 그 문제를 초래한 잘못이 어느 정도 그 사람 본인에게 있음을 암시한다면, 해결책을 찾는 것 역시 어느 정도 그 개인의 책임이라는 뜻이다. 집이나 직장에서 잡담처럼 말하기에는 너무 수치스러운 일로 여겨질 수도 있다. 하지만 우리는 환자가 어떤 식으로든 이야기를 하는 것이 자신의 감정이 어디서 비롯했는지 이해하고, 자신이 어쩌다 우울증에 걸렸으며 우울증이 자신에게 무엇을 의미하는지 스스로 납득하기 위해 꼭 필요한 일일 거라고 여긴다. 이원론의 기이한 세계에 사는 우리는 우울증에 걸린 친구에게 뭐라 말해야 할지도 모르고, 그 친구와 우울증에 관해 이야기하는 것은 원치 않으면서도, 그 친구가 자신의 우울증에 관해 누군가와는 이야기해야 한다는 의견은 종종 단호히 밝힌다. 낙인이 찍힌 침묵의 원을 뚫고 들어가도록 훈련받은 누군가와 말이다.

슈퍼 정신분석가, 프로이트

지난 100여 년 중 대부분의 기간 동안, 우울증은 마음의 장애이므로 마음을 통해 낫게 할 수 있고 또 그래야 한다는 것이 일반적인 통념이었다. 심리적 증상에는 심리치료가 필요하고 물리적 증상에는 물리적 치료가 필요하다는 것. 이는 데카르트주의에 충실한 의사에게는 완벽하게 이치에 맞는 생각이다.

심리치료를 세계 최초로 발명한 사람은 물론 지그문트 프로이트다. 내가 '물론'이라고 말한 이유는 프로이트의 명성이 너무나 이례적이고 그의 사상이 미친 영향이 특별히 오랫동안 지속되었기 때문이다.

그가 종종 틀리고, 때로는, 황당할 때도 있었지만

우리에게 그는 이제 한 사람이 아니라

어떤 견해의 풍토 자체가 되었으니

우리는 그 풍토 속에서 각자 다른 삶을 영위한다네.

시인 W. H. 오든Wystan Hugh Auden이 말한 것처럼,[3] 우리가 그 사실을 좋아하든 싫어하든 상관없이, 지금 우리는 적어도 어느 정도는 모두 프로이트주의자다. 모르는 사이에 은근히 스며들었거나 제대로 이해하지 못했더라도, 우리는 모두 프로이트식 분석의 놀랍도록 넓은 범위와 그 영향에서 비롯된 것들을 말하고 행하며 살고 있다. 우리가 프로이트라는 봉우리를 이미 지나온 것은 분명하지만 그는 여전히 구글 학술 검색Google Scholar에서 가장 많이 인용되는 저자로, 마르크스와 아인슈타인보다 한참이나 앞서 있다. 런던에 있는 정신의학연구소 도서실에서 긴 책꽂이에 줄지어 꽂혀 있는 표준판 프로이트 전집 24권의 흐릿한 청색 책등을 본 것만으로도 경외감이 차올랐던 기억이 난다. 그 24권의 책에 관해 다른 사람이 쓴 논문과 책 들만으로도 도서관 하나가 가득 찰 것이다.

프로이트와 관련해 항상 나의 흥미를 자극하는 것은 그가 자신의 경력을 시작한 방식이다. 그는 처음부터 심리학자로, 그러니까 데카르트의 분계선으로 나뉜 정신의 측면에서 출발하지 않았다. 프로이트는 20대 후반까지도 이원론적으로 분리된 신체적 측면에서 일하는 뇌과학자가 되려는 포부를 품고 있었다. 그는 초창기 뇌과학자 몇 명에게서 가르침을 받았고, 그가 쓴 초기 논문

중 하나는 "가장 하등한 물고기 중 하나"의 척수 속 개별 신경세포들이 배치에 관한 미세 해부학 논문이었다. 뇌졸중이나 뇌의 다른 병리학적 병변에 의해 언어를 상실하는 병인 실어증에 관한 논문도 썼다. 코카인 연구도 많이 했는데, 이 과정에서 1884년에는 제약 회사 머크Merck에서 공급받은 코카인을 자가 투여한 일도 종종 있었다. 그는 코카인이 코와 눈의 점막들을 신속하고 가역적으로 마비시킨다는 사실을 발견한 초기 과학자들 중 한 명이다. 그는 이 발견의 의학적 영향력을 알아보았다. 코나 눈 수술에서 코카인을 국부마취제로 사용할 수 있지 않을까 하고 생각한 것이다. 이 발견으로 그는 일약 스타 학자가 될 수도 있었다. 하지만 아주 결정적인 순간에 그는 연구에서 벗어나 약혼녀와 함께 휴일을 보내고픈 유혹에 빠졌다. 행복한 휴식을 마치고 돌아왔을 때는 이미 다른 (이제는 잊힌) 과학자가 동물의 눈 수술에서 코카인을 마취제로 사용할 수 있음을 증명해, 프로이트가 차지할 수도 있었을 공적인 영광을 가로채간 뒤였다. 후에 그가 한 말은 어쩐지 반어적으로 느껴진다. "내가 이미 유명해지지 않은 것은 내 약혼녀 탓이기는 했지만 (…) 그렇게 방해한 것에 대해 나는 (그녀에게) 원한을 품지는 않았다."[4] 그들은 1886년에 결혼해 정착했다.

　이후 10년에 걸쳐 그의 인생행로에 변화가 생겼다. 프로이트는 자신이 업적으로 따지면 충분히 자격이 있지만 유대인이기 때문에 진지한 뇌과학자에서 오스트리아 빈대학교 교수로 자리를 옮기는 길이 막혀 있음을 알았다. 그는 아내와 가족을 부양하기 위해 실험실을 떠나 의사로 일하는 데 더 많은 시간을 써야 했다. 그리고 그의 직업적 인간관계는 요제프 브로이어Josef Breuer와 빌헬름 플리스Wilhelm Fliess 같은 소수의 핵심 동료 또는 동지만으로 이루어진, 지적으로 강렬한 '회합'에 집중되었다.

브로이어는 프로이트보다 연장자로, 이미 인체의 한 부분에 자신(과 동료 에발트 헤링Ewald Hering)의 이름을 붙이는 의학적 영예를 차지한 인물이었다. 브로이어와 헤링은 숨을 깊이 들이쉴 때 심박수가 떨어지는 헤링-브로이어 반사를 발견했다. 이것은 집에서도 실험해볼 수 있다. 조용히 앉아 손목의 맥박을 짚고, 30초 동안 맥박수를 센다(대략 35회 정도일 것이다). 그런 다음 숨을 깊이 들이쉬고 가슴이 완전히 팽창한 상태로 30초 동안 숨을 멈추고 다시 맥박을 잰다. 그런 다음 여전히 맥을 짚은 상태로 숨을 내쉰다. 폐가 완전히 부풀어 있을 때는 맥박수가 느려지고, 다시 정상적으로 호흡하기 시작하면 속도가 올라간다. 그게 바로 헤링-브로이어 반사다. 폐가 팽창하면 미주신경을 통해 신호가 나가고, 그러면 심장박동은 신속하게 자동적·반사적으로 느려진다. 이는 미주신경이 뇌와 몸 사이의 연결을 매개하는 여러 방식 중 하나다. 그러나 이후에 브로이어가 프로이트와 함께 한 연구는 최면을 통한 젊은 여성들의 히스테리 증상 치료에 관한 것이었고, 이 연구는 두 사람이 1895년에 일련의 사례들을 함께 출판한 것으로 결실을 맺었다.

플리스는 브로이어보다 더 젊었고, 브로이어만큼 큰 존경

염증에 걸린 마음

을 받거나 과학적으로 빼어나지는 않았지만, 프로이트를 더욱 큰 창조적 자유로 이끌어준 사람이었다. '명석하지만 균형을 잃은' 베를린의 외과의사인 그는 코 수술 마취제로 코카인을 열성적으로 사용했고, 23일에서 28일 사이를 오락가락하는 월경주기 같은 바이오리듬의 중요성에 신비주의적 태도로 관심을 기울였다. 플리스와 프로이트는 1887년에 처음 만나 약 15년 동안 엄청난 양의 편지를 주고받았고, 여성 성기에서 기원한 신경증적 증상, 즉 히스테리 증상은 코에 코카인을 발라서, 심지어 코에 어떤 수술을 함으로써 치료할 수 있다고 하는 코-성기 이론을 함께 만들었다.[5]

프로이트가 자신의 지적 행로를 뇌에서 마음으로 바꾼 일에 관한 에세이를 쓰기 시작한 것은 1895년 9월로, 며칠 동안 베를린에 있는 플리스를 방문하고 빈으로 돌아가는 기차 안에서였다. 어쩌면 그가 탄 객차가 어디선가 덜컹거린 바로 그 시점부터였을지도 모른다. 그는 몇 주 만에 재빨리 4만 단어를 쓰고 그것을 황급히 플리스에게 보냈다. 후에 프로이트가 플리스에게게 받은 편지를 모조리 없애버렸기 때문에 플리스가 그때 어떤 반응을 보였는지 우리는 모른다. 다만 우리가 아는 것은 프로이트가 자서전에서 플리스의 이름을 단 한 번도 언급하지 않을 정도로 우정이 식어버렸고, 유일하게 남아 있던 원고 사본마저 없애버리려 했다는 사실이다. 그 원고는 나치 독일에서 누군가 몰래 빼돌려 마침내 1950년에 《과학적 심리학을 위한 프로젝트Project for a Scientific Psychology》●라는 제목으로 출간되었다.[6] 그 글은 정신분석을 위한 선언문의 초고 같은 것이었다. 정신의학연구소 도서실에 있는 그 푸르스름한 책들은 모두 바로 이 미완성의 원고에서 시작되었다.

프로이트는 물리학의 운동법칙을 따르기는 하지만 측정할 수는 없고 종잡을 수 없는 정신적 에너지를 구상했고, 이 에너지가 신경세포의 연쇄들과 회로들을 따라 흐르며 그 이동 방향이 의식의 내용을 결정한다고 생각했다. 그리고 방대한 저작을 통틀어 몇 개 안 쓴 도해圖解 중 하나로 이 아이디어를 표현했다.(그림 5) 그것은 신체 측면에 있던 뇌과학 기반에서 데카르트식 분계선을 가로질러 마음의 측면이라는 미지의 땅으로 넘어가려한 대범한 시도였다. 프로이트는 이 아이디어를 실험으로 검증하거나 뒷받침한 적이 없었고, 당시 뇌과학 기술의 수준을 감안하면 그런 시도를 했다고 하더라도 성공하지 못했을 것이다. 프로이트의 '프로젝트'는 뇌에 관한 신생 과학을 기반으로 마음에 관한 새로운 과학을 창조하려는 포부로 진행된 것이지만(그리고 그는 이 혁명적인 계획을 요약하기 위해 정신분석이라는 신조어를 만들었다), 계획대로 되지는 않았다. 처음에는 프로이트도 마음과 몸이라는 두 영역 사이의 연결점으로서 정신분석을 구상했을지 모르지만, 이후 그것은 마음 쪽으로 완전히 넘어갔다.

환자들이 말을 하고 프로이트는 그 말을 들었다. 환자들이

● 이는 출간 당시 편집자가 붙인 제목이고, 프로이트 본인이 붙인 제목은 "신경학자를 위한 심리학"이었다.

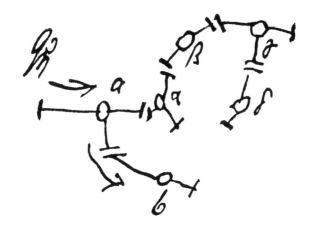

그림 5. 에고에 대한 프로이트의 초안

여기서는 양quantity을 뜻하는 Q를 닮은 아리송한 그림문자로 표현된 정신 에너지 혹은 리비도가, 뇌를 표현한 이 도해 속으로 들어와 한 뉴런에서 다음 뉴런으로 흘러간다. 흐름의 방향은 뉴런들 사이 틈의 저항과 이미 뉴런들에 어느 정도의 에너지가 충전되어 있는지에 따라 결정된다. 프로이트는 첫째 뉴런 a가 적대적인 기억을 표상한다고 상정했다. 그 뉴런이 정신 에너지에 의해 활성화되면 불쾌한 기억이 마음에 떠오른다. 그러면 리비도 에너지는 자동적으로 첫째 뉴런을 통과해 불쾌감 또는 슬픔의 뉴런인 둘째 뉴런 b로 흘러가 이 뉴런을 활성화한다. 혹은 α, β, γ, δ로 표시된 뉴런 무리(프로이트는 이것들을 에고라고 불렀다)가 이미 충분한 에너지로 충전되어 있을 경우, 유입되는 정신 에너지의 분량을 불쾌 세포가 아닌 자신들 쪽으로 향하게 함으로써, 그렇지 않았을 경우 적대적 기억에 의해 촉발되었을 슬픈 감정을 억제한다. 이것은 프로이트가 심리적 방어기제, 즉 무의식적으로 일깨워진 감정적 고통을 에고가 억제하는 과정을 당대의 최첨단 뇌과학에 투사해 만든 최초의 지도였다. 프로이트의 이 선견적인 스케치는 의심의 여지 없이 뉴런들 사이 시냅스 간극의 존재도 표현하고 있다. 이때는 위대한 신경해부학자 산티아고 라몬 이 카할Santiago Ramón y Cajal조차도 실제로 시냅스를 보지 못했을 때인데도 말이다.(그림 8 참조)

4장 / 데카르트 이후의 우울증

말을 하지 않으면 프로이트는 그 침묵도 들었다. 환자가 무엇을 말하고 무엇을 말하지 않는지 귀를 기울이는 동안 그는 자기 자신에게도 귀 기울였다. 그것은 순전히 환자와 프로이트 두 사람의 마음속에서 일어나는 일이었으며, 전이와 역전이의 변증법적 과정이었다. 정신분석을 통한 분석가와 피분석자의 관계가 프로이트의 새로운 실험실이 되었다. 기나긴 시간 동안 상담하면서 그가 듣거나 추론했던 것들이 그를 세계적으로 유명하게 만든 책들의 원재료가 되었다. 원래 뇌와 연결된 것으로 구상했던, 리비도의 형식을 띤 정신 에너지는 이제 그 결합에서 풀려나 그의 여러 이론 속으로 자유롭게 퍼져나갔다. 그리하여 리비도는 아기의 탄생과 부모와의 첫 관계까지 거슬러 올라가는 인생 이야기를 갖게 되었다. 리비도의 발달은 아이가 부모와 맺는 관계의 질에 따라, 혹은 아이가 실제로 겪었거나 상상한 성적 학대에 따라 방해받거나 교란될 수 있다. 리비도는 의식에 활기를 줄 수도 있지만, 또한 무의식에 깃들어 여러 증상을 은밀히 만들어내기도 한다. 아동기에 겪은 굴욕과 박탈의 경험이 정신적 상처만 남기고 의식적 기억에서는 지워진 경우, 정신 에너지인 리비도가 무의식에 저장된 이런 억압된 기억들에 달라붙어 있다가, 그 아동기 경험과 유사한 일을 성인기에 다시 겪을 가능성을 미리 차단하기 위한 왜곡된 대안으로서 여러 증상을 만들어내는 것이다. 이렇게 마음 깊숙이 묻혀 있는 심층적 리비도의 힘을 찾아내고, 그것을 시원하게 해소해 유아기의 집착에서 리비도의 에너지를 풀어주어 어떤 증상을 만들

염증에 걸린 마음

어내야 한다는 무의식적 압박을 해소하는 것이 바로 정신분석 작업이었다

　　프로이트는 자신의 지적 행로가 실험실 의자에서 "찬란한 고립"의 소파로 옮겨간 것이라고 생각하기를 좋아했다. 정신분석이란 그가 영웅적인 자기분석을 통해 전적으로 홀로 찾아낸 고유한 발견이었고, 정신분석가가 되고 싶은 사람은 누구나 먼저 프로이트에게 분석을 받거나, 프로이트에게 분석을 받은 누군가에게 분석을 받아야만 했다. 이렇게 정신분석이라는 직업은 처음부터 한 가문이나 왕조의 일처럼 조직되었고, 각각의 분석가들은 자신이 받은 분석을 통해 가부장적 권위를 가진 프로이트에게 연결되었다. 그런데 그 가족이 점점 많아지면서 분란과 분열이 일어났다. 정신분석이론은 여러 종류와 아종으로 다양화되었고, 그 각각은 자체의 고유한 전문용어들과 특별히 집중하는 분야가 있었으며, 통칭 심리치료라고 알려지게 된 여러 유형으로 나뉘었다.

　　오늘날 영국 국민건강서비스에서 우울증 치료를 받으려 하는 환자가 프로이트의 계보를 잇는 전통적인 정신분석을 받게 될 가능성은 별로 없다. 시간도 돈도 너무 많이 들 뿐 아니라, 정신분석이 효과를 내는 이유에 대한 정신분석이론의 설명과 달리 실제로 효과를 낸다는 증거도 없거니와, 다른 종류의 심리치료보다 더 좋은 효과를 낸다는 증거도 별로 없기 때문이다.[7] 대부분의 연구가 보여준 결과는, 우울증에 대한 심리치료는 (어떤 종류든) 평균적으로는 아무것도 하지 않는 것보다는 나으며, 심리치료에서 큰

효과를 보는 일부 사람이 있다는 것이다. 그러나 프로이트의 정신분석이든 칼 융의 분석심리학이든 아론 벡Aaron T. Beck의 인지심리학이든, 아니면 카리스마 넘치는 또 다른 브랜드의 심리학이든 종류는 별 상관이 없는 것 같다. 치료 반응을 가장 잘 예측할 수 있는 요인은 치료사가 받은 교육이나 표준 치료 지침에 적힌 내용이 아니라, 치료사와 환자 사이의 인간적 관계의 질, 치료를 위한 협력 관계의 강력함이다. 많은 환자에게는 아마도 터놓고 이야기할 수 있는 사람, 말해야 할 것과 말하지 말아야 할 것이 무엇인지 알거나 적어도 자신이 그걸 안다고 생각하는 사람, 따라서 침묵의 원을 깰 권한이 있는 사람이 생기는 일 자체가 성공적인 심리치료에 가장 중요한 요소일지 모른다.

낙인찍기와 심리치료는 공히 우울증을 순전히 마음의 장애로 고립시키는 데카르트식 분리에서 출발한다. 둘 다 마음과 몸은 별개라고 보는 의학적 정론 이데올로기에 종속되거나 순응하는 것으로, 우울증을 안고 살아가는 이들은 이런 분리를 일상적으로 경험한다. 얼핏 낙인찍기는 나쁜 것으로, 심리치료는 좋은 것으로 생각할 수도 있겠지만, 둘 다 이원론적 세계관의 산물이라는 점에서는 똑같다. 데카르트식 분리를 따른다면 심리치료보다 훨씬 예측하기 어려웠던 일이지만, 그럼에도 오늘날 일상적 임상실무의 한 부분이 된 것이 있으니, 바로 널리 확산된 항우울제 사용이다.

순수하게 데카르트식 이성의 빛만이 비추는 이상적인 세계였다면 프로작은 결코 탄생할 수 없었을 것이다.

춤을 추는 요양소 환자들

약물은 물리적 세계를 구성하는 아주 작은 조각인 원자로 이루어진 분자의 모음으로, 몸의 생화학적 작용 체계를 표적으로 삼아 그것에 변화를 일으켜 효과를 낸다. 우울증 또는 그 밖의 달갑지 않은 정신 상태에 대해 약물이 이로운 효과를 낼 수 있다는 것은 강경한 데카르트주의자에게는 생각도 할 수 없는 일이다. 만약 당신이 철저한 분리를 주장하는 이원론자라서 사람의 생각은 물리적 세계의 그 무엇과도 어떤 관련도 없다고 여기고, 데카르트처럼 영혼은 몸이 죽은 후에도 살아남는다고 믿는 사람이라면, 당신에게 향정신약은 논리적으로 존재할 수 없는 것이다. 특정 증상이 데카르트가 말한 "동물 정기"가 격동한 결과라면, 그 증상을 치료하기 위해 뇌나 몸의 메커니즘을 표적으로 삼는 약물을 사용하는 것이 어떻게 이치에 맞겠는가? 이는 악기 소리는 들어보지 않고 그저 악기만 바라본 채 조율하려 하는 것과 같은 일이다.

하지만 사실은 모두가 알다시피 많은 향정신약이 존재하며, 호모사피엔스는 항상 다양한 용도로 그 약들을 널리 사용해왔다. 알코올과 아편제제, 실로시빈,[•] 카나비노이드,[••] 아트로핀[•••] 등은 정신에 변화를 일으키는 약물들로, 히포크라테스보다 수십만 년 전에 살았던 초기 인류가 식물에서 채취해 선사시대의 종교

[•]   환각버섯에서 추출한 환각제.

[••]   대마에서 추출한 정신작용제. 유사한 물질이 사람이나 동물의 신체 내에도 존재한다.

제의나 치료 제의에서 사용했던 것들이다. 그 후 히포크라테스가 기록한 자료에는, 기질을 결정한다는 체액 간의 균형을 바로잡는 데 약초들을 사용하는 풍부하고 창의적인 방법들이 설명되어 있고, 이 방법들은 고대와 중세에 걸쳐 계속 쓰였다.

17세기에 런던 같은 도시에서 원예와 약초 치료약 제조를 전문으로 하는 약제상 조합은 상업적으로 번창했고 직업적으로 큰 야망이 있었다. 한스 슬론 경Sir Hans Sloane 은 런던에서 부동산 투자와 자메이카 사탕수수 플랜테이션으로 큰 재산을 모은 뒤, 1673년에 약제상 조합을 위한 아름다운 정원을 지었다. 이 정원은 그가 장원의 영주로 있던 첼시를 통과하는 템스강 가까이에 있어서 전 세계에서 새로운 식물들을 들여오는 데 편리했다. 소아시아, 카리브해 지역, 미 대륙과 중국, 남아프리카에서 들여온 새로운 식물들 다수는 그때까지 과학자들조차 한 번도 본 적 없던 것들로 슬론은 이 정원에서 그 식물들을 기록하고, 분류하고, 조사했다. 식물들은 식품이나 의류용 원료가 될 섬유의 공급원 등으로 각각의 유용한 특성에 따라 신중하게 평가되었다. 약삭빠른 투자자인 슬론은 이 모험적인 사업 모델에서 잘못될 일은 하나도 없다고 생각했을 것이다. 연구와 개발로 이루는 혁신과 세계적 판매 성장의 기회들이 도처에서 이 17세기 런던의 진보적인 약제상을

●●● 중추신경에 작용하여 처음에는 흥분·동공 확대·환각 따위를 일으키다가, 나중에는 혼수·체온 강하·부정맥·호흡 마비 따위를 일으키는 부교감 신경 차단제.

염증에 걸린 마음

향해 손짓했을 것이다. 그리고 슬론의 생각은 옳았다. 히포크라테스식 약초 요법은 약 200년 동안은 실속 있는 사업이었다. 그러니까 신체 기계에 관한 점점 거대해지는 발견의 더미 아래서 히포크라테스 이론이 무너지고, 화학 약물의 혁신에 의해 약초 요법이 심각하게 도전받고 추월당하기 시작한 1850년경까지는 말이다.

슬론의 사업 모델은 최종 고객인 환자들에게서 빗발치는 비아냥거림과 의심을 받으면서도 계속 성공을 이어갔다. 17세기와 18세기에, 심지어 파리 같은 유럽 도시에서도 의사에게 상담하러 간 사람들은 자기 병의 원인에 대해 조금이라도 더 알게 되리라고 거의 기대하지 않았다. 의사들은 도통 이해할 수 없는 전문가적 중얼거림을 늘어놓고, 논리적으로도 맞지 않는 말을 계속 반복하고, 그리스어와 라틴어를 되도록 많이 써서 모호하고 복잡하게 횡설수설하기로 악명이 높았다. 볼테르와 몰리에르 같은 풍자 작가들은 의사들의 돌팔이짓과 돈에 따라 움직이는 속성, 생명을 위태롭게 하는 무능함을 소재로 한 블랙코미디로 극장 객석을 가득 메웠다.

몰리에르는 치료에 도움이 되지 않는다는 걸 알면서도 때로는 아주 필사적으로 많은 의사에게 의견을 물었을 것이다. 극작가로서 경력이 정점에 올랐을 때 그는 소모증consumption으로 죽어가는 중이었기 때문이다. 당시에는 결핵을 그렇게 불렀다. 의사들의 거드름과 무능함의 조합을 손바닥 보듯 훤히 알고 있었던 걸 보면 몰리에르는 의사들이 거들먹거리며 그에게 하는 말과 의사들끼리 서로 다투는 말을 아주 많이 들었던 모양이다. 그가 루이 14세를 위해 창작한 발레 희극 〈상상병 환자〉[8]의 첫머리에서 한 시골 처녀가 사랑스럽게 노래한다.

> 의사 선생님들, 당신들이 배운 건 순전히 환상이로군요.
> 당신들의 치료법은 허섭스레기, 당신들의 지시는 혼란 그 자체.
> 당신들의 대단하신 라틴어 단어들에는 치료의 능력이 없어요.
> 난 이 지독하게 아픈 슬픔을 견딜 수밖에 없죠.
> 내 슬픔에서 알게 된 것 하나는 분명해요.
> 의사 선생님들, 당신들이 배운 건 한마디로 헛소리라는 것.

과학이 그 병을 결핵이라고 진단하기 전, 그 병을 치료할 항생제가 존재하지 않았던 시절, 수많은 사람이 몰리에르처럼 소모증으로 죽어갔다. 하지만 역사상 무대 위에서 그 병으로 죽은 사람은 몰리에르가 유일할 것이다. 그의 마지막 연극이 된 〈상상병 환자〉의 파리 초연에서 몰리에르는 본인이 직접 주인공인 건강염려증 환자 역할을 맡았다. 초연 나흘 째 공연이 있던 밤, 몰리에르는 기침을 하며 진짜 피를 토했고, 그의 녹색 새틴 의상에 번지는 붉은 얼룩은 가장 싼 좌석에서도 똑똑히 보일 정도였다. 그는 관객이 보는 앞에서 쓰러져 몇 시간 후 사망했다. 이는 단 하룻밤만 볼 수 있었지만, 몰리에르가 평생 히포크라테스식 의학을 비판하며 싸워온 과정에서 가장 결정적인 장면으로 기록되었다.

염증에 걸린 마음

어쩌면 당신은 몰리에르가 말했던 것처럼 정말 상황이 그렇게 나빴다면, 그의 연극을 보러 극장으로 몰려간 파리 멋쟁이들은 왜 여전히 그 터무니없는 의사들에게 진찰을 받고 있었던 거냐고 물을지도 모르겠다. 일단 몰리에르가 말하는 의사에 관한 진실을 들은 뒤로는 그 의사들에게 발길을 끊으면 되지 않았겠느냐고 말이다. 하지만 그들은 몰리에르의 말을 듣고도 그저 웃을 뿐이었다. 그들은 발길을 끊을 수 없었다. 가장 분별 있는 고객조차도 의사들의 사업 모델을 무너뜨릴 수 없었다. 그 의사들 외에는 달리 찾아갈 곳이 없었고, 무엇보다 그들도 언젠가는 병에 걸릴 것이 확실했으니 말이다. 히포크라테스식 의료업은 다른 의료업이 존재하지 않는 동안에는 아무리 평판을 위태롭게 하는 커다란 위기가 닥쳐도 건재했다. 그러나 환자에게 약초로 된 약이 아니라 화학 약물이 제공되기 시작하자 그 사업 모델은 경쟁에 패배해 완전히 붕괴했다.

한스 슬론 경은 더할 나위 없이 연줄이 좋은 의사이자 과학자였으니, 첼시 자연 정원에 투자하고 있을 때조차 자신의 사업 모델이 망할 거라 최초로 예언한 사람의 명성을 분명 들어보았을 것이다. 그 예언자의 본명은 필립푸스 아우레올루스 테오프라스투스 봄바스투스 폰 호엔하임Philippus Aureolus Theophrastus Bombastus von Hohenheim이지만, 30세 무렵인 1520년대부터 스스로 파라켈수스Paracelsus라는 이름을 지어 썼다. 부친은 스위스의 의사였고, 파라켈수스는 어려서부터 도제로 의학과 연금술을 익혔다. 재능과 자신감이 넘치던 그는 전통적인 의사를 직업으로 삼을 태세를 완벽히 갖추고 있었다. 그러나 그는 히포크라테스의 가르침에 기초한 교육을 받거나 의사면허를 얻는 일은 하지 않았다. 히포크라테스의 오래된 저서들을 공공연히 불태웠고, 속임수 약물을 판매한다며 약제상들을 비난하고, 의학자들을 멸시했다. 그는 방문하는 도시마다 의료 당국을 의도적으로 화나게 했고, 그래서 평생 바젤에서 취리히로, 취리히에서 하이델베르크로, 이 도시에서 저 도시로 쫓겨 다녔다. 그는 마르틴 루터가 교회의 개혁가인 것처럼 자신은 의학의 급진 개혁가라고 생각했다. 히포크라테스의 4체액설 대신 그는 소박하게 파라켈수스의 3원소설(황, 수은, 소금)을 제안했고, 이를 자신의 화학적 치료법의 기본 성분으로 삼았다.

1529년, 파라켈수스가 떠돌아다니다 뉘른베르크에 갔을 때 그의 비웃음과 조롱에 화가 난 그 지역 의사들이 프랑스병이라는 불치병을 앓고 있던 환자 15명을 치료해보라며 도전을 걸어왔다. 당시 독일어권 사람들은 빠르게 번지던 매독을 그렇게 불렀다. 파라켈수스는 성벽 밖 나환자 밀집 주거지역에 있던 매독 환자들을 찾아가 흡사 기적 같은 일을 행했다. 매독 환자들의 피부에 있던 궤양과 헌 상처를 (적어도 그중 일부 환자에게서는) 사라지게 한 것이다. 이는 그의 혁신적이고 비밀스러운 수은 연고 덕분이었다. 사실 파라켈수스가 말한 것처럼 병이 완전히 나은 것은 아니고, 수은이 닿은 부위에 있던 매독균만 죽은 것이었다. 그로써 눈에 보이는 궤양은 나았지만 연고가 닿을 수 없는 몸의 다른 부분에는 보이지 않고 처치되지 않은 균이 많이 남아 있었다. 그래도 파라켈수스가 안전하게 뉘른베르크를 빠져나기 다시 여정에 오르기에는 충분했다. 그리고 12년 후 그는 잘츠부르크 외곽에서 술에 취해 싸우다 길 위에서 숨을 거뒀다.(그림 6)

파라켈수스는 무일푼에 살아생전 어떤 명예도 누리지 못한 채 죽었지만, 몇 가지 측면에서는 미래를 정확히 내다보았다. 그가 사망하고 300년이 지난 19세기 후반에, 그가 평생에 걸쳐 격렬히 비판했던 히포크라테스 의학이 데카르트 의학에 부딪혀 마침내 무너졌다. 그리고 머크와 로슈Roche 같은 최초의 제약 회사는 연금술보다는 화학을 활용해 약품을 발견하고, 정제하고, 측정하고, 제작했다. 이 회사들은 화학 회사와 염료 회사에서 출발해 새로운 분야로 들어서 성장했는데, 그중 다수가 바젤처럼 파라켈수스가 자주 찾았던 도시에 있었다. 제약산업은 그가 연금술 작업장에서 시도했던 일을 더 발전한 과학의 혜택을 등에 업고 대규모로 실행하기 위해 조직화하고 있었다.

20세기 초반 시장에 등장해 감염병을 치료한 기적의 신약들은 제약학 최초의 혁신적 성공을 거두었다. 파라켈수스가 매독에 썼던, 그 병 자체만큼이나 환자에게 위험했던 수은 치료는 1910년경부터 그보다 더 효과가 좋고 독성은 덜한 화학 약물로 대체되었다. 최초의 항생제인 페니실린은 1940년대부터 매독 및 다른 감염질환을 대단히 효과적이고 안전하게 치료하는 약물임이 증명되었다. 그러다 1940~1950년대에는 결핵 치료를 위한 새로

그림 6. 제약산업의 최초의 예언자

파라켈수스는 예쁘게 생기지도 남자답게 생기지도 않았다. 결혼도 하지 않았고 수염도 나지 않았다. 어렸을 때 볼거리(유행성이하선염)를 고약하게 앓았는데 이 병이 사춘기 전에 고환을 감염시켜 못 쓰게 만들었다는 이야기가 전해진다. 이 그림 가장자리에 새겨진 그의 좌우명은 도전적이면서 강한 자기주장을 드러낸다. "자기 자신에게 속할 수 있는 사람을 결코 다른 사람에게 속하게 하지 말라." 여기서 그는 뒤쪽 창을 통해 보이는 풍경 속 땅에서 솟아나는 아이의 머리 같은 장미십자회의 모티프를 비롯해 비밀스러운 연금술 지식을 나타내는 신비로운 상징들에 둘러싸여 있다. 그리고 두 손으로는 신비로운 기원의 검을 꼭 쥐고 있다. 이 검은 아조트Azoth라 불리는데, 이 단어는 자연의 힘을 나타내는 마술적 단어다. 이 침착하고 신비로운 초상을 보고는 짐작할 수 없겠지만, 파라켈수스는 술에 취하면 이야기를 나누다가 툭하면 싸움을 걸기로 악명이 높았고, 논쟁 상대인 명청이들에게 자기의 논점을 분명히 알려주기 위해 걸핏하면 아조트를 공중에 대고 휘둘러댔다고 한다. 전문가들은 이런 버릇이 그가 48세의 나이로 술집에서 싸우다 죽은 일과 관련이 있으리라고 생각한다. 프로이트 이후를 살고 있는 우리의 눈에는 저 막강한 아조트가 그의 거세 경험을 보상하는 남근의 상징처럼 보이기도 한다.

염증에 걸린 마음

운 항생제들이 만들어졌는데, 그중 하나는 예상치 못하게 거대한 우울증 치료제 산업을 탄생시켰다. 프로작의 시대는 항생제 혁신의 높은 파도를 타고 우연히 도래했다.

새로운 결핵 치료제 개발을 위해 로슈 같은 제약 회사들은 과학 논리에 맞는 경로를 밟았다. 실험실에서 다양한 분자들을 검사해 그중 어느 분자가 결핵의 근본 원인으로 알려진 결핵균을 가장 효과적으로 죽이는지 알아낸 것이다. 그들은 시험관 안에서, 혹은 실험적으로 감염시킨 생쥐에게서 결핵균을 죽이는 화학물질을 찾아낼 수 있다면, 인간의 몸에서도 그것을 죽여 병을 치료할 수 있을 거라고 정확하게 추론했다. 마침 2차 세계대전이 끝난 시점이라, 독일인들이 비행기와 비행폭탄의 로켓 연료로 만들었던 하이드라진hydrazine이라는 화학물질 비축분 다량을 연합군이 가져와 제약 연구에 사용할 수 있었다. 로슈는 하이드라진을 바탕으로 새로운 수백 가지 분자를 합성해 결핵균을 감염시킨 생쥐에게서 효과를 내는지 검사했다. 그중 이프로니아지드iproniazid라는 분자가 결핵균의 증식을 멈추고 감염된 생쥐의 수명을 연장했음이 밝혀졌다. 이제는 실제로 환자에게도 효과가 있는지 시험할 차례였고, 이를 위해 로슈는 이프로니아지드 임상시험에 돌입했다.

20세기 초에 결핵은 뉴욕에서 '백사병'•이라 불릴 만큼 두 번째로 흔한 사인이었고, 1913년에 뉴욕시는 스태튼섬의 격리된

•　　폐결핵을 흑사병에 빗대어 이르는 말.

부지에 결핵환자만을 위한 거대한 병원을 열었다. 씨뷰병원은 한 편으로는 환자들이 바닷가의 맑은 공기와 햇빛, 기분 좋은 풍경을 누리며 쉴 수 있는 요양원으로, 또 한편으로는 좋은 풍광에도 불구하고 병이 무자비하게 진행되어 결국 죽음이 닥쳐올 때까지 환자들을 나머지 사람들과 격리하기 위한 수용소로 계획되었다. 어떤 치료법도 효과가 없었다. 환자들은 병상에 무기력하게 누운 채 시간을 보내며 우울하고 지친 상태로 점점 쇠약해졌고, 예상되는 것은 병세가 더 악화되는 일뿐이었다. 1952년 이 암울한 풍경의 씨뷰병원에서 별안간 이프로니아지드 임상시험이 실시되면서 경이로운 일이 벌어졌다. 그 약을 먹은 환자들은 즉각 기운이 살아나 활동적이고 사교적으로 변했고, 식욕도 좋아졌으며, 폐결핵의 진행도 멈췄다.(그림 7) 살아서 씨뷰병원을 나가 다시 도시에서 정상적인 삶을 살아가는 환자들이 처음 생겼다. 그 병원은 1960년대 초에 완전히 빈 건물이 되었고 오늘날 암울한 폐허로 남아 역사 유적지로 지정되었다.

항우울제의 황금시대

이프로니아지드와 동세대 다른 기적의 약물들이 결핵 치료에 미친 효과에는 한 치도 의심의 여지가 없었다. 신문들이 떠들어댄 대로 진정한 의미에서 기적적인 치유였고, 의사들이 알던 탄탄한 과학을 기반으로 한 치유였다. 그러나 이프로니아지드가

그림 7. 결핵약이 가져온 뜻밖의 항우울 효과

1952년에 잡지 <라이프>는 나을 가망이 없다는 진단을 받고 백사병의 손에 운명을 내맡겼던 사람들이 이프로니아지드 임상시험에 참가한 뒤 행복하게 미소 짓는 모습을 담은 기사를 실었다. 환희의 파도가 병동을 휩쓸었고 환자들은 "폐에 구멍이 난 상태인데도 복도로 나와 춤을 추며" 새로이 주어진 삶의 기회를 축하했다. 그들의 행운은 효과 있는 최초의 결핵 치료제 중 하나로 치료를 받았던 것인데, 알고 보니 이 약은 놀랍게도 세계 최초의 항우울제이기도 했다.

예상치 못한 희열감을 초래한 이유에 대해서는 어떻게 이해해야 할지 그리 분명하지 않았다. 데카르트주의에 충실한 모범적인 의사들은 위약 효과가 틀림없다고 주장했다. 초기의 임상시험들은 상당수가 맹검법*을 실시하지 않았고 대조군도 따로 두지 않았는데, 이는 환자들이 자기 병을 치료할 수 있는 약을 받게 되리라는 걸 알았다는 뜻이다. 그리고 만약 당신이 백사병의 사형선고에서 곧 해방될 거라고 생각한다면, 글쎄, 당신이라면 환호하지 않겠는가? 그러나 일부 의사들은 병동에서 춤을 추는 일에는 단순한 위약 효과보다 더 흥미로운 이유가 있을지도 모른다고 생각했다. 이 결핵 치료제가 인간의 뇌에 지금까지 짐작하지 못했던 효과를 미치고 있음을 보여주는 뜻밖의 실마리일지 모른다고 생각한 것이다.

1950년대, 앞날이 창창한 뉴욕의 정신의학자라면 누구나 그랬듯이 네이선 클라인Nathan Kline도 자신의 직업적 삶이 프로이트의 견해가 지배적인 풍토에서 펼쳐질 것임을 잘 알고 있었다. 정신분석은 당시 미국 정신의학계의 지배적인 사상으로 최정점에 가까이 다가가 있었다. 그러나 클라인은 씨뷰병원의 결핵 임상시험에서 힌트를 얻어, 정신분석과는 상당히 다른 방식의 우울증 치료법에 관심을 기울였다. 그는 알약인 이프로니아지드가 마

● 　신약 임상시험에서 위약을 투여하는 대조군을 두는데, 어느 것이 위약인지 의사 또는 피검자가 모르게 하는 시험법.

치 소파에서 정신분석가가 하는 것처럼 억눌려 있던 리비도를 다시 깨우는 작용을 한다는 듯 그 약을 "정신의 활력제"라고 불렀다. 이후 그는 소수의 정신의학자들과 함께 결핵에는 걸리지 않았지만 우울한 상태인 환자들에게 이프로니아지드를 최초로 임상시험한 단체를 이끌었다.[9] 이들은 1957년에 이프로니아지드를 환자 24명에게 5주 동안 투여해 그중 18명 정도가 기분이 좋아지고 사교적인 관계도 더 나아졌다는 결과를 얻었다고 보고했다. 잠재적인 위약 효과를 고려하기 위한 대조군도 없었고 참가한 환자 대부분이 우울증이 아니라 조현병 진단을 받은 이들이었다. 오늘날이라면 이런 결과는 실험 약물의 항우울 효과에 대한 민망할 정도로 허술한 증거로 여겨질 것이다. 그러나 1년이 채 지나지 않아서 40만 명의 우울증 환자가 이프로니아지드로 치료를 받았다. 당시에는 공식적으로 결핵약으로만 허가를 받은 약이었는데도 말이다. 이어 클라인은 로슈 사장을 움직여 이프로니아지드를 우울증 치료제로 판매해도 된다는 허가를 받아내게 했다. 7년 뒤에는 이프로니아지드의 뒤를 이어 시장에 십여 가지의 항우울제가 등장했고, 400만 명 이상의 환자가 그 약들로 치료를 받았다. 클라인은 1964년에 상금이 두둑한 래스커상을 받았고, 노벨상 후보로도 추천되었다. "정신질환자의 간호와 치료에 가장 위대한 혁명을 일으킨 장본인으로 다른 어떤 정신의학자보다 큰 공을 세웠다"는 이유였다.[10] 임상시험에서 클라인을 도왔던 동료 중 한 명은 이와는 좀 다른 의견을 갖고 있었고, 결국 그를 법정에 세워 찬사의 절반과 래스커상 상금 1만 달러 중 절반을 빼앗아갔다. 클라인은 그에게 돈을 줬고 스톡홀름에서는 끝내 연락이 오지 않았다.

당시 항우울제의 판매 호황과 이 소동에 참가한 주인공들의 현기증 나는 경력 이동에 정신이 팔렸더라도 간과하면 안 될 중요한 사실이 있다. 그것은 바로 이프로니아지드가 정확히 어떻게 항우울 효과를 내는지 밝혀지지 않았다는 사실이다. '정신의 활력제'라는 편리한 말은 다양한 사람들에게 각각 다양한 의미가 있을 수 있었겠지만, 과학적으로는 우스갯소리일 뿐이었다. 약이라는 물리적 물질이 어떻게 정신에 리비도와 유사한 활력을 줄 수 있다는 말인가? 이프로니아지드가 어떻게 작용하는지에 대해 뇌의 물리적 혹은 화학적 메커니즘의 관점에서, 적어도 당시에 이해되던 메커니즘의 관점에서는 더 나은 설명이 있어야 했다. 게다가 1960년대 초에는, 뉴런들이 서로 의사소통하는 시냅스 메커니즘이 큰 관심을 끌었다. 또한 도파민, 아드레날린, 카테콜아민 등 이른바 신경전달물질 이름이 유행어가 되었다. 이프로니아지드를 비롯한 항우울제들의 비정신적 작용 메커니즘을 찾아내려 한 진취적인 정신의학자들은, 뇌과학의 이 새로운 발견을 활용해 항우울제가 어떻게 효과를 내며 애초에 무엇이 우울증을 일으키는지에 관한 대단히 영향력이 큰 이론들을 만들어냈다. 그러나 그 이론들이 어디에서 왔으며, 어떻게 프로작의 탄생으로 이어졌는지 이해하려면 먼저 좀 더 옛날로 거슬러 올라가야 한다.

지금 우리는, 사람의 뇌에서는 약 1000억 개의 뉴런들이 하나의 체계, 즉 중추신경계를 이루어 함께 작동한다는 것을 당연한 사실로 받아들인다. 이들이 하나의 체계로 작동하기 위해서는 당연히 개별 뉴런들 사이의 의사소통이 아주 중요하다. 그런데 뉴런들은 어떻게 서로 연결될까? 이 질문에 정확한 답을 내놓기 시작한 최초의 인물은 프로이트와 동시대에 살았던 산티아고 라몬 이 카할이라는 스페인 사람으로, 현대 뇌과학의 아버지로 널리 알려져 있다. 현미경 사용 기술이 대단히 탁월했던 그는 당시 새로 발명된 염색 기법을 활용해 개별 뉴런들을, 그것을 둘러싼 주변 신경조직들과 시각적으로 분리해냈고, 그래서 뉴런의 극미하게 복잡한 세부까지 현미경으로 볼 수 있었다. 그때까지 신경계를 이런 식으로 볼 수 있었던 사람은 극소수에 불과했는데, 그중 한 사람은 이탈리아 파비아대학교의 조직학 교수이자 라몬 이 카할이 사용한 현미경 염색 기법을 발명한 카밀로 골지Camillo Golgi였다.

그렇게 전례 없는 광경을 직접 눈으로 본 것만도 만만치 않은 업적인데, 이에 더해 라몬 이 카할은 자기가 본 것을 대단히 정밀한 예술적 기교로 그려낼 수 있는 특별한 재주도 있었다. 게다가 그는 일 중독자였다. 혼자서 어마어마한 양의 현미경 슬라이드들을 만들고 뉴런들의 그림을 그리는 그 모든 일을 자기가 할 수 있는 최고의 기준에 맞춰서 해냈다. 또 인간뿐 아니라 다른 많은 동물을 포함해 척추동물의 모든 발달 단계의 건강한 뇌와 병든 뇌에 관한 수준 높은 논문과 교과서 들을 저술했다.(그림 8) 나아가 그는 뉴런들이 서로 매우 밀접하게 연결되어 있지만 그러면서도

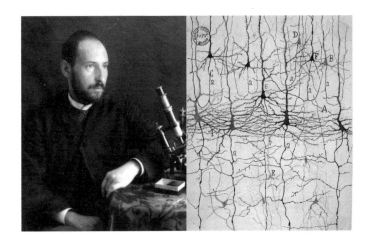

그림 8. 선각자와 시냅스

어린 시절 산티아고 라몬 이 카할이 가장 되고 싶었던 것은 화가였지만, 의사가 되라는 아버지의 충고를 받아들였다. 그는 아버지의 뜻을 충실히 따라 의사가 되었지만 그 직업을 그리 좋아하지는 않았다. 젊은 시절에는 미술 실력을 살려, 낡은 식탁에서 놋쇠 현미경으로 처음으로 뚜렷하게 본 뉴런들을 펜과 잉크로 놀랍도록 아름답고 정교하게 그렸다. 그가 사용한 장비로는 뉴런들 사이의 간극을 볼 수 없었다. 하지만 그는 간극이 분명히 존재한다고 확신했고, 그가 세상을 떠나고 20년쯤 지난 1950년대에 이르자 그가 옳았음이 입증되었다. 지금은 아주 근접해 있지만 완전히 닿지는 않는 뉴런들 사이에 시냅스라는 간극이 존재하며, 세로토닌 같은 신경전달물질이 그 간극을 연결하는 다리 구실을 한다는 것이 당연한 사실로 받아들여진다.(그림 10 참조)

개별적이고 독립적인 상태를 유지한다고 생각했는데, 이는 가장 가까운 세포 쌍 사이에도 어떤 공간 혹은 간극이 존재해야만 한다는 뜻이었다. 그처럼 꼼꼼한 자연의 관찰자가 하기에는 아주 대담한 주장이었다. 왜냐하면 라몬 이 카할 자신도 그런 간극을 실제로 본 것은 아니었기 때문이다. 그러나 그는 뉴런들 사이에 반드시 간극이 존재하고, 단지 그 간극이 19세기 현미경의 최대 배율로도 보이지 않을 만큼 아주 작을 뿐이라고 추론했다.

모두가 그 생각에 동의한 것은 아니었다. 이를테면 골지도 그랬다. 골지가 현미경을 들여다봤을 때는 신경조직에서 짙게 염색된 무수히 많은 핵과 세포질의 가느다란 가닥들이 핵체nuclear body●들 사이에서 실들이 복잡하게 얽힌 것 같은 무늬를 형성하고 있는 것이 보였다. 라몬 이 카할이 그랬듯이 골지도 뉴런과 뉴런 사이의 간극이나 공간은 볼 수 없었다. 그리고 골지는 그것을 간극이 존재하지 않는다는 의미로 받아들였다. 눈에 보이지 않는다면 그런 것이 존재할 리 없지 않은가. 그는 자신이 본 것을 신경조직의 연속적인 그물망 또는 합포체syncytium●●라고 표현했다. 나아가 그는 라몬 이 카할에게 몇 가지 날카로운 질문을 던졌다. 보이지도 않는데 뉴런들 사이에 간극이 있다는 걸 우리가 왜 믿어야 한단 말이오? 그리고 만약 안 보일 정도로 좁은 것이나마 정말로

●　　　세포질과 달리 막 구조를 이루지 않고 단백질-단백질, 단백질-RNA 상호 작용으로 유지되는 핵 내의 단백질과 RNA 모음.

●●　　　여러 개의 핵을 포함하는 원형질의 집합체.

뉴런들 사이에 간극이 있다고 치면, 뉴런들이 어떻게 서로 의사소통을 한단 말입니까? 노벨상 위원회는 둘 중 누가 옳은지 판단할 수 없었다. 그래서 1906년에 골지와 라몬 이 카할은 같은 수준으로 탁월한 연구와 서로 모순되는 이론으로 노벨상을 공동 수상했다. 약 40년 뒤 두 사람 모두 세상을 떠난 뒤, 과거의 광학현미경보다 훨씬 높은 배율의 전자현미경으로 뉴런들을 들여다보자 라몬 이 카할이 줄곧 확신했던 뉴런들 사이의 시냅스가 또렷하게 초점 속으로 들어왔다.

이로써 골지의 첫째 반박은 해결되었다. 이제 보이지 않는 간극을 믿어야 할지 말아야 할지 고민할 필요가 없어졌다. 하지만 이로써 둘째 질문의 답을 찾는 일도 더욱 절실해졌다. 이제 간극이 존재한다는 것은 알게 되었는데, 그렇다면 뉴런들은 어떻게 그 간극을 뛰어넘어 의사소통을 하는 것일까? 뉴런과 뉴런 사이 시냅스 간극은 대체로 0.001밀리미터 미만으로, 아주 미세한 거리지만 0은 아니니 여전히 간극임은 분명하다. 그 간극에는 전류의 흐름을 방해하는 소금물과 분자들이 가득 차 있다. 따라서 한 뉴런의 한쪽 끝에서 다른 쪽 끝으로 정보를 전달한 전기신호는 마치 아무 틈도 없는 것처럼 시냅스를 그냥 가로질러 가서 다음 뉴런을 전기적으로 활성화할 수 없다. 즉, 두 뉴런 사이에 의사소통이 이루어지려면 한 뉴런의 전기신호는 어떻게든 시냅스 간극을 통과해 다음 뉴런에게 바통을 넘길 수 있는 다른 종류의 신호로 변환되어야 한다.

염증에 걸린 마음

지금 우리는 시냅스들이 화학적 신호로 그 틈새를 연결한다는 것을 알고 있다. 메시지를 전달할 뉴런은 신경전달물질이라는 화학적 메신저를 만들고, 전기자극을 받으면 그 물질을 시냅스 간극 속으로 분출한다. 이 화학물질들은 재빨리 퍼져 시냅스를 채우고 다음 뉴런의 표면에 있는 수용체에 달라붙어 그 뉴런을 전기적으로 활성화한다. 이것이 바로 전기신호가 한 뉴런에서 다음 뉴런으로 전달되는 방식이다. 1950년대에는 뇌가 이런 목적으로 다양한 신경전달물질을 사용한다는 사실이 밝혀졌다. 뉴런들이 서로 어떻게 의사소통하느냐는 골지의 둘째 질문에 단 한마디로 답할 수는 없다. 어떤 시냅스 간극은 아드레날린 분자를, 또 어떤 뉴런은 노르아드레날린이나 도파민이나 세로토닌 등을 신경전달물질로 사용하기 때문이다.

과학자들은 이프로니아지드가 뇌에서 어떤 작용을 하기에 그렇게 행복감을 유발하는 항우울 효과를 내는지 궁리하기 시작했고, 그 약이 아드레날린이나 노르아드레날린을 화학적 메신저로 사용하는 뉴런의 시냅스 간극을 통과하는 신호를 강화한다는 걸 알아냈다. 아드레날린이 시냅스 간극으로 분출되면, 금세 이 아드레날린을 분해해 방금 켜진 아드레날린의 화학적 신호를 곧장 꺼버리는 효소가 있는데, 이프로니아지드는 바로 이 효소를 억제했다. 그러니까 통상적인 분해작용을 억제함으로써 시냅스에서 아드레날린이 내는 효과를 연장하고 강화한 것이다. 이것이 항우울제의 작용 메커니즘이었을까? 이프로니아지드에 대해서는 그

답이 '그렇다'인 것 같았고, 좀 더 일반적으로 말하자면 이프로니 아지드를 따라 급속히 성장한 항우울제 시장에 들어온 다른 모든 약도 그런 것 같았다. 특기할 점은 그 약 모두가 어떤 방식으로든, 총칭 카테콜아민에 속하는 아드레날린 또는 노르아드레날린이 매개하는 시냅스 전달 효과를 증진한다는 점이었다.

모든 게 딱 맞아떨어지는 것 같았다. 후에 하버드대학교 정신의학과 교수가 된 조지프 실드크라우트Joseph Schildkraut는 1965년에 발표한 논문으로 다음 단계로 나아가도록 박차를 가하며 큰 영향을 미쳤다.[11] 〈정동장애의 카테콜아민 가설The catecholamine hypothesis of affective disorders〉이라는 논문 제목이 모든 것을 말해주었다. 항우울제들이 아드레날린과 노르아드레날린의 효과를 증진시키는 걸 보면, 환자들이 애초에 우울증에 걸리는 이유는 그들의 뇌에 카테콜아민이 충분하지 않기 때문일 거라는 주장이었다. 이 주장이 그리 대단한 도약처럼 보이지 않을지도 모르지만, 사실은 엄청난 도약이었다.

실드크라우트는 아드레날린과 노르아드레날린이 항우울제가 어떻게 효과를 내는지 알려주기만 하는 것이 아니라, 그 물질들 자체가 우울증의 근본 원인일지도 모른다는 의견을 제시했다. 그러니까 항우울제가 핵심 신경전달물질의 가용도만 높이는 것이 아니라 그 물질들의 뇌 내 수치도 다시 끌어올려서, 환자들이 그때껏 본인들도 자각하지 못했던 아드레날린 혹은 노르아드레날린 결핍 상태에서 벗어나도록 해준다고 상상했다. 그의 논문

염증에 걸린 마음

에서 훌륭한 점은 현명하게도 자신의 생각을 아주 은근하게 표현했다는 것이다. 실드크라우트는 그 생각을 강력하게 밀어붙이지 않았고, 기정사실이라기보다는 어림짐작 정도로 제시했다. 우울증 환자들이 항우울제 치료를 시작하기 전에 실제로 카테콜아민 수치가 줄어 있었다는 증거가 거의 없다는 것을 그도 잘 알고 있었다. 하지만 실드크라우트와 당시 사람들은 그 퍼즐의 마지막 조각이 제자리에 맞춰지는 것은 시간문제일 뿐이라고 여겼을 것이다. 1955년에 듣는 약이 하나도 없던 상태에서 1965년에는 수십 가지 약물이 효과를 내는 상태로 단시간에 큰 성취를 이루며 정신약리학 혁명을 이루었으니, 한 단계만 더 진전하면 정신의학은 완전한 깨달음의 상태로 나아갈 것만 같았다.

미국의 제약 회사 일라이 릴리Eli Lilly에서 일하던 과학자들은 자기들이 그다음 무엇을 해야 하는지 잘 안다고 생각했다.[12] 그들은 실드크라우트의 이론이 그것이 다룬 범위 내에서는 정확하지만 완전하지는 않다고 판단했다. 뇌에 신경전달물질이 아드레날린과 노르아드레날린만 있는 건 아니니 말이다. 신경전달물질 중에는 세로토닌도 있다. 그들은 새로운 항우울제를 개발하기 위해 세로토닌이 적합한 표적이라는 가정에서 출발했다. 그런 다음 세로토닌이 시냅스에서 다시 흡수되는 것을 차단함으로써 세로토닌 전달을 강화할 수 있는 분자를 찾아냈고, 이를 선택적 세로토닌 재흡수 억제제라고 불렀다. 1970년대 중반이 되자 그중 가장 주요한 분자, 그러니까 최고의 선택적 세로토닌 재흡수 억제제를 우울증 치료제로 임상시험할 준비가 끝났다. 하지만 일라이 릴리의 경영진은 그 효과를 확신하지 못해서 연구비를 조금만 지원했다. 시험은 실패로 돌아갔다. 시험이 끝났을 때 선택적 세로토닌 재흡수 억제제를 사용한 환자들이 진통제 위약을 사용한 환자들보다 더 큰 우울증 개선 효과를 보이지 않은 것이다. 그때까지 10년 동안 연구를 진행해왔던 과학자들은 물러서지 않고 계속 밀어붙였다. 이프로니아지드와 그 비슷한 약들이 우연히 발견된 것과 달리, 선택적 세로토닌 재흡수 억제제 개발은 처음부터 메커니즘에 대한 논리적 근거를 갖고 시작했기 때문에, 그들은 자신들의 약이 우울증에 반드시 효과가 있을 거라는 열정적인 믿음을 놓지 않았다. 그들은 그 믿음에 합당한 이유가 있다고, 단 한 번 실패했다고 포기하기에는 너무 확실한 이유가 있다고 생각했다. 그리고 뒤이은 임상시험들에서 선택적 세로토닌 재흡수 억제제는 위약보다 유의미한 수준 이상으로 효과를 냈다. 이 항우울제는 1987년에 허가를 얻어 프로작이라는 상품명으로 출시되었다.

프로작은 마치 혜성처럼, 이전과 이후를 통틀어 순식간에 다른 어떤 향정신의약품도 비할 수 없는 대스타가 됐다. 1990년에는 프로작이 〈뉴스위크〉의 표지를 장식했다. 1995년이 되자 프로작은 전 세계적으로 20억 달러의 판매고를 올렸고, 우울증을 안고 살아가는 삶을 그려 베스트셀러가 된 어느 회고록의 제목은 《프로작 네이션》이었다.[13] 2000년까지 약 4000만 명에게 처방된 프로작은 〈포천〉이 뽑은 20세기 대표 상품 중 하나가 되었다. 그러나 시간이 지나 상황을 전체적으로 조망할 수 있게 된 현재 관점에서 보면, 프로작 출시는 항우울제 황금기의 새벽빛이 아니라 이글거리는 석양이었다. 씨뷰병원에서 항생제가 환자들을 춤추게 만드는 장면을 처음으로 목격한 이후 30년 동안, 산업계와 학계의 연구자들은 많은 신약과 그 약들이 효과를 내는 방식에 관한 여러 이론을 내놓았다. 그러나 프로작이 등장한 이후의 30년은 번성기가 아니라 쇠퇴기였다. 1990년 이후로는 우울증 및 기타 정신질환의 약물치료는 물론이고 심리치료에서도 중요한 진전은 없었다. 이 점에 대해서는 나중에 다시 이야기하자.

1989년, 내가 스물아홉 살의 정신과의사로 세인트조지 병원에 이어 모즐리병원에서 전문의 수련을 시작했을 무렵, 우리 수련의들은 당시 정신의학계에서 중요하다고 여겨지던 모든 주요 이론과 치료법을 다룬 표준 교과서 몇 권을 공부해야 했다. 2018년 현재까지도 나는 여전히 그 교과서들에 나와 있던 내용에만 의지해 대부분의 정신질환 환자를 안전하고 그럭저럭 만족스럽게 진료할 수 있다. 내가 정신의학계에 들어왔던 그 시기에 다른 의학 분야에서 전문의가 된 의사들의 사정은 전혀 다르다. 만약 2018년에 암환자를 치료하는 종양학자, 즉 암 전문의가 암에 관해 1989년 당시 알려져 있던 지식의 틀 안에서만 진료한다면, 그는 의료과실로 자격을 박탈당할 것이다. 또는 오늘날 류머티즘 전문의가 항종양괴사인자 항체에 관한 지식 없이 환자를 진료하거나, 신경과 전문의가 다발경화증의 면역치료에서 최근 이루어진 발전[14]에 대해 무지한 채로 환자를 진료한다고 해도 마찬가지일 것이다.

지난 35년 동안의 과학 연구로 대부분의 다른 의학 분야에서는 이전의 이론들에 아주 많은 변화가 일어났기 때문에, 1989년의 지식이 완전히 잘못된 것은 아니더라도 2018년의 임상실무에 적용하기에는 분명 미흡하다. 정신의학계만 시간이 멈춰 있었던 것 같다. 내가 이 일을 시작했을 때 우리가 우울증에 대해 갖고 있던 해법, 그러니까 선택적 세로토닌 재흡수 억제제와 심리치료는 오늘날에도 우리가 가진 치료법의 거의 전부다. 두 방법 모두 평균적으로 그럭저럭 효과가 있고, 일부 환자에게는 눈에 띄게 더 좋은 효과를 낸다. 그럭저럭 괜찮은 방법들인 것이다. 그러나 프로작이라는 태양이 발전의 지평선 저편으로 넘어간 이후로, 우울증이나 다른 정신장애에 대한 중요한 새 치료법은 하나도 나오지 않았다.

세로토닌의 희비극

이 모든 게 어째서 이렇게 잘못된 것일까? 짧게 답하면 문제는 그 시초에서 찾을 수 있다. 이 문제의 원인은 원인균이 없다는 것이다. 결핵 치료제로 이프로니아지드를 개발한 정확한 근거는 결핵균, 즉 미코박테리움 투베르쿨로시스Mycobacterium tuber-culosis가 결핵을 일으키는 균이라는 확인된 사실이었다. 이프로니아지드가 수백 가지 후보 약물 중에서 선택된 것은 배양접시나 생쥐에게서 결핵균의 증식을 멈추게 하는 특출한 능력이 있었기 때문이다. 이어서 이프로니아지드는 결핵균에 감염된 환자에게서도 효과가 있음이 증명되었다. 과학적 논리로 타당성이 잘 입증된 약물 표적에서 안정적으로 출발해, 임상에 성공한 약물이라는 결실을 맺은 것이다. 이에 반해 이프로니아지드를 우울증 약으로 개발한 것은 논리적으로 앞뒤가 뒤집힌 일이었다. 그 경로는 임상적 효과, 다시 말해 결핵환자들의 고양감에서 시작됐다. 거기서 거꾸로 거슬러 뇌의 아드레날린 양을 통제하는 효소가 그 약의 표적이라고 판단했고, 그런 다음 거기서 다시 거슬러 우울증이 있는 사람은 분명 아드레날린 수치가 낮을 것이라고 추론한 것이다. 이프로니아지드는 결핵에 대해서는 그 병을 치료하도록 설계된 반면, 우울증에 대해서는 그 약에 맞도록 병을 역설계한 셈이다.

프로작의 개발 경로는 논리적으로 좀 더 탄탄했다. 일라이릴리의 과학자들은 당시 세간의 이목을 끌던 신경전달물질 이론에 근거해 세로토닌이 우울증 유발과 관련된 요소 중 하나라고 판단하고 그것을 표적으로 약물 개발을 시작했다. 그런 다음 그 표적을, 오직 그 표적만을 적중시키는 약물을 찾아냈고, 그런 다음 그 약물이 임상시험에서 (때때로) 효과를 낸다는 것을 증명했다. 표적에서 약물로 나아가는 길은 약물 개발에서 충분히 잘 입증된 경로다. 타당하고 유효한 표적을 잘 선별해 올바른 지점에서 출발하면 좋은 결과를 낼 수 있다. 그러나 치료해야 할 병과는 별 관계도 없는 분자나 세포, 세균 같은 근거 없는 엉뚱한 표적을 골라서 잘못된 지점에서 출발하면, 그 경로를 정확히 따라가 봤자 결국 문제에 봉착할 것이다.

실드크라우트조차 우울증에 대한 카테콜아민 가설을 발표할 때 자신의 이론에 허점이 있다고 지적했다. 1965년에는 우울증 환자의 뇌에 아드레날린 또는 노르아드레날린 수치가 비정상적으로 낮다는 증거가 거의 없었다. 일라이 릴리의 과학자들이 1975년에 최초의 선택적 세로토닌 재흡수 억제제를 찾아 나서기 시작했을 때 세로토닌 역시 똑같은 상황이었다. 하나의 약물 표적인 것은 분명하지만, 타당성이 제대로 입증된 표적은 아니었던 것이다. 당시의 의약 화학은 세로토닌 재흡수를, 그것도 오직 세로토닌 재흡수만을 특정적으로 억제하도록 설계한 약을 쉽게 만들 수 있는 수준까지는 발전해 있었다. 나중에 프로작이라는 이름으로 세계적 명성을 떨치기 전, 당시 릴리 연구실에서 LY110140이라고 불리던 이 약은 약리학적으로 훌륭했다. 표적을 정확히 명중시켰으니 말이다. 하지만 모든 우울증 환자에게서 명중시켜야 할 표적이 세로토닌이라는 증거는 그리 충분하지 않았다. 그리고 그 사정은 지금도 다르지 않다.

우리는 생물학적으로 세로토닌이 아주 오래되었다는 것을 알고 있다. 세로토닌은 진화의 역사에서 호모사피엔스부터 아주 작은 예쁜꼬마선충Caenorhabitis elegans의 시기로까지 거슬러 올라가며, 모든 신경계에 존재한다. 어떤 종의 동물이든, 일반적으

염증에 걸린 마음

로 세로토닌을 만들고 분비하는 뉴런의 수는 표면에 세로토닌 수용체가 있는 뉴런의 수에 비해 매우 적다. 예쁜꼬마선충의 뇌에서 세로토닌을 만드는 뉴런은 3개뿐이지만 세로토닌을 감지할 수 있는 뉴런은 수백 개에 달한다.[15] 사람의 뇌에서 세로토닌을 생산하는 뉴런들은, 뇌의 가장 원시적인 부분이자 뇌와 척수의 연결 지점 근처에 있는 뇌간에서 작은 두 개의 핵을 형성하고 있다. 사람의 뇌에서 세로토닌을 생산하는 약 100만 개의 뉴런 중 대략 절반은, 이렇게 뇌간이 있는 아래쪽에서 위쪽의 양쪽 뇌반구들을 향해 길게 가지를 뻗듯이 세로토닌을 올려 보내 양 뇌반구에 있는 수억 개의 다른 뉴런들과 시냅스 연결을 형성한다. 이러한 진화적 사실과 해부학적 사실들에는 중요한 함의가 있다. 요컨대 세로토닌이 잠이나 먹기를 조절하는 것과 같은 신경계의 기본 기능에서 중요한 역할을 할 가능성이 있음을 알려준다. 그렇지 않다면 인간의 세로토닌계가 왜 벌레의 세로토닌계의 확장 버전처럼 보이겠는가? 하지만 우울증에 걸렸을 때 손상되는 뇌 기능에서 일반적으로 세로토닌이 차지하는 중요성을 아는 것과 세로토닌 결핍이 우울증의 원인이라는 주장은 전혀 다른 문제다. 그 주장을 탄탄히 입증하려면 우울증 환자의 뇌에 세로토닌 양이 적다는 것을 보여주는 데이터가 필요하다. 그러나 우울증의 세로토닌 원인설을 입증할 이 결정적인 증거는 수십 년 동안 찾아왔음에도 아직도 발견되지 않았다.

나는 세로토닌 원인설의 근거가 이렇게 빈약하다는 사실

을, 모즐리병원 진료실에서 한 환자에게 선택적 세로토닌 재흡수 억제제가 그의 뇌 속 세로토닌 불균형을 바로잡아줄 거라며 큰소리를 쳤을 때 아주 절절히 깨달았다. 그는 이렇게 물었다. "내 경우가 거기 해당한다는 걸 어떻게 확신하시죠? 내 뇌 속 세로토닌 수치가 불균형하다는 것을 어떻게 아시냐고요?" 그 환자도 나도 내가 그 질문에 대답할 말이 없다는 것을 곧바로 알아차렸다. 심지어 나는 그 답을 어떻게 찾아야 할지 실마리조차 알지 못했다. 진실을 드러낸 침묵의 순간이 지나고, 우리는 예의 바르게 관례적인 방식으로 돌아가 의사와 환자의 역할을 이어갔다. 그는 선택적 세로토닌 재흡수 억제제 처방전을 받아들고, 6주 뒤에 다시 와서 그 약으로 차도가 생겼는지 말해주기로 약속하고 떠났다. 그 환자를 만난 뒤 내가 순 엉터리 의사처럼 느껴졌다. 의료계에서 일을 시작한 후 처음으로 나 자신이 몰리에르의 연극에 나오는 우스꽝스러운 '거머리' 의사 같은 느낌이 들었다. 환자의 몸에 피가 얼마나 많은지 혹은 피가 얼마나 필요한지도 모르면서, '당신은 넘치는 다혈질이니 피를 뽑아내야 한다'고 말하던 17세기의 얼빠진 의사 말이다.

우울증을 진단할 생체지표가 없다

마침내 이 이야기는 프로작 이후로 모든 게 그렇게 잘못된 이유에 대한, 내가 생각하는 가장 간단한 설명으로 이어진다. 그것은 바로 생체지표biomarker가 전무하다는 사실이다.

대부분의 의학 분야에서 의사들은 항상 생체지표를 사용한다. 생체지표란 환자들의 생물학적 기능 또는 생화학물질에 대한 측정치다. 가장 기본적인 생체지표는 헤모글로빈으로 혈액검사로 쉽게 측정할 수 있으며, 혈액 속에 적혈구가 너무 적은 상태인 빈혈을 진단하는 데 사용된다. 또한 헤모글로빈은 빈혈 환자가 수혈 치료에 어떻게 반응할지 예측하는 데 사용할 수도 있다. 훨씬 드문 경우지만 혈액 속에 적혈구가 너무 많은 환자를 찾아내는 데도 도움이 되는데, 이런 환자들의 경우에는 몰리에르의 희극 속 의사 한 명이 처방한 것처럼 사혈을 해 실제로 도움을 받을 수도 있다. 그러므로 헤모글로빈은 진단 생체지표와 예측 생체지표 둘 다에 해당한다. 간단한 혈액검사로 측정하는 포도당 역시 진성당뇨병•을 진단하고 인슐린 치료에 대한 반응을 예측하는, 즉 진단과 예측 모두에 사용되는 생체지표 중 잘 알려진 또 한 예다. 이렇게 의학의 모든 분야에서 이미 수십만 가지 생체지표가 존재하고 그 수와 정교함도 급속도로 성장하고 있는데, 오직 정신의학 분야만 예외다. 현재 정신의학 진료에서는 어떤 혈액검사도 어떤 생체지표도 사용되지 않는다.[16]

합리적 우주에서라면 세로토닌 생체지표가 선택적 세로토

• 췌장의 랑게르한스섬의 내분비 장애에 의해 일어나는 당뇨병. 신장의 당 배출 저하 때문에 일어나는 것은 신성 당뇨병이라 한다.

닌 재흡수 억제제의 사용과 우울증의 세로토닌 원인설에 지적 근거와 정당성을 제공할 것이다. 환자가 우울증 치료에 대한 조언을 구하러 찾아오면 나는 그 환자의 뇌 내 세로토닌 수치를 측정하고, 수치가 낮으면 세로토닌 양을 늘릴 약을 추천할 것이다. 치료가 시작되고 몇 주 뒤에는 다시 뇌 내 생체지표를 측정해 세로토닌 수치가 정상으로 돌아왔는지 점검할 수도 있을 것이다. 세로토닌 생체지표가 있다면 우리는 막연한 희망 사항이나 허풍에 기대지 않고 선택적 세로토닌 재흡수 억제제를 근거 있게 사용할 수 있고 이는 환자들에게도 이로울 것이다. 그러나 세로토닌 생체지표는 임상 실무에서 실제로 사용된 적이 없고, 아주 전문적인 연구에서조차 세로토닌을 측정하는 것은 무척 어려운 일이다.

세로토닌 생체지표 측정은 세로토닌 시스템의 해부학적 특성 때문에 근본적으로 어렵다. 인간의 뇌에는 세로토닌을 생산하는 뉴런이 그리 많지 않고, 대부분 뇌간에 집중되어 작은 무리를 이루고 있다. 살아 있는 사람에게서 이 뉴런들의 세로토닌 수치를 측정하기 위해 유일하게 쓸 수 있는 방법은 뇌스캔, 즉 뇌 영상을 촬영하는 것이다. 그러나 실제로는 뇌에서 그렇게 작고 접근하기 어려운 부분에 대해 어떤 종류건 영상을 촬영하는 것은 아주 어렵다. 일부 연구에서는 특수한 스캐너를 사용해 우울증 환자의 세로토닌 수송체 수치를 측정했다.[17] 그러나 이런 스캐닝에 필요한 기술은 매우 비용이 많이 들 뿐 아니라 소수의 특수 연구센터 외에서는 사용하기도 어려우며, 또한 그 과정에서 적지만 상당한

염증에 걸린 마음

영향을 미칠 수 있는 용량의 방사성 표지 약물을 환자에게 투여해야 한다. 결국 세로토닌 생체지표는 일상적인 임상 실무에서는 사용할 수도 없고, 우울증과 세로토닌에 관한 연구에서도 그리 많이 사용되지 않는다.

유일한 대안은 혈액 또는 뇌척수액 속의 세로토닌과 그 관련 분자들을 측정하는 것이다. 뇌척수액은 뇌 내부의 공간인 뇌실을 따라 흐르는 물 같은 액체다. 두 방법 모두 연구에서는 사용된 적 있지만 실무에서는 시도되지 않았다. 혈중 세로토닌 생체지표는 우울증을 진단하거나 선택적 세로토닌 재흡수 억제제에 대한 반응을 예측하는 데 신뢰할 만한 결과를 보여준 적이 없으며, 아마도 뇌 내 세로토닌 수치를 예측하게 해줄 가능성도 별로 없을 것이다. 혈중 세로토닌 생체지표보다는 뇌척수액 생체지표가 뇌 내 세로토닌 수치를 짐작하는 데 유용할 가능성이 크다. 그러나 분자 분석을 위해 뇌척수액 샘플을 얻으려면 허리천자를 실시해야 한다. 척추 아래쪽 두 요추 사이에 긴 바늘을 찔러 넣어 두 티스푼 정도의 뇌척수액을 뽑아내는 것이다. 뇌척수액 세로토닌 생체지표에서 추가로 얻을 수 있는 진단상의 이점이 허리천자의 고통을 감수해야 할 정도로 크지는 않다.

그러니 세로토닌 조절 약물로 우울증을 치료할 때 참조할 생체지표가 존재하지 않는 것은 노력이 부족해서가 아니다. 그러나 어쨌든 그런 생체지표가 없는 것은 엄연한 현실이다. 또한 생체지표가 없으므로, 우리는 자신이 왜 선택적 세로토닌 재흡수 억

4장 / 데카르트 이후의 우울증

제제를 복용해야 하느냐고 묻는 환자들에게 명쾌하게 대답할 수도 없다. 앞으로도 한 가지 약을 시도해보고 그 약이 듣지 않으면 다른 약을 시도해보는 시행착오 방식을 계속 쓸 수밖에 없다. 이런 상황에서 무엇보다 유감스러운 점은 우리가 앞으로도 모든 우울증을 다 똑같은 병으로 취급하고 치료하게 되리라는 점이다. 세로토닌 수치가 높은 우울증 환자와 세로토닌 수치가 낮은 우울증 환자 사이의 차이를 구별할 수 없다면, 내가 모즐리병원 진료실에서 그랬듯이 모든 우울증 환자에게 똑같은 약을 처방하는 것을 정당화하기 위해 그들 모두가 세로토닌 수치가 낮을 거라고, 그러니까 그들 모두가 같은 상태일 거라고 무작정 가정해야 하니 말이다.

그런데 우리가 그들이 모두 똑같다고 말한다면, 혹은 입 밖으로 말하지는 않더라도 모든 우울증 환자는 똑같은 이유에서 우울증에 걸렸고 똑같은 치료로 효과를 볼 거라는 전제를 깔고 행동한다면, 우리는 '그들'이라는 대명사가 누구를 의미하는지 생각해봐야 한다. 이 맥락에서 '그들'은 어느 한 시점에서 볼 때 전 세계 인구의 약 10퍼센트, 혹은 평생에 걸쳐 볼 때 모든 사람의 25퍼센트, 또는 지구상 모든 가정에 최소한 식구 한 명을 의미한다. 감히 말하건대 직접적으로든 간접적으로든 우울증을 전혀 경험하지 않고 평생을 사는 사람은 아무도 없을 것이다. 낙인찍기의 문화에 가려진 탓에 그 반대라고 생각할 사람도 많겠지만, 우울증에 관한 한 사실 '그들'과 '우리'를 구분할 만한 차이는 별로 없다. 그리고

염증에 걸린 마음

적어도 나는 인류의 많은 수가 뇌 속의 측정할 수 없는 단 한 가지 분자의 오르락내리락하는 요동 때문에 그렇게 고통받는다는 것을 도저히 믿을 수 없다. 그런 의미에서 우울증의 세로토닌 원인설은 프로이트의 수량화할 수 없는 리비도 이론이나 히포크라테스의 존재하지도 않는 흑담즙 이론만큼이나 허술하다.

‡

데카르트 이후의 우울증은 한마디로 아주 딱한 상황에 처해 있다. 데카르트가 물려준 지배적인 이원론의 정설에 따르면 공식적으로 우울증은 마음의 질환이며, 그렇기에 낙인찍기에 의해 더욱 악화되거나 심리치료로 완화될 수 있다. 그러나 또 한편에서는 비공식적이지만, 우울증이 뇌의 장애인 것처럼 약물을 사용해 치료하는데, 이런 약물 사용에 대해 반박할 수 없는 근거를 대지도 못한다. 우리가 우울증을 다루는 방식을 보면, 우울증이 전적으로 마음의 문제만은 아니지만 확실히 뇌나 몸만의 문제도 아니라고 여기는 것 같다. 우울증을 더 잘 해결할 방법에 관해서도 의견이 갈린다. 한쪽에는 심리학 쪽으로 치우친, 상대적으로 '뇌를 배제한' 접근법의 옹호자들이 있고, 다른 쪽에는 신경과학 쪽으로 치우친 '마음을 배제한' 접근법의 옹호자들이 있는데, 그 사이에서는 험악한 논쟁과 상호 비방이 오가고 문화 전쟁이 벌어진다.

한편 한 세대 동안이나 이렇다 할 새로운 치료법이 나오지 않았고, 현재 사용되는 약물과 대화 치료에서도 여러 한계가 드러 났다. 심리치료에 접근하기는 점점 더 쉬워지고, 선택적 세로토닌 재흡수 억제제의 처방 건수는 점점 더 증가하고 한 알 당 가격은 점점 더 낮아지는데도, 여전히 우울증은 2030년까지 세계에서 가 장 많은 사람에게 문제를 안길 단 하나의 질환으로 꼽힌다. 선진 국들에게 국내총생산의 3퍼센트에 달하는 경제적 비용을 치르게 하는 병은 암이나 심장병도, 류머티즘성관절염이나 결핵도, 그 어 떤 신체질환도 아니다. 그것은 바로 정신 건강상의 질환들, 그중 에서도 주로 우울증이다. 그런데 우리는 아직도 우울증에 대해 뭐 라고 말해야 할지, 어떻게 해야 할지 잘 모른다.

이제 역사의 책장을 넘길 때가 왔다.

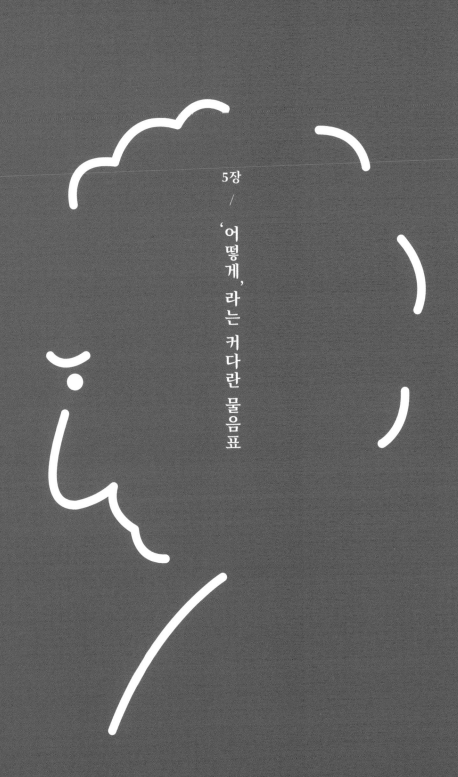

5장
/
'어떻게,'라는 커다란 물음표

비범한 주장에는 비범한 증거가 필요하다

1950년대에 항우울제가 우연히 발견되면서 일기 시작한 우울증 치료에 대한 들뜬 기대의 파도가 프로작이 출시되던 1990년 무렵 정점에 도달했다. 이 시점을 전후해 몇 편의 논문이 조용히 발표되었다. 〈스트레스와 면역: 뇌와 면역계의 관계에 대한 통합적 관점Stress and immunity: An integrated view of relationships between the brain and the immune system〉(1989년),[1] 〈우울증의 대식세포 이론The macrophage theory of depression〉(1991년),[2] 〈주요 우울증에서 면역 반응에 대한 증거Evidence for an immune response in major depression〉(1995년)[3] 같은 제목의 논문들이다. 이 논문들을 비롯해 이와 관련된 주제의 논문은 잘 알려지지 않은 저널에 발표될 수밖에 없었다. 너무나도 이단적이고 이념적으로 충격적인, 한마디로 괴짜 같은 가설을 내세우고 있었기 때문이다. 그 논문들은 기분 상태가 어떤 식으로든 백혈구의 활동과 관련이 있고, 데카르트식 분계선을 가로질러 마음과 몸이 서로 연결되어 있다는 의견을 제시했다. 당시 과학계의 풍토에서 이런 생각은 단순히 잘못된 정도가 아니라 그보다 더 나쁜 것으로, 마치 기분 상태가 흑담즙 등 불가사의한 체액의 흐름과 관련이 있다는 말과 맞먹는 것으로 여겨졌다. 당연히 다른 대부분의 과학자가 그들의 의견을 무시하거나, 귀를 기울이더라도 상당히 회의적인 태도를 고수했다.

하나의 과학 이론이 결정적인 돌파구가 되는 시점이 언제인지 역사적으로 정확히 짚어내기는 어렵다. 우리는 모두 서로의 어깨에 올라서 있고, 대부분의 새로운 아이디어는 이전의 아이디어들에서 점진적으로 파생되어 나온 것이며, 과학 지식이 담긴 책은 비슷한 생각을 갖고 연구하는 수많은 개별 과학자의 노력이 모인 결과로 서서히 완성된다. 게다가 하나의 돌파구는 과학자가 세상을 떠나고 되돌아볼 때에야 돌파구였음을 알아볼 수 있고, 돌파하고 있는 그 시점에는 돌파구임을 알아보기가 어렵다. '돌파'라는 단어의 정의가 무언가를 부수어 무너뜨리는 것이기 때문이다. 돌파를 하려면 이전에 확실하다고 여겨지던 것들을 혼란에 빠뜨리거나, 동요시키거나, 훼손하거나, 그것에 도전할 수밖에 없다. 그러므로 과학적 돌파구는 그 반란이 일어나는 순간에는 현상 유지를 원하는 모든 샌님의 저항과 부인에 부딪히고 무시와 조롱을 당하기 마련이다.

지금 내 눈에는 신경면역학 또는 면역정신의학의 초기 논문들이 돌파구처럼 보인다. 기분과 염증이 연관되어 있다는 논문들의 공통된 생각은, 의사들에게는 아니었을지 몰라도 한자들 사이에서는 상식이었던 것을 과학적으로 공식화한 것이었다. 우리는 모두 기분장애가 신체장애와 밀접하게 연관되어 있다는 것을 안다. 골절이나 치과 치료, 흉부 감염이나 백신접종 등의 신체 부상 이후 피로나 사회적 위축, 저조한 기분을 비롯한 우울증적 증상이 생긴 경험이 누구에게나 있을 것이다. 의료계에 종사하지 않는 많은 사람에게는 신체 건강과 정신 건강이 밀접하게 연관된다는 말이 당연하게 느껴진다. 면역정신의학의 혁신적 아이디어는 이러한 연관성을 면역계를 들어 설명한 점이다. 그리고 이 아이디어를 시험하기 위해 면역정신의학자들은 우울증 환자들의 염증 생체지표, 즉 백혈구와 사이토카인을 측정하는 최초의 실험을 실시했다.

이는 전례가 없는 일이었다. 현대 면역학의 역량과 정밀함을 인간의 행동과 우울을 이해하는 일에 적용하기 시작한 것은 이때가 처음이었다. 이러한 초창기의 씨앗과도 같은 노력들은 적어도 15년 동안은 도저히 용납할 수 없는 것으로 여겨졌다. 마침내 그 이야기를 접한 2012년에 나는 처음으로 여기에 뭔가 있을지도 모른다는, 면역 메커니즘이 우울증을 초래할 수도 있고, 항염증약이 새로운 유형의 항우울제가 될지도 모른다는 생각을 하고 선배와 동료 들에게 의견을 물었다.

"나는 늘 자네가 이보다는 더 분별 있는 사람이라고 생각했네만." 케임브리지대학교 물리학과 흠정교수●는 (다소 농담조로) 이렇게 말했다. "5년 전에 이 아이디어를 가지고 나를 찾아왔다면 당신이 미쳤다고 생각했을 겁니다. 하지만 지금은 나도 판단이 서지 않는군요." 글락소스미스클라인의 연구개발 상무는 (농담기 없이) 이렇게 말했다.

이제는 내가 이런 과학자들의 회의적인 태도의 밑바탕에 데카르트식 이원론의 핵심 가정, 그러니까 마음과 몸은 별개의 영역이라는 관념이 깔려 있다고 말해도 새삼스럽지 않을 것이다. 그러나 신경면역학 혹은 면역정신의학에 대한 저항의 표면을 긁어내고 보면, 오늘날의 세련된 과학자들은 데카르트라는 이름을 들먹이지 않는다는 걸 알 수 있다(대체로 그들은 철학이 자신들의 생업과 아무 관련 없다고 생각한다). 대신 그들은 증거와 인과성, 메커니즘에 관해 질문할 것이다. 그들은 문제의 핵심을 다루고 싶어 한다.

과학자들은 염증과 우울증 사이에 인과관계가 실제로 존재한다는 걸 납득할 수 있게 증명해보라고 요구한다. 그런 다음에는 어떻게, 왜 그렇게 되는지 알고 싶어 한다.

몸의 면역계에서 생긴 염증 변화는 정확히 어떤 단계를 거쳐 뇌의 작용에 변화를 일으키고 사람을 우울하게 만드는가?

● 왕이 임명하는 교수직으로 영국과 아일랜드에 있는 제도.

우울증 환자가 애초에 염증에 걸린 이유는 무엇인가? 그리고 원래 질병과 맞서 싸울 때 우리를 돕도록 진화한, 그래서 우리를 이롭게 하도록 되어 있는 신체의 염증반응이 왜 우리에게 우울함을 느끼게 하는 것인가?

대답하기 아주 어려운 질문이다. 하지만 무리한 질문도 아니고, 과학적 신뢰성을 얻기 위해 지불할 대가치고 그렇게 과한 것도 아니다. 비범한 주장에는 비범한 증거가 필요한 법인데, 데카르트주의가 지배하는 세상에서 몸이 면역계를 매개로 마음과 연결되어 있다는 것보다 더 비범한 주장이 어디 있겠는가?

변하지 않는 사실

최초의 면역정신의학자들은 대부분 간단하고 동일한 구조의 실험법으로 그들의 선구적 노력에 시동을 걸었다. 먼저 그들은 주요우울장애가 있는 환자 집단(환자군)과 건강한 사람 집단(대조군), 이렇게 두 무리의 참가자를 모집했다. 그런 다음 각 참가자에게서 혈액 샘플을 채취하고, 혈액 속 염증 생체지표인 사이토카인 또는 C-반응성 단백질C-reactive protein, CRP을 측정했다. C-반응성 단백질은 사이토카인 수치가 높아지면 그에 반응해 간에서 만들어지는 단백질로, 신체의 염증 상태에 대한 간접적인 지표로 유용하다. 면역정신의학자들은 이 생체지표 데이터를 분석해 환자군

과 대조군 간에 차이가 얼마나 나는지 추산하고, 그 차이가 통계
적으로 유의미한지, 다시 말해서 그 차이가 우연히 발생했을 가능
성은 없는지 검증했다.

이들은 1992년부터 2014년까지 20여 년 동안 수천 명의
주요우울장애 환자군과 건강한 대조군의 사이토카인 측정치를
보고해왔다.[4] 전체적으로 이 데이터들은 우울증 환자에게서 C-반
응성 단백질과 일부 사이토카인의 혈중 농도가 증가했음을 보여
준다. 우연히 이 정도의 차이가 생길 확률은 대략 1만 분의 1 정도
였다.

그것은 어마어마한 영향은 아니지만 분명히 존재하는 영
향이다.[5] 평균적으로 우울증이 있는 사람들은 우울증이 없는 사람
들에 비해 혈중 사이토카인 수치가 과하지는 않지만 유의미한 정
도로 증가해 있다.

이처럼 대조군과 우울증 환자에게서 C-반응성 단백질 같
은 염증 생체지표 수치를 측정 비교한 환자군-대조군 연구는, 사
람들을 '우울증 상태'나 '건강한 상태' 둘 중 하나로 분류하는 것
이 이치에 어긋나지 않는다는 생각에서 출발한다. 즉, 환자군-대
조군 비교는 우울증을 '우리 대 그들'의 구도로 생각할 수 있다는
흔한 가정을 깔고 있다. 우리는 완벽하게 건강하고 그들은 우울
증에 걸렸으니 우리와는 아주 많이 다르다는 생각 말이다. 그러나
이와는 다르게 볼 수 있는 방식도 존재한다. 이 관점은 우리 모두
하나의 스펙트럼 상에 존재하며, 경미하든 심각하든 누구나 어느

정도의 우울 증상들을 경험하고, 실제 삶에서는 우울한 환자군과 건강한 대조군을 이쪽 아니면 저쪽으로 명확히 구분할 수 없다는 생각에서 출발한다. 이렇게 다차원적 접근법을 취하면 질문은 '우울 스펙트럼에서 더 심각한 쪽 끝에 가까이 위치한 사람들이 혈중 염증지표 수치가 더 높은 편인가'라고 바뀐다. 그리고 이 질문에 대한 답은 '그렇다'이다. 그들의 염증지표 수치가 더 높다.

지금까지 진행된 규모가 가장 큰 연구는 코펜하겐 시민 7만 3131명의 C-반응성 단백질과 우울 증상을 측정한 것이다.[6] 덴마크의 평범한 시민 가운데, 자신이 별로 성공하지 못했다는 생각이나 노력을 포기하고 싶은 마음 같은 가벼운 정도의 우울 증상들을 자주 경험하는 이들은 그렇지 않은 사람들보다 혈중 C-반응성 단백질 농도가 현저히 높았다. 그 데이터에서는 용량반응관계 dose-response relationship도 관찰되었다. 바꿔 말하면, C-반응성 단백질 농도로 추측한 염증의 양이 많을수록, 부정적 편향과 자기비판적 생각으로 측정한 우울 반응도 더 컸다는 말이다. 그 정도의 용량반응관계가 우연히 발생할 확률은 1조 분의 1 미만으로 추산되었다.

이 연구 결과는 주요우울장애에 대한 환자군-대조군 연구들의 누적된 증거에 추가할 수 있는 대단히 인상적이고 탄탄한 증거다. 이제 우리는 주요우울장애를 겪는 심각한 우울 상태의 사람뿐 아니라 일상에서 약간의 우울감을 느끼는 사람도 염증에 걸려 있을 확률이 더 높다는 것을 알고 있다. 중요하게 짚고 넘어가야 할 사항은, 이 연구들이 우울증에 걸린 모든 사람에게 염증이 있다고 증명한 것은 아니라는 점이다. 또한 염증이 있는 모든 사람이 우울증에 걸린다고 증명한 것도 아니다. 그러나 이 연구들은 무작위적 우연의 일치나 불운의 결과로 볼 수 없을 만큼 높은 빈도로 우울증과 염증이 동시에 나타난다는 사실에 대해 통계적으로 매우 강력한 증거를 제시했다. 그리고 1990년대의 선구적 연구 이후로 많은 연구가 꾸준히 축적되면서 증거들이 점점 더 탄탄해졌다. 우울증이 신체 염증에 대한 생체지표 증거와 연관되어 있다는 연구 결과는, 끈질기게 변함없이 나타나 과거의 믿음을 무너뜨리는 혁신적인 사실이다. 그러나 이 결과만으로는 염증과 우울증의 관계가 인과적이라는 것은 증명되지 않는다. '어떻게'에 관한 질문에 답하려면 '인과성'이라는, 포착하기 어렵지만 결정적인 문제를 더욱 명확히 파악해야 한다.

원인이 먼저다

'인과'라는 단어의 정의에 따라 우리는 결과가 원인을 뒤따르고 원인이 결과보다 앞선다는 것을 알고 있다. 그러니 염증이 우울증을 일으킨다면 우울증에 걸리기 전에 염증이 생겼으리라고 예상할 수 있을 것이다. 감염성 질환이나 그 밖에 어떤 염증이 (생기기 전이 아니라) 생긴 후에 기분이 처지거나, 울적해지거나, 우울해지거나, 마음이 가라앉거나, 심지어 눈물이 났던 일을 경험해

염증에 걸린 마음

본 사람이 많을 것이다. 내가 치과 시술 후에 우울감을 경험한 것도 우울 이전의 염증이라는 시간 순서에 확실히 들어맞는다. 치과에서 사이토카인 폭풍을 경험하기 전까지는 기분이 괜찮았다. 그후 24시간 동안은 무기력감과 고립감, 비관적 생각에 시달렸다.

염증과 우울증의 순서를 연구하는 한 가지 방법은 동일한 사람들을 오랜 기간 추적하며 사이토카인 수치와 기분 상태를 반복적으로 측정하는 것이다. 잉글랜드 남서부에서 태어난 어린이 1만 5000명을 9세부터 18세까지 추적해, 9세 때의 사이토카인 수치로 18세 때의 우울증 위험을 예측할 수 있음을 알아낸 연구가 2014년에 발표되었다.[7] 9세 때 혈중 사이토카인 수치가 상위 3분의 1에 속한 아이들은 그보다 수치가 낮았던 아이들에 비해 18세가 되었을 때 우울증에 걸릴 확률이 1.5배 높았다. 중요한 점은 높은 사이토카인 수치를 보인 아이들도 9세 때 처음 평가했을 당시에는 염증이 없는 또래들과 비교해 더 우울한 상태가 아니었다. 그들은 염증을 겪은 후에야 우울해졌다.

또 다른 연구에서도 비슷한 결과가 나왔는데, 이번에는 아이들과는 생애주기의 반대쪽에 위치한, 영국 행정부에서 일하는 공무원들을 대상으로 한 연구였다.[8] 60대 2000여 명을 대상으로 2004년과 2008년, 2012년 세 차례에 걸쳐 기분 상태와 염증 수준을 측정했다. 이 노년 집단에서는 경도 염증이 상당히 흔했다. 400명은 만성염증이 있어서 2004년과 2008년에 모두 높은 C-반응성 단백질 수치를 보였지만, 첫 두 번의 검사 때는 우울증은 없었다. 그러나 2012년 검사에서는 처음으로 우울증이 발병할 가능성이 상당히 증가했고, 여성의 경우 특히 더 그랬다. 2004년과 2008년에 C-반응성 단백질 수치가 높았던 여성들은 C-반응성 단백질이라는 염증 증거가 없었던 여성들에 비해 우울증에 걸릴 가능성이 약 3배 더 크다는 사실이 2012년에 처음 밝혀졌다.

서로 매우 다른 연령 집단들을 대상으로 한 이 장기 추적 연구들은 염증이 증가한 이후에 우울증이 생길 수 있음을 증명한다. 그러나 이런 결과만으로는 여전히 인과의 메커니즘을 확증하기에 충분하지 않다. 회의적인 사람들은 9세 때의 염증이 18세 때의 우울증 발생 위험을 증가시키지 **않은** 경우도 있다면, 우울증에 대한 인과적 영향력이 배제 혹은 반박된 것이라고 합리적인 결론을 내릴지도 모른다. 물론 그런 반대 결과도 실제로 관찰되기는 했지만 결정적으로 확실한 결론을 내릴 정도는 아니었다. 한편 혈중 사이토카인 수치로 4년이나 9년 뒤의 우울증 설문 점수를 예측할 수 있음을 보여준 것은, 염증에 원인적 역할이 있음을 인정하게 할 수는 있어도, 그 자체로 결정적이거나 설득력 있는 증거는 아니다. 염증이라는 원인과 우울증이라는 결과 사이의 시간 간격이 너무 길고, 설령 수년에 걸쳐 인과의 과정을 이어가는 사건들의 연쇄가 있다고 가정하더라도, 그러한 과정에 대한 이해가 아직 빈약하다. 하지만 우리는 더 짧은 기간 동안의 염증과 우울증의 관계를 관찰함으로써 그 설명의 빈틈을 메워볼 수 있다.

의학의 많은 영역 중에서 면역학 덕에 치료의 진전을 이

룬 것 가운데 하나가 간염이다. 간염은 바이러스 감염으로 A형, B형, C형의 세 가지 형태인데, 이 중 B형 간염이 특히 위험하다. 이 바이러스는 여러 해 동안 간세포들 속에 잠복해 있으면서, 자신을 완전히 제거하려는 면역계의 지속적 시도를 피하고 만성적인 염증과 흉터(간경변이라고도 알려진)를 일으키며 간암의 위험성을 높인다. 이 암울한 예후에 긍정적인 변화를 일으키기 위해 제일 먼저 시도하는 치료법 가운데 하나가 염증성 사이토카인의 일종인 인터페론interferon 치료법이다. B형 간염 바이러스가 위장하고 면역계를 속이고 있는 탓에 환자의 면역계가 바이러스를 치명적인 위협으로 알아보지 못하기 때문에, 인터페론으로 환자의 면역반응을 힘차게 활성화시켜 바이러스를 완전히 제거하도록 돕는다.

B형 간염이 워낙 위험한 병이다 보니 인터페론처럼 심한 불쾌함을 유발하는 치료법이라도 효과만 있다면 윤리적으로 그 사용을 용인해왔다. 인터페론을 주입한 환자는 즉각 심한 감염이 일어났을 때처럼 반응한다. 사이토카인을 주사한 쥐에게서 보이는 것과 같은 고열과 무기력, 식욕부진 등 이른바 질병 행태를 보이는 것이다. 이는 부작용이 아니라 그 치료가 의도한 대로 염증 반응이 일어나고 있기 때문이다. 이후 몇 주가 지나는 동안 대부분의 환자는 인터페론 치료가 불러온 급성 영향에서 회복하지만, 약 3분의 1은 임상적 진단을 받을 정도의 우울증에 걸린다. 지속적으로 무기력하고 식욕이 없으며 자기비판적이고 죄책감에 시달리고 비관적일 뿐 아니라, 쾌락을 추구하는 쾌락주의자들과는

정반대로 쾌감을 느끼지 못하는 쾌감 상실 상태가 된다.[9]

　　분명히 지적해야 할 중요한 사실은, 이런 결과가 인터페론을 주사하기 직전에는 우울증이 없었던 사람들에게 일어난다는 것이다. 이들의 경험은 사람에게서 염증 자극이 우울증을 불러올 수 있음을 보여주는 가장 명백한 증거다. 인터페론 치료 후 우울증에 걸린 환자들과 그렇지 않은 환자들을 비교해보면, 이런 결과를 일으키는 메커니즘에 관한 몇 가지 사항을 더 이해할 수 있다. 우울증 병력이 있는 환자들이 인터페론 주사 후에 우울증이 재발할 가능성이 더 높은 것으로 드러났다. 이는 그들이 염증에 대해 우울증으로 반응하는 유전적 성향을 갖고 있기 때문일 수도 있다. 실제로 염증이 더 잘 생기고 더 많은 양의 사이토카인을 생성하게 만드는 유전자 프로필을 지닌 사람들이 인터페론 치료 이후 우울증에 걸릴 가능성이 더 크다는 증거도 있다.[10]

　　장기 추적 역학연구 결과들과 인터페론 치료 후 환자들의 경험, 그리고 나의 치근관 우울증 일화까지 포함해 이 모두를 종합하면 몸의 염증이 우울증 이전에 일어난다는 증거는 분명히 존재한다. 그리고 만약 염증이 우울증 이전에 생겼다면 염증이 우울증을 일으킨 것일 수도 있다. 아직 우리는 우울증이 어떻게 일어나는가에 대한 질문에는 대답하지 않았다. 하지만 적어도 그 질문이 생물학적으로 더 자세히 파고들 가치가 있다는 사실은 분명히 확인했다.

뇌 속의 베를린장벽

1980년대 전반기에 의대에 다니던 나는 늘 행복한 학생은 아니었다. 당시 나는 시티오브런던에 있는 세인트바솔로뮤병원에서 임상 교육을 받았다. 성직자이자 헨리 1세 궁정의 음유시인이었던 라히어Rahere가 1123년에 세운 이래 줄곧 그 자리에 있던 병원이었다. 16세기에 헨리 8세가 재창건했고, 17세기에는 윌리엄 하비가 거기서 혈액순환에 관한 실험을 했으며, 18세기에는 화가 윌리엄 호가스William Hogarth가 그레이트홀에 벽화를 그렸다. 소설가 아서 코난 도일Arthur Conan Doyle에 따르면 1878년에 닥터 왓슨이 셜록 홈스를 처음 만난 곳도 이 병원의 화학실험실이었다. 아마도 홈스는 그곳에서 "최근 발견된 식물염기● 약간"[11]의 약리학적 특성들을 조사하며, 이후 프로이트가 따르게 될 새 길을 닦고 있었을 것이다.

'바트'라는 애칭으로도 불리는 세인트바솔로뮤병원은 오랫동안 런던에서 가장 유명한 의학계 수재들의 산실이었다. 그중 한 사람만 꼽자면 퍼시벌 포트Percival Pott를 들 수 있다. 아무도 대적할 수 없는 명예를 누린 18세기 외과의사로, 의학 교과서에 실린 병명 중 그의 이름을 따라 지은 것이 척추결핵Pott's disease과 굴뚝청소부가 잘 걸리던 음낭암Pott's cancer으로 두 개나 된다. 포트

● 　식물체 속에 들어 있는, 질소를 포함한 염기성 유기 화합물을 통틀어 이르는 말.

는 음낭암이 굴뚝의 그을음에 있는 발암물질에 노출되어 생긴다는 것을 밝혀냈고, 대여섯 살짜리 어린 고아 소년들을 굴뚝으로 올려 보내 굴뚝 청소를 시키던 관행을 금지하는 입법을 주도했다. 바트는 포트가 한 가지 암의 원인과 치료법을 모두 발견한 역사상 최초의 의사라고 자랑스럽게 주장한다. 이 병원은 중세 흑사병부터 빅토리아 시대 결핵까지 런던이 온갖 역병을 겪어내는 동안 늘 그 자리에 있었고, 대화재부터 대공습까지 런던의 온갖 역경을 겪고도 살아남은, 오랜 옛날부터 긴 시간 버텨온 명예로운 기관이다.

당시 바트의 의학교육 방식이 독단적이고 설교적인 도제 방식이었던 것도 어쩌면 바로 그런 이유 때문이었는지도 모르겠다. 바트의 교수들에게는 언제든 말을 걸 수는 있었지만, 많은 말을 하는 건 금물이었다. 예를 들어 우리는 빈혈의 32가지 원인 같은 질병의 증상, 징후, 병리생리학 교리문답의 끝없는 목록을 암기해야 했고, 교육 회진 때 종종 다른 학생과 직원 들 앞에서 그 목록을 암송해야 했다. 이처럼 하나의 의식이 된 공개 질의응답에 스트레스를 받아도 절대 틀린 답을 말하지 않는 것이 중요했고, 맞는 답이라도 순서를 틀리게 말하면 오답을 말하는 것 못지않게 한심한 일이었다.

"한 여성이 두통 때문에 자네를 보러 왔을 때 자네가 제일 먼저 해야 할 열 가지 진단 검사는 뭔가?" 만약 학생이 곧바로 "뇌 스캔"이라고 답한다면 추가로 약간의 빈정대는 말도 듣게 되는데, 왜냐하면 그것이 첫 번째로 할 일이 아니라 열 번째 순서에나 할

　　　　　　　　　　　　　　　　　　　염증에 걸린 마음

일이라는 건 바보도 아는 일[12]이기 때문이다. "자네가 제일 먼저 할 일이 뭔가?" "환자와 이야기를 나누는 것입니다." "고맙네. 그러면 자네가 환자에게 물어볼 첫 세 가지 질문은 무엇인가?"

그렇게 고루한 전통을 따른 방식이 3년 동안 이어졌다. 우리는 수련을 받는 것 못지않게 반복학습으로도 단련되었다. 의학 지식의 핵심 덩어리들을 반복해서 익혀 체화하고, 특정한 스타일, 언어, 의사로서 일하는 방식도 보고 들은 그대로 따라 익혔다. 선배 의사들의 지혜를 얻겠다고 질문을 많이 하는 것도 권장되는 일은 아니었다. 이런 식으로 교육받는 것을 싫어한 학생이 나만은 아니었지만, 그래도 대부분은 그럭저럭 버텨냈다. 남들이 보는 앞에서 모욕당하는 고통을 견디며, 혹 아니면 백처럼 확실한 것이라고 배웠던 잘못된 사실들이 오늘날 새로운 과학 지식에 의해 권좌에서 내쫓기는 것을 볼 때 내가 아주 큰 즐거움을 느끼는 것도 다 그런 경험 때문일 것이라 생각한다.(그림 9)

"뇌는 면역의 특권 지대다." 우리가 의대에서 이렇게 배운 것이 그리 먼 옛일이 아니다. 뇌는 혈뇌장벽 너머에 가만히 앉아 있고 면역계의 세포들과 사이토카인은 절대 뇌로 들어갈 수 없다고 했다. 혈뇌장벽이 몸에서 일고 있는 염증에서 뇌를 철저히 보호한다는 것이었다. 면역계가 혈뇌장벽을 뚫고 들어갈 수 있는 경우는 갑작스레 뇌졸중이 닥치거나 종양이 염치없이 마구 자라나는 것처럼 뇌에 비극적인 손상이 일어났을 때뿐이라고 했다. 하지만 정상적으로 작동하는 상황에서는 면역계가 닿을 수 없는 곳에

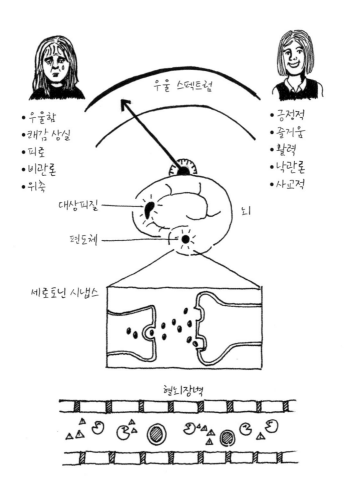

그림 9. 내가 의대에서 배운 것

1980년대에 나는 의대에서, 뉴런들 사이 시냅스에서 세로토닌 양이 줄어들어서 우울증이 생긴다고 배웠다. 또한 당시 상식으로는 뇌가 혈뇌장벽에 의해 면역계와 완전히 분리된다고 알려져 있었다. 빽빽하게 들어찬 내피세포들로 이루어진 혈뇌장벽이, 혈액을 타고 순환하는 대식세포나 사이토카인이 뇌로 들어갈 수 없게 막는다고 믿었다.

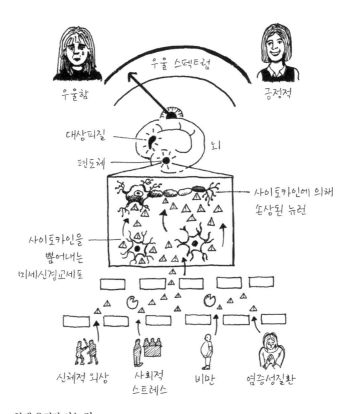

우울 스펙트럼

우울함

긍정적

대상피질

뇌

편도체

사이토카인에 의해
손상된 뉴런

사이토카인을
뿜어내는
미세신경교세포

신체적 외상

사회적
스트레스

비만

염증성질환

현재 우리가 아는 것

현재 우리는 여러 면역세포가 혈뇌장벽을 통과한다는 것을 알고 있다. 몸의 염증
은 뇌의 대식세포인 미세신경교세포를 활성화시킬 수 있고, 그러면 미세신경교세
포는 편도체와 대상피질 등 뇌의 감정 연결망을 이루는 부위의 뉴런들에 부수적
피해를 입힌다. 또한 우리는 잠재적으로 염증에 관여하는 다른 많은 요인도 더
분명히 알게 되었다. P부인의 관절염 같은 자가면역질환이나 비만, 신체적 외상
이 모두 다 염증을 일으킬 수 있고, 공개 석상에서 발언하는 일처럼 단기간의 가
벼운 스트레스까지 포함해 사회적 스트레스도 염증을 일으킨다. 과거에는 메커
니즘의 측면에서 염증과 우울증이 연결되어 있다고는 상상도 할 수 없었다. 그러
나 지금 우리는 염증이 왜, 어떻게 우울증을 유발하느냐는 질문에 대한 답에 점
점 가까이 다가가고 있다.

서 일하는 뇌만의 고유한 특권을 혈뇌장벽이 철통같이 방어해준다고 여겨졌다. 이 학설이 진실이라면, 혈뇌장벽은 혈액 속 염증 단백질이 마음의 상태에 영향을 미치는 메커니즘의 통로 한가운데를 막아선 거대한 장애물이 분명하다. 주변부의 염증 신호가 혈뇌장벽을 넘어갈 수 없다면 뇌에 어떤 영향도 미칠 수 없다. 또한 뇌에 영향을 미칠 수 없다면 어떻게 기분이나 행동에 영향을 미칠 수 있겠는가? 이러니 혈뇌장벽을 베를린장벽처럼 보는 인식이 데카르트식 이원론의 가장 구체적 구현인 이유를 여러분도 이해할 수 있을 것이다. 이 관점은 염증이 생긴 신체와 뇌 사이에 모든 소통을 차단함으로써 염증이 생긴 몸과 마음에 대한 분리 정책을 강제 집행한다. 다행히도 이 생각은 대체로 틀렸다.

당시에도 그것은 정확한 비유는 아니었다. 베를린장벽은 강화 콘크리트판으로 만들어졌지만, 우리가 배운 혈뇌장벽은 바로 수백만 개의 세포 벽돌들, 그러니까 뇌혈관의 안쪽 표피를 형성하며 서로 아주 단단히 밀착하고 있는 내피세포들로 만들어졌다고 했다. 혈액을 타고 흐르는 면역세포들과 사이토카인이 혈뇌장벽 너머에 있는 뇌 조직으로 옮겨가려면 내피세포들 틈을 비집고 들어가야 하는데, 내피세포들 사이에는 면역세포나 그보다 더 큰 사이토카인 같은 분자들이 들어갈 공간 자체가 없다는 주장이었다. 이 비유는 마치 베를린장벽이 벽돌들을 빽빽하고 접착력 강한 모르타르로 붙여 만든 것이기 때문에 절대로 관통할 수 없다고 말하는 것과 같다.

뇌에는 이런 설명에 부합하지 않는 부분들이 있다는 것을 이제 우리는 안다. 내피세포들 사이에는 단백질 같은 커다란 분자들이 혈액 속에서 뇌로 자유롭게 넘어가기에 충분한 커다란 틈새가 존재한다. 굳은 모르타르에 금이 나 있는 셈이랄까. 새로이 밝혀진 더욱 결정적인 내용은, 혈뇌장벽의 내피세포 벽돌이 구운 점토 벽돌처럼 꿈쩍하지 않는 것이 아니라 면역계 의사소통 연결망의 이중첩자처럼 행동한다는 사실이다. 각 내피세포의 한쪽 면은 동맥이든 정맥이든 혈관의 내피를 형성하고 다른 면은 혈관의 외피를 형성하는데, 이 혈관의 바깥 표면 바로 근처에 뉴런들과 (뇌의 로보캅인) 미세신경교세포들이 있다. 그런데 내피세포 장벽의 안쪽 표면에는 사이토카인 수용체들이 잔뜩 자리 잡고 있어서 혈액을 타고 순환하는 사이토카인들이 전달하는 염증 신호를 감지할 수 있다. 이렇게 염증 신호를 감지한 내피세포는 뇌에 그 신호를 전달해 뇌에 상주하는 대식세포들, 즉 미세신경교세포들을 활성화시킨다. 이렇게 해서 몸의 다른 부분에서 일어난 염증에 반응한 뇌도 염증 상태가 되는 것이다.

염증 단백질뿐 아니라, 심혈관계를 따라 지속적으로 순환하는 훨씬 더 큰 염증세포도 혈뇌장벽을 통과할 수 있다. 혈뇌장벽의 안쪽 면은 혈관 속을 순환하는 백혈구들을 끌어당겨 이 백혈구들이 내피세포 '벽돌들' 사이에 특별히 만들어진 틈새를 비집고 뇌 쪽으로 넘어가도록 적극적으로 돕기도 한다. 심지어 몇 년 전에는 뇌에서 특수한 림프관 시스템이 발견되었는데, 이 림프관 시스템은 뇌에서 근처 림프절들로 면역세포와 단백질을 내보내고 거기서 면역계의 다른 세포들과 뒤섞은 다음 그것을 다시 혈액 속으로 돌려보내 순환시키는 일을 한다.[13] 1980년대에 우리가 확실한 지식이라고 배운 것에 정면으로 위배되는 사실이지만, 뇌는 신체의 면역계와 단절되어 있는 것이 아니다. 혈뇌장벽을 가로지르는 여러 경로를 통해 뇌와 신체는 자유롭고 편하게 의사소통을 하고 있다.[14]

이렇게 새로 발견된 뇌와 몸 사이의 여러 의사소통 방식 가운데 내가 제일 좋아하는 것은 염증 반사inflammatory reflex다.[15] 우리는 프로이트의 오랜 친구 브로이어가 헤링-브로이어 반사를 연구했을 때부터, 미주신경이 심박수를 조절해 폐가 완전히 팽창했을 때 심박수를 떨어뜨린다는 사실을 알고 있었다. 의대생 시절 우리는 헤링-브로이어 반사가 혈압과 땀, 위산, 내장의 규칙적 수축 등 다양한 신체 기능을 뇌가 자동 감시하고 조절하게 해주는 여러 반사 중 하나라고 배웠다. 당시 나는 뇌가 그런 식의 반사로 신체의 염증 상태를 자동으로 감시하고 조절할지도 모른다는 생각은 하지 못했다. 그러나 2000년대 초에 실제로 미주신경이 중개하는 염증 반사가 존재한다는 것이 밝혀졌다.(그림 10)

반사란 입력되는 자극을 미리 정해진 반응과 자동적으로 연결하는 신경계의 회로를 말한다. 염증 반사 회로에서 입력 자극은 혈액 속의 염증 사이토카인 농도다. 미주신경의 감각신경섬유 표면에는 사이토카인 수용체들이 있어서, 몸속 사이토카인 수치

염증에 걸린 마음

가 올라가면 미주신경이 이러한 염증 상태 변화를 감지해 혈뇌장벽을 바로 통과하는 전기신호를 직접 뇌로 보낸다. 이 신호는 뇌를 자극해 즉각 출력 신호를 내보내게 하고, 이 출력 신호는 입력된 방향과 반대 방향으로 혈뇌장벽을 가로질러 미주신경의 운동섬유를 타고 이동해 비장에 도달한다. 비장은 면역계의 주요 지휘·통제 센터 중 하나로 백혈구가 가득한 곳이다. 미주신경의 신경섬유들은 비장 전체에 섬세한 가지들을 뻗어 수백만 개의 면역세포와 접촉하고 있으며, 미주신경 신호는 대식세포들이 화를 가라앉히고 활동을 억제하고 사이토카인 생산을 줄이도록 한다. 한마디로 미주신경은 몸속의 높은 사이토카인 신호를 감지하면 반사적으로 비장 속 대식세포들이 사이토카인 수치를 떨어뜨리게 만든다.(그림 10)

이것은 음성 피드백*에 의한 항상성 유지라는 일반 원리를 보여주는 한 예다. 미주신경은 항상성을 유지하는 쪽으로, 말그대로 일정한 상태를 계속 유지하는 쪽으로 작동한다. 이 경우에는 그냥 두면 과도한 양의 사이토카인을 만들어낼 대식세포를 억제하는 것, 다시 말해 음성 피드백을 주는 방식으로 그 일을 해낸다. 나는 염증 반사가 발견되었을 때 '너무 놀라운' 동시에 '너무 당연한' 것이라는 생각이 들었다. 원래 미주신경의 역할이 몸 상태를 차분하게 진정시키는 것이니, 그저 미주신경이 제 할 일을

●   행동의 결과가 다음 번 행동을 감소 혹은 중지시키는 기능.

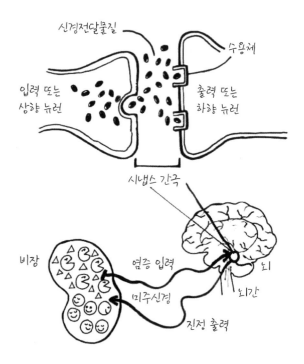

그림 10. 염증을 통제하는 신경 반사

미주신경은 비장에서 화가 난 대식세포들이 만들어낸 염증 사이토카인의 증가
를 감지하면 뇌로 염증 입력 신호를 보낸다. 그러면 뇌에서는 입력 신호를 운반하
는 뉴런들이 출력 뉴런들과 시냅스 연결을 형성하고, 출력 뉴런은 염증을 진정시
키는 항염증 신호를 뇌에서 비장으로 보낸다.

염증에 걸린 마음

하고 있는 또 하나의 예일 뿐이었다. 그렇게 밝혀지고 나서야 제대로 볼 수 있었지만, 사실 그것은 생리학적으로 정화히 예상되는 일이다. 그런데 치료의 관점에서 염증 반사는 몇 가지 흥미로운 함의가 있다.

미주신경을 자극해 증상을 완화한다는 생각은 아주 오래된 것으로, 최소한 '참사회원의 가려움alderman's itch'까지 거슬러 올라간다. 세인트바솔로뮤병원에서 들은 이야기인데, 중세 런던시와 그 안에 있던 길드의 고위관료였던 참사회원들은 화려한 연회에서 진수성찬을 즐기다가 소화불량에 시달리곤 했다. 그러나 시장보다 먼저 식탁에서 일어날 수는 없는 일이어서, 가만히 자리를 지킨 채 소화불량 증상에 신중하게 대처해야 했다. 이를 위해 그들은 조개껍질처럼 생긴 바깥귀와 말랑말랑한 콜라겐 이랑인 귓바퀴 사이를 마사지하는 방법을 찾아냈다. 귓바퀴를 문지르는 것은 소화불량과 불안에 대한 효과적인 응급처치이며, 참사회원의 가려움이란 바로 이 방법을 가리키는 말이다.

이 방법이 효과가 있는 이유는 귓바퀴 피부가 신체 피부 중에서 미주신경을 자극하는 유일한 지점이기 때문이다. 바트의 의사들은 과거의 무식한 참사회원들은 그 이유를 몰랐을 거라고 했다. 귓바퀴 피부를 문지르면 미주신경의 감각신경섬유가 자극되어 뇌에 신호를 보낸다. 그러면 미주신경에서 위로 연결되는 또 다른 가지를 통해 반사 반응이 촉발되고, 위는 대부분의 소화불량 증상의 원인인 과도한 위산 생산을 줄인다.

다음에 위에서 위산을 줄이고 싶을 때 시도해보라. 기적을 기대하면 안 되지만, 어쨌든 아무것도 하지 않는 것보다는 낫다. 한 번에 한쪽 귓바퀴를 마사지하는 것으로 만족스러운 위 진정 효과를 얻지 못했다면, 양쪽 귀를 문지르는 동시에 숨을 깊이 들이쉰 다음 숨을 멈춰보라. 그러면 참사회원의 가려움과 헤링-브로이어 반사 두 가지로 동시에 미주신경을 자극하게 된다. 시장이 주최한 연회에서 눈에 띄지 않게 쓰기에는 좀 어려운 기술일지 몰라도, 내가 어렸을 때 배운 것처럼 딸꾹질 치료에도 잘 듣는 방법이다.

참사회원의 가려움 외에도 미주신경을 자극하는 방법은 많다. 보청기처럼 귓속에 넣고 진동시켜 대신 귓바퀴를 문질러주는 기기도 있다. 또 몸속에 전기자극기를 심어 정확히 맞춰진 시간에 미주신경에 일련의 충격을 가하는 더 침습적인 방법도 있다. 그러려면 외과수술이 필요한데 그리 어려운 수술은 아니다. 뇌간에서 복부와 비장 쪽으로 내려가는 미주신경의 신경섬유에 외과적으로 접근해 신경에 직접 전극을 갖다 대는 것이다. 그런 다음 환자나 의사의 통제에 따라 전기적으로 미주신경을 자극할 수 있다.

미주신경의 신호 발신이 증가하면 비장에 있는 대식세포의 사이토카인 생산을 억제할 수 있으므로, 염증성질환 환자에게 전기적으로 미주신경을 자극하면 사이토카인 수치가 떨어지리라고 예측할 수 있다. 최근에 류머티즘성관절염 환자들에게 이 과정을 시험해 예상한 결과가 나왔지만, 예상대로여도 놀라운 결과인 건 마찬가지였다.[16] 하루에 20분씩 미주신경을 전기로 자극하니 혈중 사이토카인 수치가 재빨리 상당 수준 감소했고, 환자들도 관절 통증이 감소했다고 말했다. 시험 삼아 열흘 동안 자극을 중단했더니 사이토카인 수치와 증상 지수 모두 증가했다. 다시 자극을 시작하자 사이토카인 수치와 증상 지수 모두 감소했다. 미주신경을 자극하거나 자극하지 않음으로써 류머티즘성관절염 환자의 몸에서 염증을 끄거나 켤 수 있게 된 것이다. 말 그대로 전기자극기의 스위치를 켜거나 끄는 행동으로 얻은 결과다. 내 젊은 시절에는 존재하지 않았던 과학을 기반으로 한, 경이로운 발견이자 파괴적 혁신이다. 이 혁신으로 전기자극기를 사용해 면역계를 통제하거나 회복시키는 생체 전자 의학bioelectronic medicine이라는 새로운 분야가 탄생했다.

염증이 생긴 뇌

1985년에 내가 의대를 마친 이후로 베를린에 있는 장벽과 뇌에 있는 장벽 둘 다 무너졌다. 지금 우리는 혈뇌장벽이 여러 다양한 방식으로 면역계와 신경계 사이의 의사소통에 열려 있다는 걸 안다. 혈뇌장벽은 뇌와 몸 사이에 강고한 데카르트식 분리를 강제하지 않으며, 염증이 우울증을 일으키는 메커니즘을 설명하는 일도 더 이상 방해하지 않는다. 혈중 사이토카인 신호가 혈뇌장벽을 넘어갈 수 있음을 알아낸 것은 아주 중요한 일이다. 그것은 '어떻게'를 알아내는 방향으로 가는 중요한 진전이었다. 그러나 '어떻게'에 관한 질문에 완전하게 답하려면 아직 알아야 할 것이 더 남아 있다. 염증 신호가 뇌에 어떤 작용을 할 수 있는지, 어떤 작용을 하기에 그 신호가 뇌에 도달하면 사람들이 우울해질 가능성이 더 커지는지 알아야 한다.

사람의 경우 이 질문의 답을 알아낼 가장 실질적인 방법은 fMRI 같은 뇌스캔을 하는 것이다. fMRI로는 사람들이 다양한 대상을 바라볼 때 또는 다양한 과제를 수행할 때 뇌 혈류에 일어나는 변화를 살펴볼 수 있다. 특정한 과제를 수행하거나 특정한 자극을 감지하는 데 가장 중요한 뇌 부위는 그 일들을 할 때 혈류가 가장 많이 증가하므로 fMRI 뇌스캔에서 가장 활기찬 지점으로 나타난다. 이 기술을 어떻게 활용해야 슬픔이나 우울 같은 감정 상태를 알아볼 수 있을까?

찰스 다윈Charles Darwin이 fMRI 기계가 발명되기 100년도 더 전에 이미 깨달았듯이, 우리는 다른 사람의 얼굴에 나타난 표정 속 감정을 잘 감지하도록 고도로 진화되었다. 게다가 특정한 감정을 띄고 있는 얼굴을 보면, 보는 사람에게서도 똑같은 감정이 일어난다. 그러니까 내가 fMRI 실험에서 사람들을 슬프게 만들고 싶으면 그들이 스캐너 안에 누워 있는 동안 슬픈 얼굴 사진을 보여주기만 하면 된다. 사실 이런 실험은 수백 번 실시되었고 결과도 상당히 일관적이었다. 슬픈 얼굴을 본 결과 약간의 슬픔을 경

염증에 걸린 마음

험하면 사람의 뇌에서는 편도체나 대상피질 같은 요상한 이름을 가진 네다섯 군데 부위에서 확실히 혈류가 증가한다.(그림 9) 사람의 뇌에서 슬픔과 기타 감정들이 활성화하는 뇌 영역들은 시냅스에 의해 서로 연결되어 있기 때문에, 이 영역들을 총칭 '감정 뇌 연결망emotional brain network'이라고 부를 수 있다. 이 연결망은 우리의 주관적인 감정 상태, 비탄과 비애, 슬픔의 순간들에 영향을 미치는 신경계의 기반 시설이다. 우리 각자에게 감정이나 기분 같은 아주 개인적인 경험을 가능하게 해주기는 하지만, 어느 한 사람만의 고유한 것은 아니다. 우리는 당연히 그 연결망을 인류와 공유하고, 또한 다른 동물들과도 공유한다. 다윈은 편도체 같은 인간의 감정 뇌 연결망의 구성 요소가 진화의 줄기에서 파충류까지 거슬러 올라간다는 사실을 몰랐지만, 알았다 해도 놀라지 않았을 것이다.

우울증과 관련해 fMRI가 우리에게 알려준 사실 하나는, 우울증이 종종 인간 탄생 이전부터 존재한 뇌 연결망에 일어나는 변화들과 관련이 있다는 점이다. 우울증에 걸린 사람이 슬픈 얼굴을 볼 때 슬픔을 만드는 뇌 연결망을 활성화하는 방식은 건강한 사람과 똑같지만, 활성화 정도가 건강한 사람에 비해 더 심하다.[17] 주요우울장애는 편도체와 대상피질의 과도한 활성화와 연관된다는 결과를 일관되게 보여 왔다.[18] 한편 선택적 세로토닌 재흡수 억제제를 몇 주 동안 투약해 우울 증세가 완화된 환자들에게서는 편도체의 활성화 정도가 상당히 줄어 있었다.[19] 한마디로 지금 우리는 우울증의 정신적 상태가 뇌 기능의 변화와 어떤 관계가 있는지 fMRI가 발명되기 이전보다 훨씬 잘 알게 된 것이다. 이런 사실들을 알고 있으므로, 우울 증상을 초래한다고 밝혀진 염증 신호나 신체에 가해진 충격이 감정 뇌 연결망의 활동을 증가시킬 것이라고 예측할 수 있다. 어떻게 하면 이런 가설을 사람에게서 안전하게 검증할 수 있을까?

백신접종은 일시적으로 우울증 상태에 빠뜨리는 안전한 염증 충격 방법이다. 백신접종이 중단기적으로 감염 예방 효과를 내려면 백신은 예방적 면역반응을 일으켜야 한다. 하지만 단기적으로는 종종 기분과 행동의 변화를 불러온다. 지난번에 내가 결핵, 파상풍, 간염의 혼합백신을 접종했을 때, 간호사는 사무적인 말투로 내가 앞으로 며칠 동안 "기분이 좀 언짢을" 수 있고 어쩌면 며칠 병가를 내야 할지도 모른다고 경고했다. 이유는 말해주지 않았다. 내가 이유를 물었지만 간호사도 제대로 된 답을 알고 있지는 않았다. "그냥 그게 몸이 백신에 대처하는 방식이에요." 하지만 간호사는 설명은 못해도 예측은 할 수 있었다. 간호사 말대로 나는 24시간 정도 기분이 좀 언짢았다. 치근관 치료 후에 비하면 심하게 나쁜 상태는 아니었지만, 그날 저녁 피로하고 짜증스러웠다. 나는 가족들에게 우리가 곧 가기로 한, 평생 한 번 있을 아프리카 여행에서 우리 모두 주혈흡충*에게 물리거나 말라리아에 걸

●   사람이나 동물에 기생하여 빈혈이나 혈뇨병을 일으키는 기생충.

           염증에 걸린 마음

려, 혹은 백신으로 막을 수 없는 다른 열대성 질병에 걸려 죽게 될 게 뻔하다고 한심하게 투덜거렸다. 그렇게 기분이 틀어져 있던 백신접종 다음 날 만약 내 뇌를 스캔해보았다면, 내 감정 뇌의 중심 부위들이 기분이 나쁘지 않았던 전날에 비해 훨씬 후끈 달아올라 있는 게 보였을 것이다.

얼마 전 이런 짐작을 실험으로 검증한 연구가 있었다. 건강한 젊은이 20명을 대상으로 결핵 백신접종 후에 한 번, 위약 주사 후에 또 한 번, 두 차례에 걸쳐 감정이 담긴 얼굴 사진들을 보여주면서 fMRI 스캔을 실시했다.[20] 백신접종은 혈중 사이토카인 수치와 가벼운 우울 증상을 증가시켰다. 그뿐 아니라 우울 증상의 강도와 연관되는 대상피질의 활동도 증가했는데, 백신접종으로 가장 우울 증상이 심했던 사람과 가장 강력한 염증 사이토카인 반응을 보였던 사람의 감정 뇌 연결망에서 변화가 가장 크게 나타났다. 뇌가 "백신에 대처하는 방식"은 해외여행에 대비한 예방접종을 받는 진료실에서 해주는 설명보다는 좀 더 복잡하다. 하지만 백신접종의 염증 충격이 감정 뇌 영역의 활동을 증가시키고 그에 따라 접종 후 며칠간 가벼운 우울 증상이 생기는 것이니, 그 설명도 과학적으로 충분히 이치에 맞는다.

fMRI는 경이로운 기술이며 그런 기술이 있다는 건 우리에게 큰 행운이다. 그러나 fMRI가 염증이 우울증을 초래하는 메커니즘을 완전히 설명해주는 일은 앞으로도 결코 일어나지 않을 것이다. fMRI 스캐너가 인간의 뇌에서 볼 수 있는 가장 작은 크기, 다시 말해 그 스캐너의 공간 해상도*는 대략 1입방밀리미터이기 때문이다. 핀 머리 부분과 비슷한 크기다. 그렇게 작은 용적의 뇌 조직을 고통 없이, 엄청난 비용을 들이지 않고, 위험 요인도 별로 없이, 대략 15분 안에 측정할 수 있게 된 것은 기술의 엄청난 쾌거다. 그러나 fMRI의 공간 해상도는 개별 세포, 즉 뉴런을 보기에는 너무나도 부족하고, 앞으로도 쭉 그럴 것이다. 1입방밀리미터에는 대략 10만 개의 뉴런이 들어 있다. 그리고 염증이 뇌에 미치는 영향을 더욱 완전하게 이해하려면, 그러니까 '어떻게'의 질문을 푸는 일에서 더 큰 한 걸음을 내디디려면, 우리는 뉴런과 미세신경교세포의 수준에서 어떤 일이 벌어지고 있는지 알아야 한다.

그만큼 극도로 미세한 것을 관찰하려면, 과학적 탐구의 초점을 인간에서 쥐나 생쥐 같은 다른 종 또는 배양한 세포나 시험관에서 키운 세포로 옮겨야 한다. 이렇게 하면 훨씬 나은 공간 해상도를 확보할 수 있을 뿐 아니라, 면역세포가 뉴런의 작동 방식을 바꾸는 메커니즘에 관한 정밀하고 상세한 질문의 답을 찾는 방향으로 실험을 더욱 엄밀히 통제할 수 있다. 하지만 우울증에 관한 동물실험은 '하등한' 동물을 세밀히 관찰한 생물학적 내용을 인간의 우울장애를 이해하고 치료하는 일에 적용하는 과정이 쉽지 않은 탓에 과학적 가치를 온전히 실현하기가 어렵다.

동물의 신경과학을 인간의 조건에 대입해 해석하는 일은,

---

* 　영상이나 사진에서 검출할 수 있는 가장 작은 대상의 크기.

동물에게는 영혼이 존재하지 않는다고 했던 데카르트 이래로 줄곧 문제시되어왔다. 영혼이 없으니 신과의 영적 교감 같은 가장 고양된 마음 상태는 동물에게 존재하지 않는다고 여겨졌다. 물론 데카르트도 동물들이 종종 자기 주변 세계에 반응해 지적으로 또는 적응적으로 행동한다는 것을 알고 있었다. 그래서 그는 기억이나 감정 같은 마음의 몇몇 기능들은 뇌의 물리적 절차에 따라 기계적으로 수행될 수 있다는 의견을 내놓았다. 이런 기계적 기능들과 대조적으로, 아름다움이나 진리에 대한 감각은 더욱 '고차원적'이고 인간에게만 있는 고유한 의식의 측면이며, 심장에서 데워진 혈액에서 나온 휘발성 동물 정기가 솔방울샘으로 주입되는 신비로운 과정에서 만들어진다고 주장했다.

이제 데카르트에게, 그리고 그의 철학적 상속자들인 우리에게 던질 질문은, 어디에 경계선을 그어야 하느냐는 것이다. 인간의 조건 전체를, 동물들과 똑같이 뇌 기계로 설명할 수 있는 부분과 외부 세계의 언어로는 설명할 수 없고 오직 인간 자신만이 주관적으로 알 수 있는 부분으로 어떻게 나누어야 하느냐는 말이다. 데카르트는 인간과 동물의 문제를 깊이 성찰할수록 인간 조건의 많은 부분이 동물의 조건과 같다는 관점으로 점점 더 기울었다. 때 이른 종말을 맞이했던 무렵, 그는 영적·미학적·지적으로 가장 강렬한 관념들만을 인간 고유의 것으로 간주했다. 그러니까 인생의 거의 대부분, 세상에서 일어나는 거의 모든 일, 늘 반복되는 먹고 자고 성교하고 자녀를 키우고 경쟁하고 협력하는, 사람이 살아가며 하는 평범한 모든 일은 그에게 딱히 인간적인 것이 아니었다. 인간이 처한 조건 대부분은 인간의 뇌 기계가 처리할 수 있었다. 그 방식은 영혼 없는 개나 고양이가 그와 비슷한 일들을 자신의 뇌 기계로 처리하는 것과 거의 비슷했다.

그러니 데카르트라면 인간의 우울장애를 이해하기 위해 동물실험을 활용하는 데 적극 찬성했을 것이다. 우울증은 수면과 식욕, 사교성, 신체 활동에 영향을 미치고 이 모두는 동물적 양상이므로, 최소한 그 증상들은 순수하게 뇌의 기계적 과정에 의해 움직일 것이고, 따라서 동물실험에서 유용한 정보를 얻을 수 있으리라고 추론할 테니 말이다. 그러나 한편으로 그는 이런 염려도 했을지 모른다. 우울한 마음에서 나오는 어두운 죄책감과 영적·실존적 고뇌는 어떻게 해야 하느냐고. 자신이 아무 가치도 없다거나 자신의 미래는 암울하기만 하리라는 확신은? 이런 심적 경험은 오직 인간만 하는 것이어서 동물실험에서는 어떤 정보도 얻을 수 없을 테지만, 그럼에도 기분장애에 수반되는 가장 심각하고 파괴적인 증상들이다. 이런 증상들의 경우, 아마도 데카르트는 정신 건강 연구에 동물실험을 활용하는 일이 별 의미가 없다고 생각했을 것이다.

이런 의구심은 정신의학과 심리학 분야의 모든 동물 연구에 대해 줄기차게 쏟아졌다. 확고한 데카르트주의 신념을 갖고 있는 의사라면 고민하지 않고 이 분야 전체를 단박에 무시해버려도 아무런 문제가 없다고 느낄 것이다. "정신의학계에서 동물모델●

을 믿는 사람은 아무도 없어요." 나는 사람들이 한껏 권위적인 분위기를 풍기며 이렇게 말하는 걸 여러 번 들었다. 한 번은, 동물 연구를 의인화된 무언극이라고 생각하는 것 같은 말도 들었다. "이제 당신들은 쥐가 자기연민을 느낄 수 있다고, 혹은 생쥐도 때로는 삶이 살 만한 것인지 고민한다고 말할 기세로군요!"

정말 진지하게 말해서, 나는 염증이 우울 행동을 유발하는 메커니즘을 알아낸 동물 연구가 데카르트를 지지하는 입장 쪽에 더욱 확실한 힘을 실어준다고 생각한다. 1장에서 보았듯이, 집쥐나 생쥐는 염증이 생기면 복잡하지만 예측되는 방식으로, 그것도 즉각적이고 완전히 행동이 바뀐다는 것이 증명되었다. 염증이 생긴 집쥐는 활동이 줄어들고, 적게 먹고 적게 마시며, 다른 집쥐들과 함께 있는 것을 피하고, 수면-각성 주기가 무너진다. 한마디로 질병 행태를 보인다. 대식세포를 몹시 화나게 만드는 분자인 지질다당 주사를 놓아 한 차례 급성염증 충격을 가하면, 집쥐의 행동은 거의 순식간에 변해서 24~48시간 동안 대단히 비정상적인 상태를 보이고, 그 후 며칠에 걸쳐 서서히 정상으로 돌아간다. 그러다 지질다당 주사를 다시 한 번 더 놓으면, 또다시 며칠간 질병 행태가 이어진다. 이와 유사하게 생쥐에게 결핵 백신을 주사하면 처음 며칠 동안 단기적인 질병 행태 단계를 거치지만, 그 이후로도

●　　　질병의 원인 규명이나 치료법 개발을 위해 사람의 병과 유사한 질환을 동물에게 적용해 연구하는 모형.

여러 주 동안 다른 생쥐들을 멀리하며 사회적 고립 상태를 유지하고, 삶에서 얻을 수 있는 쾌락을 별로 추구하지 않는다. 그 생쥐는 마치 염증의 결과로 만성 우울증에 걸린 것 같은 모습을 보인다.[21]

내가 '마치'라고 쓴 건 의인화한다는 비난을 받을까 봐 몸을 사리는 것이다. 당연히 우리는 그 생쥐가 우울함을 느끼는지, 또는 자기 삶이 전보다 더 즐거워졌거나 덜 즐거워졌다고 생각할 수 있는지, 혹은 다른 생쥐들의 삶이 자기 삶보다 더 즐겁거나 덜 즐겁다고 상상할 수 있는지 알지 못한다. 우리가 아는 것은 정상적인 상황에서 맹물과 설탕물 중 고르게 했을 때 대부분의 아이처럼 생쥐도 달달한 물을 선호하리라는 것 정도다. 우리는 쾌락에 대한 보상감이 아이의 선호 행동behavioural preference 을 부추긴다는 걸 안다. 그리고 생쥐의 선호 행동 역시 그러리라고 추측한다. 또한 우리는 결핵 백신접종 후에 생쥐가 더 이상 설탕물을 선호하지 않는다는 것도 안다. 자기에게 주어진 선택 사항에 무관심한 상태로 변하는데, 우리는 그 이유가 생쥐가 설탕을 먹으려는 쾌락 추구 충동을 상실했기 때문이라고 가정한다. 생쥐의 달라진 행동을 보면 쾌락에 대한 정신적 경험에 변화가 일어났다고 추론할 수 있고, 이 변화는 주요우울장애의 핵심 증상인 쾌감 상실과 유사하다. 나는 이 추론이 동물과 인간 사이의 해석적 간극을 최소화해주는 합리적이고 견고한 논리의 흐름이라고 생각하며, 따라서 어리석은 의인화가 아니라고 생각한다. 허황되지만 나는 데카르트도 내 말에 동의할 거라고 생각하는데, 물론 장담할 수는 없다.

염증에 걸린 마음

동물의 행동이나 우리로선 추측밖에 할 수 없는 동물의 마음에 초점을 맞추는 것보다는, 분명 염증이 신체 기계의 한 부분인 뇌에 영향을 미치는 방식에 관해 동물실험에서 힌트를 얻으려 하는 것이 철학적으로 덜 복잡한 일이다. 우리는 지질다당 같은 세균독소를 쥐의 혈류에 주사했을 때 지질다당 분자들 자체가 즉각 뇌로 들어가지 않는다는 걸 안다. 혈뇌장벽이 그 분자들의 출입을 막기 때문이다. 그러나 지질다당에 대한 쥐의 염증반응은 혈뇌장벽을 통과한다. 쥐의 몸에서 활성화된 대식세포들이 방출한 사이토카인은 혈뇌장벽을 너머 염증 신호를 전송할 수 있고, 그렇게 전달된 신호가 쥐의 뇌에 상주하는 대식세포들을 활성화하는 것이다.

　　역사적인 여러 이유로, 뇌의 대식세포는 미세신경교세포라 불린다. 이름은 달라도 몸의 다른 부분에 있는 대식세포와 매우 유사하다. 미세신경교세포 역시 생애 대부분을 뭔가 문제가 발생할 때까지 조용히 대기하며 기다린다. 적대적인 세력이 자기 지역에 침범해오거나, 몸의 다른 부분에서 공격받은 면역세포들이 동원 요청 방송을 할 때까지 말이다. 몸이 지질다당 주사에 반응해 염증 신호를 보내면 미세신경교세포는 이 신호를 감지해 화가 난 상태가 되고 이동성이 높아지며 자신들도 몸소 사이토카인을 뿜어내면서, 몸의 염증 상태를 뇌에서 메아리처럼 퍼뜨리며 증폭한다. 또한 몸의 다른 모든 곳에서와 마찬가지로, 뇌의 로보캅인 미세신경교세포가 전투에 나설 때도 주변의 무고한 구경꾼에게,

그러니까 주변 조직에 있는 뉴런과 다른 신경세포에게 부수적 피해를 입힌다.[22]

전투에 동원되어 사살 명령을 실행하는 대식세포 군대는 전쟁터가 폐든 관절이든 뇌든 가리지 않고 언제나 주변 지역을 황폐하게 만든다. 그러나 만성염증 이후 몸에는 흉터가 남게 마련이지만 뇌에는 이런 일이 생기지 않는다. 손가락관절을 둘러싼 섬유 구축fibrous contracture ● 때문에 형태가 일그러진 P부인의 손과 달리, 기계적으로 뒤틀리는 흉터 조직이 뇌에는 생기지 않는다. 대신 뇌는 미세신경교세포의 활동에서 다른 방식의 부수적 피해를 입는다. 이를테면 뉴런이 죽거나 크기가 줄어들 수도 있고, 시냅스 연결의 가소성 ●●이 떨어져 경직되거나, 세로토닌 같은 신경전달물질의 시냅스 공급에 문제가 생길 가능성이 커진다.

화가 난 미세신경교세포는 바로 근처에 있는 뉴런을 죽일 수 있고, 죽은 뉴런을 대체할 새 뉴런이 형성되는 재생 과정도 방해할 수 있다. 이만큼 극단적이지는 않지만 여전히 심각한 문제가 있는데, 그것은 바로 미세신경교세포의 활성화가 뉴런의 적응성을, 다시 말해 가소성을 떨어뜨릴 수 있다는 점이다. 뉴런, 특히 뉴런들 사이의 시냅스 연결은 원래 가소적plastic이다. 오해할까 봐 말해두자면, 이 말은 뉴런이 폴리스티렌polystyrene이나 PVC로 만

●　　구축拘縮이란 근육이나 건이 수축해 사지가 구부러진 채 움직이지 않거나 움직임이 제한된 상태를 말한다.

●●　　자극에 반응해 구조나 특성이 변할 수 있는 성질을 의미한다.

　　　　　　　　　　　　　　　　　　　　　염증에 걸린 마음

들어졌다는 뜻이 아니라, 마치 공작용 찰흙처럼 힘을 가하면 변화시키거나 수정할 수 있다는 뜻이다. 시냅스 연결은 시간이 흐르면서 강화되거나 약화될 수 있다. 유용하거나 자주 사용되는 연결은 더욱 강해지고, 쓸모가 적거나 자주 사용되지 않는 연결은 약해진다. 시냅스 연결의 이런 변화 가능성을 가장 먼저 상상한 사람 중 하나가 프로이트지만, 당시 그는 시냅스를 실제로 볼 수도 없었고 시냅스가 정말로 존재한다고 확신할 수도 없었다.(그림 5와 그림 8) 현재 시냅스 가소성은 적응행동과 학습, 기억에서 가장 근본적인 중요성을 띠는 것으로 알려져 있다. 그러므로 미세신경교세포 활성화로 인한 시냅스 및 시냅스 가소성 감소는 염증이 생긴 동물이 기억 소실, 인지장애, 유사 우울증 행동을 보이는 이유를 설명해 줄 개연성 있는 연결고리다.[23]

또한 미세신경교세포 활성화는 뉴런이 신경전달물질을 처리하는 방식에도 나쁜 영향을 미친다. 이런 영향은 특히 선택적 세로토닌 재흡수 억제제가 표적으로 삼는 세로토닌의 경우에 더욱 명백히 나타난다. 보통 뉴런은 트립토판tryptophan이라는 물질을 원료로 세로토닌을 만든다. 그러나 화가 난 미세신경교세포가 분비하는 사이토카인은 뉴런에게 동일한 재료인 트립토판으로 세로토닌이 아닌 다른 최종산물을 만들도록 지시할 수 있다. 평소에는 세로토닌을 만들던 뉴런이 염증에 의해 어쩔 수 없이 키뉴레닌kynurenine 같은 다른 분자들을 생산하도록 강요받는 것이다.[24] 이는 두 가지 점에서 나쁜 소식이다. 첫째로, 그렇게 되면 시냅스로 방출될 세로토닌 양이 줄기 때문에 수면, 식욕, 기분을 조절하는 데 중요한 세로토닌 신호의 정상적 리듬이 무너진다. 둘째, 키뉴레닌을 비롯해 세로토닌 대신 만들어지는 다른 여러 분자에는 독성이 있다. 이 독성은 뉴런에 영향을 끼쳐 뉴런을 과도하게 흥분시키고, 대사에 필요한 뉴런의 에너지를 고갈시켜 결국에는 뉴런을 죽게 한다.

미세신경교세포 활성화의 최종 결과는 세로토닌 신호 전달을 방해하거나 꺼버리는 것이다. 세로토닌은 우울증 및 우울증에 효과가 있다고 알려진 항우울제에 관한 이론에서 중요한 위치를 차지한다. 그런데 동물의 뇌에서 염증이 세로토닌의 작용을 방해한다니, 염증이 가장 미세한 분자 수준에서 어떻게 우울증을 일으키는지가 드러난 것이다. 염증이 시냅스에 방출되는 세로토닌 양을 감소시킨다는 것은 시냅스 내 세로토닌 수치를 높이는 것이 목적인 선택적 세로토닌 재흡수 억제제와 정반대의 작용을 한다는 뜻이다. 이는 치료 저항성 우울증treatment-resistant depression, 즉 선택적 세로토닌 재흡수 억제제나 기타 항우울제 치료가 잘 듣지 않는 많은 환자에게 염증이 있을 확률이 특히 높은 한 이유일 것이다.[25]

✝

정신질환자에게서 나타나는 주요우울장애와 일반 인구 전

염증에 걸린 마음

반에서 나타나는 가벼운 우울 증상은 모두 혈액 내 염증 단백질 증가와 강력한 연관관계가 있다. 이런 정도의 내용은 지난 20년간 꾸준히 축적된 환자군-대조군 연구와 역학연구를 통해 의심할 수 없는 사실로 확인되었다. 전통적 진단 기준에서는 신체 질병이 있는 경우 주요우울장애가 성립하지 않는다고 보지만, 몸에 염증성 질환이 있는 상태에서 우울증이 발병해 병을 뻔히 앓는데도 진단받지 못했던 P부인과 같은 처지의 수많은 환자의 경우, 메커니즘으로 판단할 때 그들의 주요우울장애와 염증은 서로 연관되었다고 보는 것이 타당하다.

현재 우리에게는 염증이 우울증에 선행한다는, 심지어 우울증을 예측하게 한다는 강력한 증거도 있다. 이는 염증이 우울증의 원인임을 증명하기 위한 필요조건이다. 그리고 메커니즘을 묻는 질문에 관해서도 점점 더 좋은 답들이 나오고 있다. 우리는 사이토카인 신호가 과거에는 결코 통과할 수 없다고 여겨졌던, 몸과 뇌를 나누는 장벽을 어떻게 넘어가는지도 알게 되었다. 사람의 경우, 백신접종 같은 경미한 염증 충격조차 감정 뇌 연결망 중심 부위들의 활동을 증가시킨다는 것을 안다. 동물의 경우에는, 몸의 염증이 어떻게 뇌로 번져 뇌의 대식세포에 해당하는 미세신경교세포를 활성화하는지, 그리하여 뉴런과 시냅스, 세로토닌 대사에 어떻게 부수적 피해를 입히는지 더욱 자세히 알고 있다. 또한 fMRI와 전자현미경으로 관찰한 결과, 사람과 생쥐에게서 염증이 뇌 속의 변화를 일으키고 그 변화에 따라 우리의 마음과 동물의 행동이 우울증 증상처럼 변한다는 것도 안다.

지금 나열한 것은 과학 문헌들로 이루어진 빙산에서 작은 한 모서리에 지나지 않으며, 관심 있고 더 알고 싶은 사람은 훨씬 더 자세한 자료를 찾아볼 수 있다.[26, 27, 28, 29] 이래도 데카르트주의를 강경히 고수하는 골수 이원론자들은 여전히 설득되지 않을 것이다. 그들은 면역계가 몸과 마음을 연결한다는 비범한 주장을 합리화하기에는 아직 비범하게 탄탄한 증거가 나오지 않았다며 툴툴댈 것이다. 공정을 기하자면, 메커니즘에 관한 설명이 아직 완벽하고 철저하게 다듬어지지 않은 것은 사실이다. 아직은 빈틈도 있고 마무리가 허술한 부분도 있으며, 우리가 동물에 관해 알고 있는 것과 사람에 관해 알고 있는 것 사이에도 여러 간극이 존재한다. 소규모 연구와 실험방법에서 나온 많은 결과가 신경면역학의 빠른 발전 속도에 밀려 금세 시대에 뒤떨어진 것이 되기도 한다. 하지만 이는 어느 분야든 급속도로 발전하는 과학이라면 자연스럽게 처하는 상황이다. 그리고 이렇게 극적인 최근의 발전들은 '어떻게'에 관한 질문을 아직 완전히 풀리지는 않았지만 풀릴 가능성이 높은 문제이자 마땅히 물어야 할 질문으로 만들어주었다.

염증에 걸린 마음

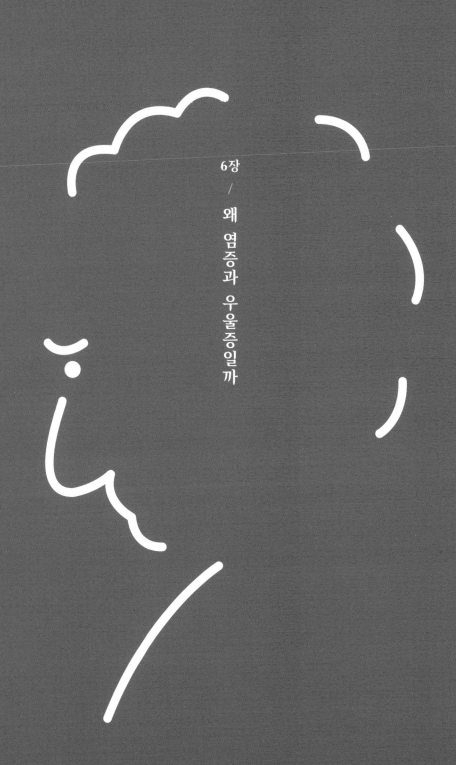

6장
/
왜 염증과 우울증일까

우리는 염증이 우울증을 유발하는 메커니즘에 관해 현재 나와 있는 내용은 모두 알고 있고, 나는 앞으로 몇 년 안에 훨씬 더 많은 걸 알게 되리라고 확신한다. 그런데도 여전히 뭔가 불완전하다는 느낌이다. '어떻게 그렇게 되는지'만 안다면 여전히 뭔가가 빠진 느낌이 들 수밖에 없다.

우리는 왜 그런지도 알아야 한다. 염증이 있는 우울증 환자들에게는 애초에 왜 염증이 생긴 것일까? 그리고 더 넓게 보면, 적대적인 세계에서 살아남도록 우리를 도와주는 게 목적인 면역계의 염증반응이 왜 우리를 우울한 상태로 몰아가 우리에게 불리하게 작용하는 것처럼 보일까?

고통의 원인을 찾아서

몸에 생긴 염증의 원인들 가운데 우울증과 연관이 있을 만한 것이 몇 가지 있다.

아주 명백해 보이는 후보 하나는 염증성질환이다. 현재 우리는 P부인처럼 주요 염증 질환이나 류머티즘성관절염, 당뇨병, 죽상동맥경화증 같은 여러 자가면역질환을 앓는 환자에게 우울증이 아주 흔하다는 것을 알고 있다. 하지만 신체 질병만으로는 주요우울장애 연구 결과들에서 나온 사이토카인이나 C-반응성단백질의 증가를 설명하기 어렵다. 왜냐하면 미국 정신의학회가 내놓은 공식 진단 기준에 따르면 우울증 환자는 신체의 질병이 **없을** 때만 주요우울장애 진단을 받을 수 있기 때문이다. 내게는 이 사실이 아주 해괴해 보인다. P부인처럼 모든 우울증 진단 기준에 다 해당하는 사람도 엄격히 말해 주요우울장애를 앓고 있다고 해서는 안 된다는 뜻이니 말이다. 실제 임상에서 P부인과 같은 처지인 사람들이 가장 많이 마주하는 상황은 정신 건강 증상을 아예 무시당하거나 아니면 이른바 '동반 이환'• 우울증 사례로 진단받는 것이다. 동반 이환이라는 딱지를 붙였다는 것은 의사들도 환자들의 우울증이 관절염 같은 염증성질환과 관련이 있음을 인지했다는 뜻이다. 그럼에도 불구하고 그 환자들의 우울증이 정신의학

• 서로 무관한 병리 혹은 질병을 동시에 앓는 상태를 말한다. 동반 질병, 공존 이환, 중복 이환 등 여러 용어가 쓰이고 있다.

염증에 걸린 마음

회의 정의에 부합하는 주요우울장애라고도, 관절염을 일으킨 것과 동일한 면역계의 병리 과정에 의한 것이라고도 인정할 수는 없다는 말이다.

몰리에르가 동반 이환이라는 말을 들었다면, 환자의 증상이 어디서 왔는지 설명은 못하면서도 뭔가 있어 보이는 용어로 포장하는 의료계의 특성을 잘 보여주는 예라고 생각했을 것 같다. 아직까지도 데카르트주의를 충실히 신봉하는 의사들은 '동반 이환 우울증'이라는 말을, "글쎄, 그런 상태인데 우울증 걸리는 게 당연하지 않겠어요?"라는 말을 에둘러 하는 암호처럼 사용한다. 그러나 동반 이환 우울증이라 불리는 것, 그러니까 순전히 병에 걸린 서글픈 현실을 곰곰이 생각해서 우울증이 생긴 거라는 사례의 상당수가 사실은 염증성 우울증임을 보여주는 증거들이 있다. 앞에서 본 것처럼 주요 염증성질환으로 폭증한 사이토카인과 대식세포의 메커니즘이 일으킨 우울증 말이다.

아무튼 진단 기준을 곧이곧대로 따르자면, 신체질환은 주요우울장애 환자들에게 염증이 생긴 원인을 설명하지 못한다. 그밖에 개연성 있는 다른 원인으로는 무엇이 있을까? 더 정확하게 표현하자면, 정신의학적으로 우울증을 진단할 때 고려하는 위험 요인 가운데 염증 증가 원인으로도 볼 수 있는 요인이 존재할까?

체지방, 즉 지방조직은 염증성 조직이다. 면역계의 로보캅이자 염증성 사이토카인의 주요 원천 중 하나인 대식세포가 지방조직의 약 60퍼센트를 차지한다. 일반적으로 체질량지수가 높고 과체중 또는 비만인 사람은 더 마른 사람에 비해 혈중 사이토카인 수치와 C-반응성 단백질 수치가 더 높다.[1] 또한 과체중인 사람은 우울증에 걸릴 확률이 더 높다.[2] 이는 비만이 우울증을 초래하기 때문일까, 아니면 우울증이 비만을 초래하기 때문일까? 인과의 화살은 둘 중 어느 쪽으로든 향할 수 있고, 동시에 양방향으로 향할 수도 있다. 우울증에 걸리면 마음을 달래려 칼로리 높은 음식을 먹는 행동 변화가 생길 수 있고, 이는 비만으로 이어진다. 반대로, 우리 사회처럼 몸매에 대해 함부로 말하는 문화에서는 뚱뚱한 외모에 대한 타인의 비난과 자괴감이 심한 스트레스를 몰고 와 심리적으로 우울증을 유발할 수도 있다. 또는 비만이 대식세포의 수와 혈중 사이토카인 수치를 늘려 면역계가 우울증을 일으킬 수도 있다. 어쨌든 비만이 염증도 유발하고 우울증의 위험성도 높인다는 것은 분명하다.

나이 역시 비만처럼 염증 증가와 우울증의 위험 요인이 될 수 있다. 대체로 나이가 들수록 우리 몸에는 염증이 더 많이 생긴다. 다른 모든 것이 그대로라도 사이토카인과 C-반응성 단백질 수치는 시간이 갈수록 증가한다. 면역계 역시 나이가 들수록 위험을 인지하는 수준이 지속적으로 상승한다.[3] 또한 나이가 들수록 더 불안해지고 우울해지는 경향이 있다. 우울증과의 인과관계는 비만보다 나이 쪽이 조금 더 명백하다. 우울증이나 염증이 나이 듦, 아니면 적어도 시간이 흐르는 것 때문이 아니라는 데는 누구나 동의할 것이다. 우리가 우울하든 말든, 염증이 있든 말든 시계는 똑같은 속도로 움직인다. 그러니까 나이를 먹는 것은 염증과 우울증 위험을 증가시키기는 하지만 그 역은 성립하지 않는다. 하지만 염증 증가가 노화와 관련된 우울증 위험 증가의 모든 원인이라고 할 수 있을까? 혹은 죽음에 점점 가까이 다가가고 있음을 인지하는 것이 혈중 사이토카인 수치와는 무관하게 우울증을 일으키기에 충분한 것일까? 이는 아직 단정적으로 말할 수 없다.

　　노화와 비만 외에도 염증과 우울증 모두를 증가시키는 몇 가지 요인이 있다. 예를 들어 몸의 염증 상태에는 계절 차가 뚜렷이 나타난다. 유럽 사람들은 겨울에 해당하는 11월~1월에 혈중 사이토카인 수치가 더 높아지고, 같은 기간 남반구에서 여름을 즐기는 호주 사람들은 그 수치가 더 낮아지는 식이다.[4] 염증은 명백히 겨울에 더 잘 생긴다. 아마도 독감 등 감염질환의 위험이 높아지기 때문일 것이다. 또 이 시기에는 우울증 증상이 생길 위험도 더 높아지는데, 계절성 정서장애seasonal affective disorder가 있는 사람에게 특히 더 그렇다. 이것이 단순한 우연의 일치일까? 아니면 혹시 면역계의 계절주기나 일주기가 연간 또는 일간의 기분 변화를 불러오는 것일까? 모를 일이다. 아직은 말이다.

　　알다시피 제기된 모든 질문에 다 답하기에는 신경면역학이 아직 너무 신생 과학이다. 그러나 흥미롭게도, 지금까지 우울증이 있는 사람에게 염증이 생긴 원인으로 꼽힌 것 중 가장 명백한 실마리는 나이나 비만이나 일조시간 같은 물리적 요인이 아니다. 그것은 사회적 요인이다.

스트레스라는 빨간불

스트레스는 가장 잘 알려졌지만 동시에 가장 잘 이해되지 못한 우울증의 원인 중 하나다. 심한 스트레스 상황이 사람을 우울하게 만들 수 있다는 것은 누구나 직접 혹은 간접적으로 경험해 봤을 익숙한 사실이다. 역학연구들도 스트레스가 엄청난 영향을 미친다는 것을 확인해준다. 특히 배우자나 부모나 자녀의 죽음이라든지 실직, 그 밖의 사별이나 굴욕적 사건처럼 삶의 큰 사건에서 받는 스트레스는 더욱 그러하다. 그런 상황에서 우울증에 걸릴 가능성이 기본적으로 깔려 있는 우울증의 위험보다 9배 더 크다.[5] 시간 순서를 거슬러보면 모든 우울증 삽화 이전에 스트레스가 심한 사건을 경험한 비율이 약 80퍼센트에 달한다.[6] 우울증을 가장 많이 유발하는 스트레스는 중요한 인간관계의 상실과 사회적 거부 두 가지가 모두 포함된 사건이다. 이를테면 아내를 상대로 이혼소송을 시작한 남자는 부부 관계의 상실 때문에 우울증에 걸릴 위험이 10배 더 커지지만, 아내에게 이혼당한 남자는 관계의 상실에 버려졌다는 굴욕감까지 더해져 우울증에 걸릴 위험이 20배 커진다.[7]

스트레스가 우울증 위험을 높인다는 사실은 더할 나위 없이 명백하다. 그러나 사회적 스트레스가 우울증에 **어떻게** 파국적 영향을 미칠 수 있는지는 그만큼 명백하지 않았다. 언제나 그렇듯 데카르트주의에 충실한 관점, 그러니까 사회적 스트레스가 심한 상황이라면 당연히 우울증에 걸리지 않겠느냐는 관점이 존재한다. 배우자가 다른 사람에게 가버렸거나 지금 막 해고를 당했다면, 장담하건대 당신도 그리 유쾌한 기분은 아닐 것이다. 하지만 늘 그랬듯 그런 관점은 과학적으로 실상을 밝혀주는 것도 아니고, 치료에 도움이 되는 것도 아니다. 그런 시각은 스트레스 때문에 우울증에 걸리는 것은 개인적 선택이라거나 감정을 다스리는 능력이 부족한 증거라거나, 어쨌든 본인 잘못이라고 암시하는 것일 수 있다. 이는 스트레스를 극복하지 못했다는 도덕적 실패에 대한 수치심까지 얹어 스트레스가 주는 고통을 더욱 가중시킨다. 이와 달리, 마음의 내적 사유가 아니라 몸의 염증반응을 기반으로 한 설명의 타당성을 입증하는 연구들이 지난 20년 동안 괄목할 만큼 성장했다.

삶의 큰 사건이 면역계에 영향을 미칠 수 있음을 보여준 초기의 실마리 하나는 사별이 기대수명을 낮춘다는 보험 통계에서 나온 사실이었다.[8] 배우자에게 이혼을 당했거나 살면서 끔찍한 사건을 겪은 사람이라면 우울증에 걸릴 위험이 매우 높을 뿐 아니라 암이나 심장병이 생길 확률 역시 높아지고 기대수명도 그 사건을 겪기 전보다 더 짧아진다. 우리는 마음의 상처 때문에 죽는다는 말을 그저 비유적 표현처럼 사용하지만, 사실 그런 일은 실제로 우리 주변에서 일어난다. 사랑하는 사람을 잃은 뒤 때 이른 죽음을 맞이하는 사람들이 있다. 나는 오랫동안 결혼생활을 함께한 부부가 서로 몇 주 간격으로 사망했다는 이야기를 종종 들었다. 누구나 들어본 이야기일 것이다. 한 연구에서는 사별을 겪은 지 얼마 안 된 사람들은 심장마비나 뇌졸중으로 사망할 위험성이 2배 커진다는 것을 확인했다.[9] 평생 함께한 반려자를 잃는 감정적·사회적 충격은 생존 적합성에 매우 부정적인 영향을 미친다. 보험회사들도 이를 잘 알고 있다. 그들이 고객에게 사별 심리 상담을 제공하는 것도 그 때문이다. 비통함이 사람을 죽일 수도 있다는 말이다. 이는 면역학적으로도 설명할 수 있는 또 하나의 확실한 사실이다.

현재 우리는 심한 스트레스를 주는 사건들이 마치 면역계라는 연못에 커다란 바위를 던진 것처럼 각종 면역세포들의 작용 및 상호작용 방식에 커다란 변화를 불러온다는 사실을 알고 있다.[10, 11] 사별을 겪으면 자기의 최전방을 순찰하는 대식세포들이 화가 나서, 즉 더 활성화되어서 더 많은 염증성 사이토카인을 혈류 속으로 뿜어낸다.[12] 대식세포의 과도한 활동은 죽상경화증으로 두꺼워진 동맥에 염증을 일으켜 심혈관이나 뇌혈관에 혈전이 생성될 위험을 높이고, 그러면 심장마비나 뇌졸중이 일어날 가능성도 더 커진다. 사회적 스트레스가 면역계에 미치는 영향을 살펴보면 어째서 마음의 상처로 죽는 일이 실제로 일어나는지 알 수 있다.

사별보다는 덜 두드러지고 덜 극단적인 사회적 스트레스도 대식세포의 염증 활동을 유발할 수 있다.[13] 가난과 부채, 사회적 고립을 포함한 여러 스트레스 상황에서는 사이토카인과 C-반응성 단백질 같은 염증 생체지표들이 증가한다. 알츠하이머병 환

염증에 걸린 마음

자의 보호자들, 그러니까 치매가 있는 배우자나 친지를 매일 책임지고 돌봐야 하는 사람들도 증가된 염증 생체지표를 갖고 있다.[14] 아동기에 가난과 방임, 학대에 시달리며 자란 성인 역시 그렇다.

1972년과 1973년에 뉴질랜드 더니든시에서 태어난 어린이 1037명의 코호트•를 추적 조사한 중요한 역학연구가 있다.[15] 연구자들은 아동기의 사회경제적 지위(대략적으로 말해서 부모가 얼마나 부자인지)와 사회적 고립, 학대의 경험을 신중하게 평가했다. 30년 뒤에 성인이 된 그들을 다시 평가해보니, 아동기에 가난했거나 고립되었거나 학대를 당한 이들은 성인기에 염증, 우울증, 비만이 발생한 비율이 2배 높았다. 면역계가 아동기의 감염이나 백신접종에 대한 장기기억을 보유한다는 사실은 수십 년 전부터 알려져 있었다. 이제 우리는 면역계가 아동기에 겪은 공격이나 기근 등 초년에 자기의 생존을 심각하게 위협했던 일들도 기억할 수 있음을 알게 되었다. 아동학대 생존자는 면역계가 매우 민감한 상태로 설정된 채 성인기에 진입하기 때문에, 경미한 감염이나 사회적 위축에도 심하게 과도한 염증반응을 일으켜 우울증 증상을 겪을 수 있다. 프로이트(와 브로이어)가 100여 년 전 처음으로 용감하게 인정했던 것처럼 아동기의 학대는 성인기의 정신 건강에 부정적 영향을 미친다. 이제 이런 영향도 면역계로 새롭게 설명할 수 있다.

• 인구학이나 통계 연구에서 기준으로 정한 동일한 특징(출생 년도, 결혼 유무 등)을 공유하는 사람 집단.

그러나 우울증에 걸리거나 사별하거나 학대를 당해야만 사회적 스트레스를 느끼는 건 아니다. 대부분의 사람이 어느 정도 스트레스를 느끼는 상황들이 있는데, 공적인 자리에서 발언하는 일도 그중 하나다. 단 몇 분에 불과하더라도 많은 사람 앞에서 그들 모두를 대상으로 이야기한다는 것은 항상 주관적인 느낌인 걱정과 불안을 일으킨다. 그리고 걱정과 불안에는 혈압과 심박수가 상승하고 땀이 흐르는 등 객관적으로 드러나는 신체의 각성상태가 수반된다. 발표를 할 때 우리 몸은 아드레날린과 노르아드레날린을 분출하고 교감신경계를 자극하는 한편, 미주신경의 항아드레날린 효과, 즉 진정 효과를 억제한다. 도전적인 상황에 직면했을 때 일어나는 투쟁-도피 반응의 좀 약화된 형태라고 볼 수 있다. 어떤 사람은 이렇게 아드레날린의 분출로 불안해지는 상태를 도저히 견디지 못해서 아예 그런 상황 자체를 만들지 않으려 한다. 의대 시절 내가 세인트바솔로뮤병원에서 그랬듯이 공개적인 자리에서 질문에 답해야 하는 일도 상당한 스트레스를 안긴다. 공개 발언을 아주 편안해하는 것처럼 보이고 질문에 즉각 대답하는 사람도 대개는 과거에 오랫동안 자동적이고 반사적인 불안을 극복하기 위해 큰 노력을 기울였을 것이다. 공개 발언이 이렇게 스트레스를 일으킨다는 사실은 오랫동안 알려져 있었다. 그러나 공개 발언처럼 비교적 경미한 스트레스조차 순식간에 염증 활동을 일으킨다는 것은 최근에 와서야 밝혀진 사실이다.

트리어 사회 스트레스 테스트Trier social stress test는 실험적으로 통제된 방식으로 공개 발언의 어려움을 모의 실험하도록 고 안되었다. 실험 대상 또는 참가자는 12분 동안 네 명의 청중 앞에 서 연설을 하고 그런 다음 4분 동안 그들이 내는 암산 문제를 풀어 야 한다. 이 실험은 주로 참가자가 테이블 앞에 서서 말하는 동안 하얀 실험복을 입은 청중이 불만스러운 표정으로 그를 바라보는 식으로 진행된다. 참가자들이 이 실험에서 얼마나 스트레스를 받 을지 충분히 상상이 된다. 실제 상황이 아니며 윤리적으로 승인된 실험이라는 것, 따라서 자신이 행한 결과로 심각하게 잘못될 일은 전혀 없다는 것을 의식적으로 잘 알고 있더라도 말이다.

1990년대에 독일에서 자신의 직업에 만족하며 일했던 행 복하고 건강한 교사들이 최근 한 연구에 참가했다. 그들은 트리어 사회 스트레스 테스트를 받기 전과 후 각각 한 번씩 두 차례 혈액 샘플을 채취했다.[16] 공개 발언 전에 비해 발언 직후에는 혈류 속 대식세포의 활동이 유의미하게 증가했고, 사이토카인도 더 많아 졌다. 그런 다음 자기 직업에 대해 좌절감을 느꼈던 또 다른 무리 의 교사들을 대상으로 같은 실험을 실시했다. 교직은 스트레스가 심하기로 악명 높은 직업으로, 조기퇴직과 병가 비율이 매우 높 다. 이 둘째 그룹의 교사들은 자신이 일에 쏟은 노력에 비해 합당 한 대가를 받지 못했으며, 보수와 승진, 학생과 동료에게서 받는 존경도 자신이 느낀 무거운 책임감을 보상할 만큼 충분하지 않았 다고 느꼈다. 어떻게든 버티며 직업을 이어가기는 했지만 점점 소 진되어 가고 있었다. 한마디로 번아웃 상태였던 이 교사들의 대식

6장 / 왜 염증과 우울증일까

세포는 실험 전에도 행복한 교사들의 대식세포보다 더 화가 많이 나 있는 상태였고, 공개 발언이라는 스트레스가 더해지자 더욱 악화되었다.

아직 우리는 공개 발언처럼 스트레스를 유발하는 일이 어떻게 면역계를 활성화하는지 정확히는 모르지만, 개연성 있는 몇 가지 아이디어가 연구되고 있다. 예를 들어 우리는 스트레스를 받아 아드레날린이 쇄도하면 대식세포가 이를 위험 신호로 받아들여, 지질다당 같은 위험한 감염 신호를 받을 때와 똑같이 분노 반응을 일으킨다는 걸 안다. 또한 스트레스로 인해 호르몬계가 교란되면, 스테로이드의 진정 효과가 대식세포에게 잘 듣지 않는다는 것도 알고 있다.[17] 언제나 그렇듯, 풀어야 할 세세한 문제들은 아직 많이 남아 있지만, 한 걸음 진보할 때마다 더 많은 질문이 생겨난다는 것, 그런 게 바로 과학의 매력이 아닐까.

스트레스와 염증, 우울증의 악순환

이 모든 걸 한 줄에 꿰어보면, 이제 우리는 염증이 어떻게 우울증을 초래하며, 애초에 그 염증이 어디서 시작된 것인지 이해한다고 말할 수 있다. 단순하고 직선적인 줄거리를 구성해 시작과 중간과 끝이 있는 이야기를 들려줄 수도 있다. 옛날 옛적 스트레스가 살았는데, 그 놈이 염증을 불러오더니 결국에는 우울증까지 데려왔다고 말이다. 이는 스트레스가 어떻게 우울증을 초래하는

염증에 걸린 마음

지에 관한 이야기일 수 있다. 그것은 더욱 깊이 연구해볼 가치가 있는, 개연성과 검증 가능성이 있는 메커니즘을 둘러싼 가설이다. 특히 새로운 우울증 치료법 개발과 관련해 연구 가치가 더 크다.

그러나 그것은 스트레스와 염증과 우울증 사이의 인과관계가 선형적이기보다는 순환적임을 알려주는 이야기일 수도 있다.[18] 우울증 환자들이 우울증 때문에 더욱 큰 사회적 스트레스를 받는다고 느끼는 건 드문 일이 아니다. 우울증 상태이므로 사회적으로도 더욱 위축되고 기력도 더 부족할 가능성이 크다. 또한 어느 정도 비난에 시달리거나, 가장 힘이 되어주던 인간관계마저 나빠지거나, 수입이나 경제적 지위를 상실하거나, 국가의 복지에 더 많이 의지하게 될 확률도 분명 높아진다. 다시 말해서 우리가 살펴본 신경면역학적 메커니즘으로 스트레스가 우울증을 초래할 수도 있지만, 이에 더해 여러 사회적인 측면에서 우울증이 스트레스를 초래할 수도 있다는 말이다.

이는 악순환이 될 수 있다. 아동학대 같은 심한 스트레스에 더 많이 노출된 사람일수록, 그 사람의 몸은 이후 삶에서 경험하는 사회적 스트레스에 대해 더 강한 염증반응을 일으킬 경향이 커질 수 있다. 스트레스에 반응하느라 증가한 염증은 뇌에도 더 큰 변화를 일으키고 그 결과 더 심한 우울증을 일으킬 수 있다. 그러면 우울증 자체가, 다시 말해 주요우울장애라는 진단과 그에 대한 치료가 이후로 더욱 큰 스트레스를 불러올 위험도 커지는 식으로 악순환이 이어지는 것이다.

열한 살부터 열세 살까지 의붓아버지에게 성적 학대를 당했던 젊은 여성 환자가 기억난다. 그녀는 청소년기에 경미한 우울 증상이 있었지만 그럭저럭 괜찮은 것처럼 보였다. 그러다 20대에 아버지가 사망하자 갑자기 그 모든 일이 수면 위로 떠올라 가족들에게 알려지면서 주요우울장애를 촉발했다. 한동안 그녀의 상태는 정말 심각했다. 자신을 증오하고 심각할 정도로 자해를 했으며, 아버지는 악마였고 자신도 그를 따라 지옥으로 가야 한다고 믿었다. 정신병원에 입원했지만 본인 의지에는 반한 일이었다. 넉 달 뒤 호전되어 퇴원했고, 나는 진료실에서 그녀를 처음 만났다. 당시 통상적인 질문들을 던져 확인해보니 우울 증상은 완화되어 있었다. 하지만 이미 세상에는 그녀의 자리가 사라지고 없었다. 친구들과 함께 세 들어 살던 아파트도 없어졌고, 구직 신청 기한도 모두 지나버린 뒤였다. 가족은 아버지의 죽음이 던진 여파로 여전히 힘들어 하고 있었다. 다른 사람들과 전문가들이 그녀를 도우려 애썼다. 그러나 그녀는 고립으로 인한 사회적 스트레스에 시달리며 계속 표류했고, 퇴원한 지 얼마 되지 않아 다시 입원했으며, 이번에는 자살 결심이 더욱 굳어진 상태였다. 일반적으로 사용되는 항우울제를 모두 복용해보았지만 그다지 호전되는 기미도 없었다. 결국 그녀가 회복하는 데 가장 큰 역할을 한 것은 함께 모여 그녀에게 힘이 되어준 가족들이라고 나는 확신한다.

정신 건강 의료 분야에서 드물지 않게 접하는 종류의 이야기다. 그런데 지금 다시 생각해보니 이 이야기를 어느 정도나 염

염증에 걸린 마음

증의 각도에서 해석할 수 있을지 궁금해진다. 혈액과 뇌 속의 대식세포가 학대로 인해 활성화되었고, 청소년기 내내 언제라도 쉽게 터질 수 있도록 대기 상태를 유지하다가, 학대자의 죽음이라는 스트레스로 다시 폭발적으로 재활성화되었던 것 아닐까? 처음 우울증에 걸린 이유도 그 때문이 아닐까? 게다가 그녀의 대식세포는 번아웃된 교사들의 대식세포처럼, 병원에서 나와 새로운 사회적 스트레스에 직면했을 때도 여전히 고도의 경계 상태를 유지하고 있었겠지. 트리어 사회 스트레스 테스트를 받은 후의 그 교사들처럼, 그녀도 첫 우울증 발병 이후 사회적 갈등과 방향 상실이라는 추가적 스트레스 때문에 더욱 과민해진 염증반응을 보였던 것 아닐까? 이것이 그녀가 두 번째로 우울증에 걸린 이유가 아닐까? 이 환자의 경우에 스트레스에서 염증으로, 염증에서 우울증으로, 우울증에서 다시 스트레스로 악순환하는 피드백 회로가 작동하고 있었는지 여부는 결코 단언할 수 없다. 그때 우리에게는 그런 개념 자체가 없었다. 당시의 정신과 진료실에서는 염증에 관해 전혀 생각하지 않았고, 면역 생체지표를 찾기 위해 혈액검사를 하는 일도 없었다.

앞으로는 스트레스와 염증과 우울증의 순환 논리에 관해 더 잘 알게 될 것이고, 그 지식을 활용해 우울증 치료에 변화를 일으킬 수 있으리라고 생각한다. 하지만 이런 생각으로도 궁극적인 질문, 그러니까 염증이 '왜' 우울증을 일으키는가 하는 질문은 해결되지 않는다.

결국, 답은 언제나 다윈일 수밖에

생물학적 체계에 관한 한, 다시 말해 우리가 과학적으로 알고 있는 생명에 관한 한 "왜?"라고 묻는 질문에 대한 답은 언제나 하나, 바로 자연선택이다. 갈라파고스 군도의 핀치새는 왜 서식지에 따라 부리의 모양이 다를까? 왜 어떤 난초는 벌처럼 생긴 꽃을 만드는 것일까? 왜 코끼리에게는 엄니가 있고, 호랑이에게는 줄무늬가 있는 걸까? 모든 생물학적 현상 혹은 표현형●이 생명의 형태로 존속하거나 아니면 화석 기록만 남기고 사라져버리는 궁극적 이유는, 그 현상이 적응에 유리하기 때문이거나 불리하기 때문이다. 즉, 생물이 살아남기에 적합하도록 만들어주는가 아닌가에 따라 결정된다는 말이다. 무작위로 발생한 유전자 돌연변이는 기존의 종種이라는 주제에 끊임없이 사소한 변주들을 덧붙인다. 만약 어떤 돌연변이가 우연히 발생해 그 생물의 적응력과 회복탄력성을 높이거나 어떤 식으로든 더 성공적으로 번식하게 해준다면, 자연은 그 유전자의 변이형을 선택해 미래 세대에게 계속 전달할 것이고, 그 종은 선택된 유전자가 닦아놓은 궤도를 따라 서서히 진화할 것이다. 호랑이에게 줄무늬가 있는 이유를 묻는 질문에 대한 표준적인 대답은, 무작위로 보호색 줄무늬를 만들어낸 최초의 돌연변이 색소 유전자를 가진 호랑이가 포식자나 경쟁자들 틈에서 더 잘 살아남았고 생존과 번식이 더 유리했다는 것이 밝혀지면서

● 생물이 유전적으로 나타내는 형태적·생리적 성질.

줄무늬 돌연변이가 자연적으로 선택되었으며, 이것이 세대에서 세대로 유전되면서 결국에는 모든 호랑이에게 줄무늬가 생기는 지점까지 종의 진화가 이루어졌다는 것이다.

　　이것이 바로 유전학과 다윈주의의 자연선택 원리를 한데 묶어 생명체들이 왜 현재 상태로 존재하는지 설명하는, 현대 진화론의 종합 이론이자 생물학의 가장 거대한 아이디어다. 이 이론이, 왜 우리 중 그렇게 많은 수가 우울증에 걸리는가 하는 전반적인 질문의 답을 찾는 데도 도움이 될까? 면역계가 사람에게 우울증을 일으키는 메커니즘에 대한 질문에는 어떨까?

　　구글에서 '다윈'과 '우울증'으로 검색해서 가장 윗부분에 있는 링크들을 클릭하면, 우울증에 관한 다윈의 진화론이 아니라 다윈의 우울증에 대해 여러 사람이 내놓은 이론을 보여주는 곳으로 간다. 다윈은 성인기 내내 구토와 복부팽만 같은 신체 증상과 공황과 피로 같은 정신 증상까지 각종 증상에 시달렸다. 그는 자신의 논쟁적 아이디어들이 정당하다는 것을 주장하기 위한 공개 발언에서 느끼는 스트레스를 잘 견디지 못했고, 어엿한 직업을 가진 적도 없다. 스스로 고립된 채 세상을 멀리했고, 런던 외곽의 오래된 교구 목사관에서 지렁이와 따개비, 종의 기원에 관한 책들을 쓰며 개인적 수입에 의지해 조용히 살았다. 살아 있는 동안 그를 진찰한 많은 의사가 치료 방법을 몰라 당황했지만, 다윈은 온천 치료와 동종요법, 유제품 섭취 등 스스로 찾은 방법으로 어느 정도 도움을 얻었다.

다윈이 세상을 떠난 뒤에도 그가 앓은 병의 원인에 대한 논의는 놀랍도록 활발히 이어졌다. 기립저혈압부터 유당불내증, 우울증까지 포함해 최소한 서른 가지 진단명이 제안되었다. 그중에서 좀 특이한 의견 하나는, 다윈이 비글호를 타고 세계를 돌아다니다 아르헨티나에 들렀을 때 "팜파스에서 거대한 검은 벌레"에게 물려 샤가스병●이라는 고약한 병에 걸렸다는 것이다. 이 이야기는 내가 하는 이야기에도 잘 들어맞는다. 샤가스병 같은 만성 세균 감염이 염증을 유발했고, 그 때문에 다윈이 영국에 돌아왔을 때 보인 사회적 위축과 기타 우울증적 행동이 초래되었으리라고 상상할 수 있다. 그러나 내 이야기의 교훈 중 하나는 염증성 우울증을 진단하려면 생체지표가 필요하다는 것이다. 최근 DNA 연구를 목적으로 무덤에서 다윈의 시신을 파내려는 잘못된 시도들이 있었지만, 현재 우리가 확인할 수 있는 다윈의 생체지표는 하나도 없다. 그리고 나는 그의 뼈들을 평안히 쉬게 내버려두어야 한다고 생각한다.

다윈 본인의 정신 상태는 몰라도 정신이상에 관한 다윈의 관심은 분명히 알려져 있다. 젊었을 때는 의사인 아버지와 정신이상 사례들에 관해 토론했고, 이후에는 런던에 자기 이름을 딴 병원을 세운 19세기 정신의학자 헨리 모즐리Henry Maudsley와 많은

● 원생 기생충 감염에 의해 발생하는 질환으로, 멕시코와 중남미의 풍토병이다(질병관리본부KCDC 감염병포털 참조).

편지를 주고받았다. 다윈이 모즐리뿐 아니라 서신 교환을 했던 여러 정신병원 관리자들에게서 알아내고 싶었던 것은 우울증이나 조증 환자들이 특징적으로 보이는 표정들을 관찰한 자료였다.

다윈은 인간의 감정이 얼굴 근육의 수축에 의해 표현되며, 심지어 그에 의해 감정이 생겨날 수도 있다고 말했다. 게다가 감정을 표현하는 근육 메커니즘은 동물에게서 유전적으로 물려받은 것이라는 의견을 고수했다. 이런 생각은 오늘날에는 지지하기 쉬워 보일지 모른다. 맞다. 우리는 사람들이 미소 짓고 있는지 찡그리고 있는지를 보고 행복한지 슬픈지 판단할 수 있다. 그리고 개나 말의 표정을 보고도 그들이 따분한지 불안한지 놀랐는지 알수 있다고 생각하는 사람도 많다. 다윈은 '슬픔 근육'이란 것이 얼굴에 슬픈 표정을 만듦으로써 슬픈 감정을 유발한다고 생각했는데, 이 견해는 얼굴 근육을 마비시켜 노화의 흔적인 주름살을 펴주는 보톡스 주사가 강력한 항우울 효과를 발휘한다는 최근의 발견과도 일치한다.[19]

그러나 감정적 표정에 관한 다윈의 생각은 데카르트주의 관점에서 보면 난감한 함의들을 담고 있다. 인간의 감정이 신체적 메커니즘에 의해 표현되거나 생성되고, 그것을 더 하등한 동물들에게서 물려받은 것이라면, 그런 감정은 마음이나 영혼의 영역에 속한 것일 수 없으니 말이다. 표정에 관한 다윈의 생각은 그의 진화론을 인간 본성의 핵심에 더 가까이 다가가게 해주었고, 그의 동시대인들이 영적인 의미가 있다고 믿었을 섬세한 감정에 대한 물질적 설명 토대를 제공했다. 다윈은 자기 생각이 이념적 갈등을 일으키리라는 탐탁지 않은 예상에, 방대한 데이터를 축적하는 방법으로 대처했다. "정신이상자들은 매우 강력한 열정에 사로잡히고 그 열정을 폭발적으로 발산하기 쉬우므로 연구해봐야 한다"고 판단한 그는 누구보다 먼저 《동물과 사람의 감정 표현The Expression of the Emotions in Animals and Man》[20]이라는 책에서 모즐리 등이 제공한 정신병원 입원환자들의 얼굴 표정이 담긴 사진과 묘사 들도 포함시켰다.(그림 11)

다윈은 '정신이상자'들의 임상 데이터를 진화를 연구하는 데 자료로 활용했다. 그러나 거꾸로 진화론을 정신이상의 원인을 연구하는 자료로 활용하지는 않았다. 다윈과 모즐리 두 사람 다 정신장애가 집안 내력으로 이어지는 경향이 있다는 것, 따라서 유전될 수 있다는 것을 알고 있었다. 다윈은 혈족인 사촌 에마와 결혼했기 때문에 자신의 대가족 안에서도 정신이상이 생길 위험이 있다고 염려했다. 에밀 크레펠린Emil Kraepelin을 비롯한 당대의 다른 정신의학자처럼 모즐리 역시, 조현병과 조울증, 반사회적 인격장애, 그리고 그 밖의 다양한 진단을 받고 정신병원에 수용된 다수의 환자에게서 가족력과 세대 간 대물림의 패턴을 발견했다.

다윈의 진화론을 따르면, 한 세대에서 다음 세대로 유전되는 모든 특징이 그렇듯 우울증 성향 역시 자연선택의 적용을 받을 수밖에 없고, 어떤 식으로든 우울한 사람들은 생존하기에 더 적합한 존재가 되어야 한다. 그러나 이는 직관에도 어긋나고 사실에도

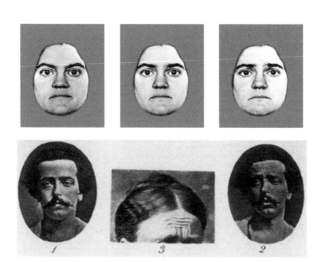

그림 11. 감정적 얼굴과 감정적 뇌

다윈은 유럽의 저명한 신경학자들과 정신의학자들이 모은 풍부한 자료가 있는 여러 정신병원에서 우울증 및 기타 정신질환 환자들을 관찰한 자료를 수집했다. 특히 눈썹의 방향과 눈썹 사이 근육이 접혀 만드는 주름 패턴에 주의를 기울였고, 이 패턴이 오메가Ω처럼 보인다고 해서 오메가 신호라고 불렀다. 100년도 더 지난 현재도, fMRI 연구에서 일반적인 슬픔의 범위를 표현하는 테스트용 표정들을 고를 때 눈썹의 각도를 기분에 대한 판단 기준으로 활용하고 있으니, 다윈의 생각은 여전히 이어지고 있는 셈이다. 다윈도 예측했을 수는 있겠지만, 분명히 알지는 못했던 사실이 있다. 가장 슬픈 표정이 우리가 다른 동물들에게서 물려받은 감정 뇌 연결망을 가장 강력하게 활성화한다는 사실이다.

어긋난다. 심각한 정신질환이 생존 적합성에 치명적 타격을 입힌다는 것을 우리는 알고 있다. 2018년 영국에서 조현병 환자와 양극성장애 환자의 기대수명이 15년 감소한 것도 한 증거다. 표면적으로 볼 때 심각한 정신질환에는 생존에 유리한 점도, 어떤 경쟁 우위도, 생식적 보상도 없다. 그렇다면 우울증은 어떻게 존재를 이어온 것일까? 우리를 생존에 더 적합하게 만들어주지 않는다면 어째서 우울증은 진화해온 것일까?

정신질환의 유전율은 다윈이 생전에 해결하지 못한 자연선택에 대한 의문 하나를 던진다. 반면 그 의문에 답할 시간이 있었던 모즐리는 다윈주의와 다른 방식으로 답함으로써 약 50년이라는 답답한 세월 동안 우리를 완전히 잘못된 방향으로 이끌었다. 그는 정신장애와 범죄 유형의 대물림이 다윈이 말한 자연선택이 아니라 다윈 이전의 진화론에 따라 결정된다고 믿었던 세기말 정신의학자 중 한 사람이었다. 다윈 이전의 진화론은 젊은 시절 다윈이 1831년에 비글호를 타고 여행을 떠나기 몇 년 전에 세상을 떠난 장 바티스트 라마르크Jean-Baptiste Lamarck가 제안한 것이었다. 라마르크는 진화에 관한 최초의 생물학적 이론을 제시한 업적을 세웠다. 동식물의 모든 종은 신이 창조했고 따라서 영원히 변하지 않는다는 구약성서의 주장에서 벗어나는 주장을 최초로 내놓은 것이다. 라마르크는 생물체의 형태가 변화하고, 점점 더 복잡해지며, 진화한다는 이론을 세웠다. 그러나 그가 생각한 진화는 무작위로 돌연변이가 일어난 유전자가 선택되어서가 아니라 획득형

염증에 걸린 마음

질이 유전되어 일어나는 일이었다.

예를 들어 당신이 태어나기 전에 당신의 아버지가 과음하는 특징(형질)을 획득했다고 해보자. 그러면 아버지의 나쁜 습관은 당신이 물려받은 유전자에 해로운 영향을 미칠 수 있다. 라마르크 진화론에 따르면 당신의 아버지가 과음하는 습관이 있으면 당신은 알코올중독자가 될 큰 위험을 물려받는다. 그리고 당신의 알코올중독은 자녀의 도덕적 성격과 정신의학적 위험성에 비슷하지만 더욱 해로운 영향을 미친다. 19세기 정신의학계에서는 1세대의 알코올중독이 2세대의 정신이상과 3세대의 백치로 이어진다는, 얼토당토않은 어림짐작이 흔히 통용되고 있었다. 라마르크는 퇴보의 과정이 지속적으로 가속화되어, 각 세대의 정신의학적, 범죄적, 도덕적 잘못들은 모두 추려져 다음 세대에 더욱 심화된다고 보았다.

모즐리와 크레펠린 등 다수의 정신의학자가 정신의학적으로 퇴보한 가계 혹은 종족 들을 사회에서 청소하라는 윤리적으로 용납할 수 없는 제안을 했던 것은, 정신질환이 존재하는 개연성 있는 이유로서 자연선택을 고려하지 않았기 때문일 거라고 나는 생각한다. 1880년부터 1940년 사이 정신의학계와 의학계에서 우생학이 우세했던 것은 독일만의 일이 아니었다. 자연선택은 잊히고, 사회적 선택이라는 관념이 맹렬한 기세를 떨치던 그 시기를, 지금 우리는 다윈의 쇠퇴기라고 부른다. 우리는 그 관념들이 정치적으로, 정신의학적으로 어떤 일을 불러왔는지 모두 알고 있다.

그런 길을 다시 갈 이유는 없다.

　다윈의 쇠퇴기가 끝난 시기는 현대 진화론의 종합 이론이 등장하던 시기인 1940~1950년대와 대략 일치한다. 이 종합 이론은 유전자의 자연선택으로 진화를 모두 설명할 수 있다는 포괄적인 이론으로, 생물학과 의학에서는 이제 자명한 공리로 여겨질 정도다. 이러한 신新다윈주의 맥락에서 우울증의 유전율을 다시 생각해볼 때 우리는 다시 동일한 질문에 맞닥뜨린다. 우울증에는 생존을 유리하게 하는 어떤 이점이 있는가? 그 답 역시 동일하다. 그런 이점은 없다는 것이다.

　주요 우울증major depression이 있는 사람은 평균적으로 수명이 더 짧거나, 만성적인 의학적 장애가 있거나, 실직 상태일 확률이 더 높고, 직장이 있더라도 높은 생산성을 낼 확률은 낮다. 결정적으로 우울증이 있는 사람은 자녀 수가 더 적을 가능성이 크고, 우울증이 있는 부모의 아이는 정상적인 성장 이정표에 도달하는 데 더 오랜 시간이 걸린다.[21]

　주요 우울증은 사회적으로나 물질적으로 유리한 점이 없을 뿐 아니라, 다음 세대에게도 당연히 유리한 점이 없고, 궁극적으로 우울 행동을 유발하는 데 관여한 유전자들이 수세대 동안 계속 이어질 거라는 불멸의 보장도 없다. 표면적으로 보면, 우울증 유전자는 수천 년 전에 이미 솎아내졌어야 하고, 지금쯤 우리는 우울증의 그림자 따위는 절대로 생기지 않는 양지 바른 언덕에 도달했어야 한다고 생각할지도 모르겠다. 하지만 우리는 그러지 못

염증에 걸린 마음

했다. 그리고 내 생각에 앞으로도 그런 일은 없을 것 같다. 그렇다면 우울증에는 뭐라도 유리한 점이 있어야 한다. 우울증이 자연신택된 이유를 설명해줄 어떤 이점이 분명 있을 것이다. 그게 뭘까?

사바나의 생존 이야기

단어를 조금만 바꿔보면 우리는 이 질문에 대한 답을 훨씬 쉽게 찾을 수 있다. 그러니까 우울증이 생존에 유리한 점이 뭐냐고 묻는 대신, 우울증이 생존에 유리**했던** 점이 무엇이었을지 생각해보자는 말이다. 우울 행동을 부호화하는 유전자들은 아마도 수백만 년 전에, 지금과는 달리 우울증에 걸리는 것이 유리했기 때문에 자연선택되었을 것이다. 우리는 인간 뇌의 많은 유전자가 아주 오래된 것임을 알고 있다. 예컨대 세로토닌 수용체 유전자는 최소한 5억 년 전에 진화한 예쁜꼬마선충 같은 하등한 선충들에게까지 거슬러 올라간다. 그러니 진화 과정에는 시간 지체가 생긴다는 말은 충분히 납득이 된다. 지렁이나 개에게서, 혹은 동굴에 살던 우리 조상에게서 일단 어떤 유전자가 선택되었다면, 그 유전자는 현대인의 유전체에도 여전히 보존되어 있을 확률이 높다. 그러니 우리는 까마득한 옛날 사바나에 살던 조상들에게는 완벽하게 들어맞지만 지금의 우리에는 잘 맞지 않는 행동들을 유전이 깔아둔 프로그램에 따라 자기도 모르게 하고 있을지도 모른다.

솔직히 우리는 대초원에 살던 조상들의 생활을 잘 모르

고, 인류 이전의 유인원이나 포유동물들이 받았던 도태압selection pressure●에 대해서는 더더욱 모른다. 우리는 그때 거기에 없었으니까. 그리고 수십억 년 진행된 진화 과정을 실험해보는 것도 그리 쉬운 일은 아니다. 그러려면 개연성 있는 이야기를 상상해서 만든 다음, 가장 그럴듯한 상상을 과학적으로 검증해야 한다. 마침 우울증에 관한 최신 진화 이론은 면역계를 통제하는 유전자들의 자연선택을 중심으로 설명하고 있는데, 이는 우울증의 자연선택에 대한 가장 설득력 있고 검증도 가능한 이야기다.[22, 23]

그것은 15만 년 전 아프리카 평원에서 살아남기 위해 고군분투하던 초기 인류 부족의 이야기다. 당시 그곳에서 식량을 찾고, 맹수와 경쟁 부족의 공격에서 살아남고, 짝을 찾고, 가족을 꾸리는 일은 가혹할 정도로 어려웠을 것이다. 많은 것이 생존을 위협했는데 그중 하나가 감염이었다. 출산, 부상, 상처 등 감염의 계기는 많았지만 효과적인 치료법은 거의 없었다. 영아사망률은 높았고, 임신과 출산 중 산모사망율도 높았으며, 사냥과 싸움을 담당하던 남자는 보통 20대에 사망했다. 이러한 자연적 인구 감소의 상당 부분은 베인 손이나 어설프게 자른 탯줄에서 사소하게 시작된 감염성 질병 때문이었다. 또한 사람에서 사람으로 전해져 한 부족 전체를 떼죽음으로 몰아간 감염성 염증과 전염병도 있었다.

●   생존에 부적합한 유전형이나 표현형을 가진 개체를 도태하게 만드는 모든 현상.

이런 환경에서는 무엇이든 몸이 감염을 이겨내는 데 도움만 된다면 분명 아주 유리한 것이다. 대식세포를 조금이라도 더 하나게 만들거나, 사이토카인 신호를 조금이라도 더 강하게 만들 수 있는 유전자 돌연변이는 아기나 어린 아이를 공격하는 살인 박테리아에 대항하는 선천성 면역계의 최전방 방어선을 강화하는 데 아주 유리했을 것이다. 무작위로 생긴 유전자 돌연변이가 병균 살상력을 강화한다면 그 유전자를 물려받은 사람은 아동기를 지나 생식 활동이 가능한 사춘기에 도달할 가능성이 더 커지므로, 그 유전자는 자연선택될 것이다. 조상들이 살았던 대초원처럼 감염에 의한 영아사망률이 높은 환경에서는 선천적인 염증반응을 촉진하는 유전자들에 대한 자연선택 압력이 강했을 것이다.

그런 염증 유전자들은 여러 측면으로 생존에 유리한 작용을 한다. 상처 치유를 촉진하고 국부 감염이 전신 감염으로 번질 위험도 줄이며, 게다가 행동도 바꿀 수 있다. 감염된 생쥐나 치근관 치료 후의 나처럼, 상처를 입었거나 병에 걸린 사람에게서는 특징적인 행동 패턴이 나타난다. 아프거나 병약한 사람은 사회적 접촉을 피해 위축되고, 신체활동을 줄이며, 적게 먹고, 쾌락도 덜 추구하고, 조용히 불안을 견디며, 수면 패턴도 무너진다. 호모사피엔스 이전 수백만 년 동안 진화해온 유전자들이 DNA에 새겨놓은, 대단히 뿌리 깊고 일관된 행동 패턴이다. 앞에서 보았듯 이런 질병 행태를 유도하는 것은 선천적인 염증 메커니즘이다. 그러니까 최전방에서 세균을 죽여 감염을 퇴치하도록 자연선택된 유전자들이 질병 행태도 이끌어내는 것이라 추측할 수 있다. 그런데 질병 행태가 어째서 대초원에서 생존하는 데 유리하다는 것일까?

일시적으로 부족민을 멀리하고 스스로 고립되어 있는 행동은, 휴식을 취해야 하고 신체의 남은 모든 자원을 감염과 싸워 이기는 일에 총동원해야 하는 때에 '환자'를 부담스러운 사회적 의무와 경쟁에서 벗어나게 해 우리의 병든 조상을 보호했을 거라 상상할 수 있다. 이런 관점에서 보면, 격리된 환자는 회복하는 일 외에 거의 아무것도 하지 않아도 되는 허가와 보호를 받는 셈이다. 식욕이 떨어지는 것 역시, 대식세포 군대가 감염에 맞서 총력전을 치르는 데 몸속의 모든 에너지를 총동원해야 하는 때에 음식을 마련하거나 소화시키는 일에 에너지를 낭비하지 않게 함으로써 생존에 도움을 줄 수 있다. 이렇게 보면 질병 행태는 유전적으로 프로그램된 요양이 아닌가 싶다. 회복을 앞당기도록 설계된, 환자에게 유리한 프로그램 말이다. 그러나 한편으로는 질병 행태가 대초원에서는 불안을 더욱 촉발하는 측면도 있었을 것이다. 밤이 오고 나머지 부족민들이 불가에 모여 앉아 음식을 먹고 있을 때, 격리된 환자는 포식동물이 도사리고 있는 어둠 속에서 잊힌 채로 있기 쉽다. 만약 경쟁 부족이 공격해오거나 가뭄 때문에 부족이 다른 곳으로 거처를 옮길 경우, 환자는 집단의 가장 주변부에서 제일 먼저 피해를 입을 가능성이 크다. 격리 상태가 환자에게 외부적 위협을 증가시키는 셈이다. 그러므로 불안과 수면장애라는 질병 행태는 환자가 오로지 쉬면서 부상이 낫기만을 원하는 때조차 계속 위험에 대한 경각심을 유지하게 해준다.

이처럼 사회적 위축이라는 핵심적 질병 행태는 환자에게 보호이자 위협이다. 그러나 부족 전체에게는 전적으로 보호적 측면만 있었을 것이다. 친족관계가 대단히 복잡하게 얽히고설킨, 겨우 몇 백 명 정도의 대가족인 부족 단위로 살아가던 태곳적 조상들에게 전염병은 특히 더 위험했다. 같은 부족민 사이에서는 병이 급속히 퍼질 수 있는데다가, 서로 유전적으로도 유사하기 때문에 한 사람에게 치명적인 균은 모두에게 치명적일 확률이 매우 높기 때문이다. 심각한 전염병이 부족의 유전자풀 전체를 완전히 말살해버릴 수 있는 것이다. 사회적 위축이라는 염증 행태는 환자를 격리함으로써 부족민 중 아직 감염되지 않았지만 환자와 유전적으로 가까운 사람의 감염 위험을 낮춘다. 이렇게 보면 사회적 위축은 일종의 격리병동이라고 할 수도 있다. 환자의 염증 행태는 본인에게는 주변부에서 혼자만 공격당할지 모른다는 불안을 안겨줄 위험이 있지만, 전염성 감염에 대한 부족 전체의 회복탄력성을 높이는 일인 셈이다. 그러므로 질병 행태는 환자 개인의 DNA 생존뿐 아니라 부족 DNA의 생존을 위해서도 자연선택되었다고 짐작할 수 있다. 어찌 보면 감염된 개인이 공공의 이익을 위해 스스로 위험을 감수하게 만드는 유전자를 자연선택이 골라낸 것이라고 할 수도 있겠다. 15세기에 파라켈수스가 방문했던 뉘른베르크 변방의 나환자 밀집 주거지역은, 감염을 퍼뜨릴 가능성이 있는 병약자들을 격리 또는 배제함으로써 전염되지 않으려는 부족 차원의 자기보호 본능이 아주 잘 보존된 예라고 볼 수 있다.

어쨌든 사바나 이야기가 들려주는 요점은, 머나먼 선사시대 언제쯤인가 감염에 대한 염증반응을 높이는 유전자가 자연선택됨으로써 우리의 조상, 적어도 부족을 이뤄 살던 조상들의 생존 가능성을 더욱 높여주었다는 것이다. 감염에 대한 신체의 반격을 가속화하고 강화한다는 점에서 염증을 일으키는 유전자들을 선택한 것은 아주 현명한 결정이었다. 그런데 감염이 일어난 뒤에 공격적으로 반응하기만 하는 것이 아니라 미리 감염의 위협을 **예측할** 수 있는 유전자를 선택한다면 더 유리하지 않을까.

적대적인 균이 침략하기 전에 대식세포 군대가 활동을 시작한다면, 적들이 증식해 감염이 더 심각해지기 전에 감염을 제거할 가능성이 훨씬 커질 것이다. 사바나에서라면 주로 사냥이나 싸움 중에 생긴 외상, 부상, 상처를 보면 감염을 강력히 예측할 수 있었을 것이다. 경미한 전투 부상이라도 치명적인 감염으로 합병증을 일으킬 수 있으므로, 사회적으로 경쟁이 심하거나 위험한 상황을 감지하면 임박한 감염 위협에 대비하도록 면역계에게 경보 신호를 보낼 수 있는 유전자를 선택하는 것도 현명한 일일 것이다. 그러면 적 부족과 싸우다 다치기도 전에, 그러니까 대식세포가 박테리아 적군을 발견하기도 전에 우리 조상들의 몸에는 이미 염증이 있었을 것이다.

이것이 바로 '왜'에 관한 질문을 푸는 데 진화가 던져주는 실마리다. 우리는 실제 감염과 감염 위험에 모두 반응하는 유전자를 물려받았고 이 유전자는 선천적 염증반응의 모든 양상을 강화한다. 우울 행태도 그 양상 중 하나다. 사바나에서 조상들이 실세 감염과 감염 위험에 맞서 살아남을 수 있게 해주었던 바로 그 유전자들이 수많은 세대를 대물림해 우리에게까지 유전된 것이다. 그런데 지금 우리의 몸은 사회적 갈등에 반응해 염증을 더 심하게 만들고, 염증에 반응해 우울증을 더 심하게 만드니 우리에게는 명백히 불리한 유전자가 아닐 수 없다.

관절염으로 사이토카인이 급증할 때 P부인이 우울 증상을 경험한 것은, 10만 년 전 조상을 출산 중 감염의 위험에서 보호해준 유전자를 물려받았기 때문이다. 번아웃된 교사들이 정글 같은 교실에서 다양한 사회적 위협에 직면해 염증반응을 겪을 위험이 높아진 것도, 진짜 정글에서 경쟁 부족과 싸우던 조상들을 외상 후 감염에서 보호해준 유전자를 물려받았기 때문이다. 2018년에 우울증에 대한 낙인이 존재하는 것은 그 옛날 염증에 걸린 듯한 행동을 보이는 부족민들이 격리되었던 것과 어떤 식으로든 관계가 있을지도 모른다. 사람들이 보통 우울증에 걸린 친구에게 "뭐라고 말해줘야 할지 모르겠다"고 느끼는 마음에는, 염증이 생겨 잠재적으로 염증을 전염시킬 것 같아 보이는 사람과 가까이 접촉하기를 피하던, 오래전부터 유전된 본능이 감춰져 있는 것은 아닐까?

이 사바나 이야기는 개연성이 충분해 보이고, 상처 입은 수렵채집인부터 오늘날 스트레스와 우울증에 시달리는 환자에 이르기까지 모두를 깔끔하게 아우르며, 신다윈주의 이론에도 잘 들어맞아 아주 신빙성이 있어 보인다. 하지만 그럴듯한 진화론적 근거를 대는 여러 이야기 중 하나일 뿐이며, 회의적인 과학자들은 우울증이 생존에 유리한 가치가 있다고 설명하기 위해 얼마든지 지어낼 수 있는 '그냥 그렇다는 이야기' 정도로 치부한다. 이 사바나 이야기가 단순한 하나의 이야기 이상임을 확신할 수 있으려면 어떻게든 이 이야기를 검증해야 한다.

조상들이 감염에 노출되지 않았다면 21세기의 호모사피엔스에게 염증성 우울증을 일으키는 유전자가 자연선택되지 않았을 것임을 증명하기 위해, 5억 년 전 예쁜꼬마선충의 탄생부터 시작해 인간의 진화 과정 전체를 무균 환경에서 실험적으로 재현해볼 수는 없다. 그렇다고 그 이야기를 과학적으로 검증할 길이 전혀 없는 것은 아니다. 대초원의 생존 이야기가 사실이라면 우울증 위험을 높이는 유전자들 중 최소한 일부는 면역계를 통제하는 유전자여야만 하고, 이는 우리가 검증할 수 있다.

우리는 우울증이 유전될 수 있다는 것을, 즉 가족의 내력으로 이어진다는 사실을 알고 있다. 만약 부모 모두가 우울증이라면 자녀가 우울증에 걸릴 위험성은 대략 3배고, 형제자매 중 한 명 이상이 우울증이라면 그 위험성은 대략 2배다. 하지만 우울증은 조현병이나 양극성장애 같은 다른 정신의학적 장애들만큼 유전율이 높지는 않다. 우울증의 유전을 뒷받침하는 개별 유전자들이 조현병이나 알츠하이머병 유전자에 비해 식별하기가 훨씬 어려운 데는 이런 이유도 작용할 것이다. 또한 흔한 유전적 장애들이 대개 그렇듯이, 우울증도 뇌와 마음의 표현형에 심각하게 부정적 영향을 미치는 한두 개의 유전자가 아니라, 각자 우울증 위험을 높이는 작은 요인들을 더하는 여러 유전자에 의해 결정된다. 중간 정도의 유전율을 지닌 장애에 각자 미약한 영향을 미치는 많은 유전자를 다 찾아내려면, 몇 개의 유전자만이 아니라 유전체 전체를 이루는 유전자 2만 개를 모두 검토해야 하며, 이는 다시 우리가 아주 많은 환자에게서 데이터를 수집해야 한다는 뜻이기도 하다. 한마디로 그것은 숫자 게임이며, 정신의학적 유전학이 우울증에 관해 충분히 큰 수치의 데이터를 축적한 것은 아주 최근의 일이다.

전체 유전체에서 우울증 위험을 높이는 유전자를 찾아내려 한 초기의 대규모 연구들에서는 아무 결과도 얻지 못했다. 우울증 환자들과 건강한 사람들 간에 서로 다른 DNA 변이가 나타나는 빈도에서 의미 있는 차이를 발견하지 못한 것이다. 그러나 수만 명의 데이터를 사용해 당시에는 규모가 큰 것처럼 보였던 이 연구들이 아무것도 찾아내지 못한 이유는 그 규모가 충분히 크지 않기 때문으로 드러났다. 최근에 온라인으로 출판된 연구에서는, 한 대규모 국제 연구자 컨소시엄이 우울증 환자 13만 명과 건강한 대조군 33만 명의 DNA를 분석해, 우울증과 유의미하게 연관되는 유전자 44개를 발견했다.[24] 2018년 현재, 마침내 우리는 역사상 처음으로 우울증의 유전적 뿌리에 매우 정확하게 다가가고 있다.

이 유전자들은 무엇이며 무슨 일을 하는 것일까? 그중 다

수는 신경계에 중요하다고 알려진 유전자들인데, 뇌가 기분 상태를 만들어낸다고 생각하는 사람에게는 그리 놀라운 일이 아닐 것이다. 더욱 특기할 점은 그 유전자들 중 다수가 면역계에 중요하다고 알려진 유전자라는 점이다. 예컨대 우울증과 가장 유의미하게 연관되는 유전자를 하나만 꼽으면 올팩토메딘 4 olfactomedin 4를 들 수 있다. 우울증 위험 요인 목록에서 맨 앞에 자리하기 전까지 이 유전자는 위험한 세균에 대한 소화관의 염증반응을 통제하는 역할로 가장 잘 알려져 있었다.[25] 올팩토메딘 4의 돌연변이 유전자를 물려받아 세균 감염 시 위벽에 염증이 더 잘 생기는 사람들은 위궤양에 대한 저항성의 관점에서 생존에 더 유리할 수 있지만, 우울증에 걸릴 가능성도 더 크다. 이것은 아주 새로운 결과여서 과학적으로 더 세밀하고 정밀한 검토를 받아야 한다. 하지만 어마어마한 양의 데이터를 기반으로 한 탄탄한 결과이고 사바나의 생존 이야기에서 예측되는 바와도 거의 일치하는 것으로 보아, 결국 사바나 이야기는 그냥 그렇다는 이야기는 아닌 것 같다.

☦

회의주의는 데카르트주의 과학의 제1원칙으로서 우리가 성실성을 유지하도록 해준다. 의학과 정신의학의 역사에는 전문가다운 회의주의가 충분히 발휘되지 않았던 탓에, 한동안 아무 견제 없이 실시되던 신빙성 없는 치료법들도 아주 많았다. 하지만

염증에 걸린 마음

아직도 염증과 우울증의 연관성을 의심하는 입장을 뒷받침할 근거가 남아 있을까?

염증과 우울증이 서로 연결되어 있고, 둘 사이에 인과관계가 성립한다는 것은 이제 합리적 의심을 넘어 분명한 사실이다. 우리는 신체의 염증에서 시작해 혈뇌장벽을 건너 뇌세포와 뇌 연결망의 염증으로 이어지고, 이 뇌 내 염증이 최종적으로 우울증이라는 기분과 행동의 변화를 초래하는 과정을 하나하나 설명할 수 있다. 또한 사회적 스트레스가 신체 염증을 유발할 수 있다는 것도 알고 있는데, 사회적 스트레스는 우울증의 잘 알려진 위험 요인이기도 하다. 스트레스와 염증과 우울증의 이런 연결성이 감염에 맞서 싸우던 우리 조상들에게는 유리했으리라고 짐작할 수 있다. 처음에 사바나에서 감염에 대한 염증반응을 통제하기 위해 자연선택되었던 유전자들 중 일부가, 현대 세계에서는 우울증의 위험을 높이는 유전자이기도 하다는 증거들도 속속 발견되고 있다.

물론 여러분이 원한다면, 그 데이터가 아직 결정적 설득력이 있는 것은 아니며 해결해야 할 부분이 남아 있고, 또 다른 실험이 필요하다는 등의 근거를 들어 판단을 유보할 수도 있다. 하지만 내 안의 정신의학자는 이렇게 묻고 싶다. "당신의 합리적 유보가 데카르트주의의 맹점에 대한 무의식적 방어가 아니라고 확신하는가?" 그 위대한 철학자의 표현을 빌리자면, 더욱 발전된 철학은 확실히 "이뮤노 에르고 숨immuno ergo sum", 즉 면역이 있기에 내가 존재한다는 것이다.

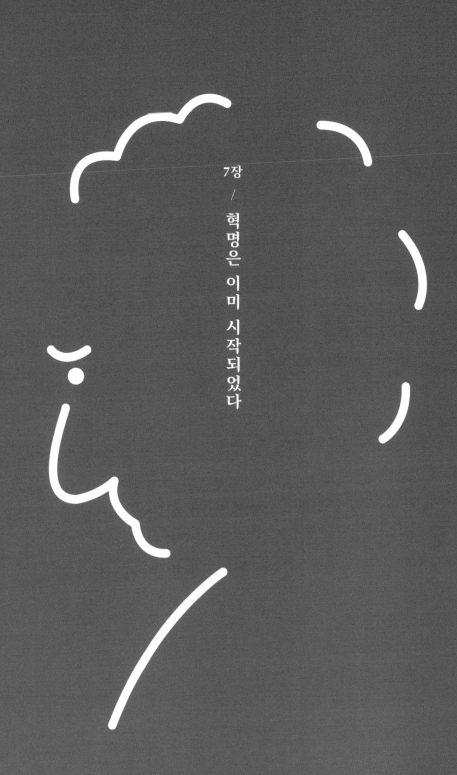

7장
/
혁명은 이미 시작되었다

의학계에는 변화가 아주 천천히 온다. 의학계는 통제가 상당히 심한 분야이며 직업적으로도 보수적인 업계인데, 그런 데는 대단히 합당한 이유들이 있다. 그래도 답답함과 좌절감이 느껴지는 건 어쩔 수 없다. 살면서 직접 겪은 일을 통해 염증과 우울증의 관련성을 인지한 사람은 무수히 많다. 뼈가 부러진 뒤 심각한 우울증에 빠지거나 염증성장질환이 악화되거나 완화됨에 따라 기분이 널뛰듯 변하는 것도 드문 일이 아니다. 청소년기에 림프구가 바이러스에 감염되어 생기는 전염단핵구증●에 걸리면 이어서 만성피로증후군이 생길 수 있는데, 이는 우울증과 여러 특징을 공유한다. 중년 여성의 높은 우울증 발병률과 항우울제 복용과 연관되

●　　권태감과 발열을 동반하면서 간과 비장 그리고 림프절이 커지는 병(국가건강포털 의학정보 참조).

는 폐경 이행기*는 말초신경계의 염증 증가와도 연관이 있다.[1] 게다가 기분 상태와 면역계 모두에 영향을 미치는 것이 생물학적 요인만 있는 건 아니다. 역경이나 갈등 같은 사회적 요인도 염증을 일으킬 수 있는데, 성인이든 어린이든 스트레스로 인한 우울증 발병이 매우 잦은 것도 이로써 설명할 수 있다.

그렇다면 현대의 과학적 의학은 이러한 이론적 토대를 바탕으로 어떤 실용적인 충고를 해줄 수 있을까? 염증이 생긴 마음의 치료에 사용할 수 있는 첨단 의료 서비스는 어떤 것이 있을까? 이런 기대들에 솔직하게 답하자면, 중단기적으로는 긍정적으로 생각해야겠지만 이 글을 쓰는 2018년 현재 염증성 우울증을 치료할 수 있는 방법은 제한적이다.

많은 환자가 해묵은 데카르트식 분계선을 넘어 몸과 마음을 하나로 아우르는 의료를 누리려고 애쓴다. 하지만 내과의사들은 대개 환자와 눈을 마주치는 것보다는 엑스선사진을 보는 걸 선호하며, 정신과의사들은 청진기는 집에 두고 다니도록 훈련받는다. 염증성 우울증(또는 치매나 정신증)이 있는 환자가 그 병의 육체적 양상과 정신적 양상을 고루 치료해줄 수 있는 의료 서비스를 찾기란, 적어도 2018년의 영국 국민건강서비스 안에서는 매우 어려운 일이다. 정부 및 기타 주요 기구의 고위급에서는 신체 건강

●　　난소의 노화에 의해 배란 및 난소 호르몬 분비가 저하되기 시작하는 시점으로부터 마지막 생리 후 1년까지의 기간(서울대학교병원 의학정보 참조).

과 정신 건강 간의 '동등한 존중'에 관한 이야기가 나온다. 국민건강서비스의 정신 의료 분야에서 일하는 사람들은 그것이 단지 감동적인 말에만 그치지 않기를 바란다. 하지만 아직은 환자에게 전문적인 신체 건강과 정신 건강 서비스를 통합적이고 공평하게 제공하고 있다는 조짐은 그리 눈에 띄지 않는다.

　　의료계가 신체와 정신 건강 통합의 중요성을 인정하는 데 더딘 것은, 결코 의사나 과학자 개개인이 무능하거나 태만하거나 비정해서가 아니라, 잘 훈련된 그들의 눈에 데카르트주의의 맹점이 버티고 있기 때문이라고 나는 감히 주장한다. 모든 맹점이 그렇듯이 이 맹점 역시 (너무 뻔히 보여서 알아보지 못하는) 무언가를 보지 못하게 우리의 눈을 가리는 동시에 우리가 그것을 못 본다는 사실도 인지하지 못하게 한다. 무언가를 보지도 못하고, 그것을 못 본다는 사실도 모르는 것이다.

　　신경면역학은 면역계가 왜, 어떻게 몸과 마음을 연결할 수 있는지에 관해 우리에게 새로운 통찰을 제공한다. 하지만 그래서 어떻게 되었을까? 이 새로운 지식으로 우리는 어떤 일을 할 수 있게 됐을까? 어떤 일을 해야 우울증이 있는 사람들의 경험을 진짜 바꿀 수 있을까?

　　면역의 관점에서 우울증을 바라보면 새로운 치료의 여러 줄기가 보이기 시작한다. 가장 명백한 방법은 차세대 항우울제로 항염증약과 항체를 개발하는 것이다. 또한 알츠하이머병과 조현병 같은 다른 뇌 질환 및 정신장애의 새로운 치료약 개발에도 면역학적 사고가 점점 더 큰 영향을 미칠 것이다. 그러나 면역계가 몸과 뇌와 마음의 인과적 관계에 영향을 미친다는 것을 알게 되었을 때 찾을 수 있는 방법이 새로운 약물치료법만은 아니다. 생명공학과 제약 회사들에게만 의미 있는 일이 아닌 것이다. 신경면역학은 약 먹는 걸 좋아하지 않는 많은 우울증 환자와 약 처방을 좋아하지 않는 많은 정신 건강 종사자가 더욱 끌릴 만한 대안적 치료법을 개발하고 최적화하는 데 필요한 정보도 제공할 수 있다. 미주신경이 염증을 통제하는 방식에 관한 현재 우리의 지식을 활용하면, 신경자극기로 염증성 우울증을 치료할 수 있지 않을까? 또한 스트레스가 염증과 우울증 모두에 결정적으로 중요한 영향을 미친다는 점을 고려해, 염증 바이오피드백●을 통해 심리학 및 사회학적 개입의 효율성도 추적 관찰할 수 있을 것이다.

　　나는 그리 낙천적인 성격은 아니지만 진보의 가능성에 대해서는 낙관적이다.(그림 12) 하지만 이 중 이루어진 일은 아직 하나도 없다. 그리고 이런 일이 실제로 일어날 때까지는, 그것이 우울증 진단을 받은 이들의 경험에 실질적인 변화를 일으킬 수 있을

●　바이오피드백이란 생체에 입력하는 자극에 따라 어떤 결과가 돌아오는지 의식해 의도하는 결과가 나오도록 자극을 조절하는 것으로, 생체되먹임이라고도 한다. 심박수를 떨어뜨리기 위해 천천히 심호흡하는 것을 예로 들 수 있다.
　　본문에 언급된 염증 바이오피드백은 스트레스와 염증, 우울증이 자극과 결과의 회로 속에서 어떻게 영향을 주고받는지 관찰해, 개입의 효율성을 판단할 수 있다는 말이다.

지 단언할 수 없다.

의학계의 분리 정책이 불러온 문제들

오늘날 전문적인 의료 서비스는 당연하다는 듯 몸과 마음을 분리하는 데카르트식 분계선을 따라 양분되어 있다. 환자들은 자기 병의 신체적 측면을 치료하는 의사를 만나거나, 정신 측면을 돌보는 정신과의사나 심리학자를 만난다. 의사와 정신과의사는 그 양분된 영역 중 각자 한 영역만을 골라 전문적 훈련을 받는다. 경계를 넘어 대화를 주고받는 것은 권장되지 않는다. 의사는 신체적 장애들의 생물학적 메커니즘에 대해 깊이 있는 전문 지식을 갖고 있을 거라 기대되지만, 정신 건강에 대해서는 전혀 몰라도 되는 면허 같은 걸 갖고 있다. 정신과의사는 정신적 장애의 심리학적 원인에 관한 매우 깊은 지식이 있으리라 기대되지만, 신체 건강 문제에서도 유능하리라는 기대는 받지 않는다. 내가 지금 좀 희화화하고 있는 건 맞는데, 그렇다고 크게 과장하는 말도 아니다. 나는 1989년의 여섯 달 사이에, 의사로서 P부인의 경우처럼 정신적 증상에 대해 아무것도 하지 않아도 직업적으로 아무 문제가 없다는 것을 배운 수련 기간을 마치고, 이번에는 정신과 수련의가 되어 신체적 증상에 관해 뭔가 하려는 건 직업적으로 미심쩍은 일이라는 것을 배우면서 그 분계선의 양쪽 세계를 모두 경험했다.

정신과의사로서 맞이한 새로운 삶의 처음 몇 달 동안은 청

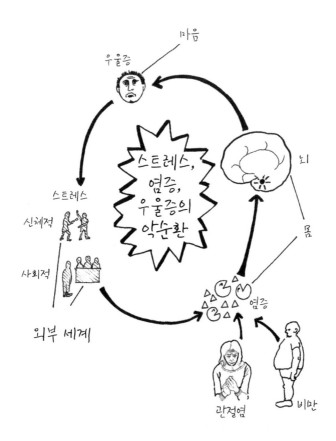

그림 12. 스트레스, 염증, 우울증의 악순환, 그리고 그 순환을 깨는 법(화가가 받은 인상대로 표현한 그림).

염증은 뇌가 작동하는 방식을 변화시킬 수 있고, 이 변화로 기분 변화와 우울장애가 생길 수 있으며, 그 때문에 사회적 스트레스의 위험성도 높아지고, 그래서 신체 염증이 일어나는 식으로 돌고 돈다. 이 악순환을 끊는 방법이 몇 가지 있다. 이원론적 세계에서 우울증은 순전히 마음의 문제이며 따라서 치료는 심리학으로 한다. 그런데 1950년대부터는 뇌에 작용하는 약으로 우울증을 치료해왔다. 명상 혹은 마음챙김 수련은 스트레스를 줄이거나 조절하는 이점이 있다. 하지만 가난이나 학대 같은 사회적 스트레스의 주요 원인들은 해결이 쉽지 않다.

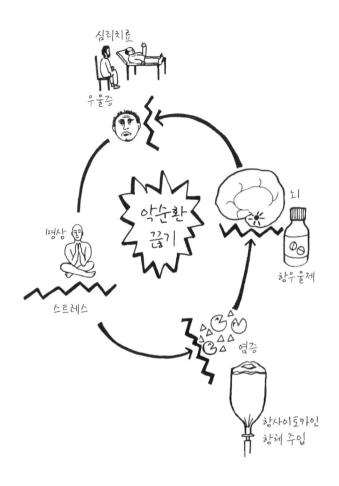

새롭게 제안하는 치료법은, 사회적 스트레스와 우울증을 연결하는 염증 고리 및 관절염과 비만 등 신체질환과 우울증을 연결하는 염증 고리를 표적으로 삼아, 몸속에 돌고 있는 이 악순환의 고리들을 끊도록 노력하자는 것이다. 염증의 신체 징후나 증상을 치료하는 데는 사용되고 있지만 아직 염증이 생긴 마음의 치료에는 사용되지 않는 항사이토카인 항체 주사 같은 것의 용도를 변경하는 것도 악순환의 고리를 끊는 한 방법이 될 수 있다.

진기를 가지고 출근했다가 튀는 짓을 한다는 눈총을 받았다. 그리고 나는 정신과 병동의 이른바 정신과 환자들 중에 진단받지 않았거나 치료받지 않은 신체질환이 있는 환자가 많다는 것을 알게 되었다. 공황발작과 알코올의존증 진단을 받은 한 남자 환자가 기억난다. 그에 관한 기록을 읽어 보니 나의 새 동료들은, 그가 빠른 맥박과 과호흡 같은 공황 증상이 자신의 불안한 마음 상태에서 기인했으리라고 판단하고, 음주가 불안과 공황발작을 가라앉혀 주리라라는 착각에 알코올을 자가 투약했다고 판단했음을 알 수 있었다. 전적으로 마음의 문제라는 것이었다. 청진기로 그의 심장과 폐의 소리를 들어보니 그 이야기의 방향이 뒤집힌 것일 수도 있겠다 싶었다. 과음 때문에 심장근육이 제대로 작동하지 못했고(의사들의 용어를 쓰면 알코올성 심근증이었다), 심장 기능 이상 때문에 그의 몸이 아드레날린을 뿜어냈으며, 넘치는 아드레날린이 공황과 불안을 몰고 왔다. 순전히 마음의 문제가 아니라, 신체적 이상에서 오는 정신적 증상이었다.

그런 일이 두어 번 벌어지자, 당시 나를 지도하던 정신과 의사가 나를 조용히 부르더니 한마디 했다. 그는 환자들이 의학적 치료를 받도록 도와주는 것은 좋은 일이라고 말했다. 하지만 나의 그런 행동을 보니 내가 정신과의사가 되는 일에 어떤 태도를 갖고 있는지 알 것 같다고 했다. 이제 내가 상당히 다른 직업적 진로에 들어섰다는 것, 몸의 세계에서 멀어져 정신의 세계로 더 깊이 들어가야 한다는 것을 받아들일 건지 아니면 계속 부인할 건지 물

염증에 걸린 마음

었다. 그 의사는 내가 청진기를 가지고 다니는 건, 흰 가운을 입은 더욱 유망한 의사 무리를 떠나 더 지위가 낮은 정신과의사가 되는 일에 대한 **내** 불안을 보여주는 징후라고 생각했다. "나는 자네가 그 탯줄을 잘라야 한다고 생각하네." 그가 용감한 표정으로 미소를 지으며 말했다. 내가 정신과의사로 다시 태어나려면 의료 행위는 그만둬야 한다는 뜻이었다. 나는 내가 정신과의사가 된 걸 부인한다고 생각하지 않았다. 글쎄, 내 입장이라면 누구라도 그렇게 생각하지 않을 거라고? 만약 내가 부인했다는 걸 강경히 부인한다면 프로이트주의자인 그 의사는 내 리비도가 무의식적 방어기제를 강화하는 것으로, 그러니까 자신이 옳았다는 증거로 해석하리라는 걸 나는 재빨리 깨달았다. 내 사무실 선반에는 아직도 청진기가 놓여 있지만 사용하지 않은 지 25년이 다 되어간다.

이 역시 또 하나의 일화일 뿐이라는 건 나도 안다. 하지만 의대생으로서, 젊은 내과의사로서, 또 젊은 정신과의사로서 내가 겪은 일이 딱히 남다른 경험이었다고는 생각하지 않는다. 나는 그 모든 경험이 인간의 상태를 질적으로 전혀 다른 두 영역으로 나눈 데카르트식 분리의 사소하지만 전형적인 결과가 정신 건강과 신체 건강의 융통성 없는 구분에 반영된 것이라고 본다. 내 생각에 이러한 의학의 분리 정책이 가져오는 더 심각한 결과는 그것이 환자들에게 더 불리하게 작용한다는 것이다.

이미 우리는 그 분리 정책이 P부인 같은 환자들에게 유리하지 않다는 것을 보았다. 부인은 '동반 이환' 우울증을 끌어안고서 아무도 없는 황무지에 오도 가도 못하게 내팽개쳐졌다. 내과 의사들은 부인의 우울증이 자신들과는 무관한 문제라고 여겼고, 정신과의사들은 부인의 증상을 진짜 주요우울장애라고 진단할 수 없었다. 부인의 피로와 비관적인 마음, 뇌에 안개가 낀 것 같은 느낌은 분리선 양쪽 어디서도 제대로 인정받지도 치료받지도 못했다. P부인은 스스로 '극복하'거나 '노력해 이겨내'거나 류머티즘 질환의 심각한 심리적 증상에 대한 '걱정을 좀 줄이'도록 말 그대로 홀로 방치되었다. 낙인과 수치의 문화도 부인의 기를 꺾어놓아서, 부인은 의학이 제대로 효과를 내지 못하며 자기 기분은 여전히 엉망이라는 불평도 하지 못했을 것이다. 모범적인 환자라면 어떻게든 잘 헤쳐나가면서 적응하고 의연하게 삶을 이어가야 한다고 여겨졌고, 사실 P부인은 그런 모범적인 환자였다. 1989년 이후로는 진료소들의 심리학적 인식이 어느 정도 개선되기는 했지만, 영국에서 주요 염증 질환을 앓는 환자를 대상으로 우울증, 피로, 인지기능에 대한 표준검사를 실시하는 일은 없다. 심각한 염증 질환을 앓은 환자들 중에는 인정받지도 치료받지도 못한 심리 증상이 있는 경우도 많을 것이다. 데카르트주의자인 의사들의 눈에는 보이지 않더라도, 오늘날에도 P부인 같은 환자들은 수없이 많을 것이다. 만약 이제 그런 환자들이 없다면 오히려 더 놀라운 일일 것이다.

또한 나는 의학의 분리 정책이 정신질환을 앓는 사람에게도 불리한 일이라고 생각한다. 내가 아는 가장 충격적인 의료 관련 통계는 심각한 정신질환이 있는 환자는 평균 기대수명이 예상보다 최소 10년 이상 줄어든다는 것이다.[2] 만약 당신이 주요우울장애나 양극성장애 또는 조현병 등 장기적으로 장애를 유발하는 정신질환을 앓고 있다면, 2018년 런던 같은 부유한 도시에 살고 있다 하더라도 훨씬 더 젊은 나이에 사망할 가능성이 크다. 달리 표현하면, 만성 조현병이 기대수명에 미치는 영향, 즉 조현병 치사율은 암 치사율과 거의 비슷하다. 두 질환 모두 수명을 10~15년 단축시킨다.

　　내가 이런 통계 결과를 알려주면 사람들은 대체로 수긍하면서 그래도 그건 자살 때문이 아니냐고 말한다. 정신적 장애는 자살을 감행할 만큼, 그것도 많은 경우 아직 젊을 때 스스로 목숨을 끊을 만큼 이성을 망가뜨리므로, 중증 정신질환자의 평균수명이 줄어드는 것은 당연하다는 반응이다. 그러나 이러한 데카르트식 반사 반응은 정답이 아니다. 자살자 수를 제외하더라도 중증 정신질환자의 기대수명은 여전히 10년이나 짧다.[3] 이른바 정신질환자라 불리는 사람이 이른 나이에 사망하는 것은 당뇨병, 심장질환, 폐질환 같은 신체질환 때문이다. 이는 분리 정책이 시행되는 의료체계 안에서 조현병과 조울증은 순전히 마음의 장애로만 다루어지고, 그런 병을 앓고 있는 많은 환자가 인정받지도 치료받지도 못한 신체질환을 갖고 있기 때문일지도 모른다. 또한 중증 정신질환이 있는 사람은 스스로 자신을 돌보기 어려운 경우가 많고 적절한 의료, 교육, 사회 서비스에 접근하기도 어렵다. 정신증 증상에 흔히 사용하는 일부 약물은 체중을 증가시키고 당뇨병을 유발한다. 많은 요인이 작동하고 있지만, 중증 정신질환이 암만큼 치사율이 높다는 엄연한 사실은, 중증 우울증이나 양극성장애, 조현병 환자 들의 조기 자살 사망률 때문에 데이터가 편향된 통계상의 왜곡이라며 무시하고 넘길 수 없다. 모든 연령대의 중증 정신질환자 중 상당수가 심각한 신체질환을 앓고 있다. 그들은 마음과 몸을 분리해놓은 의료제도를 상대해야 하는 현실 때문에 심각하게 불리한 처지에 있다.

우울증에서 벗어날 새로운 방법을 찾아서

친구나 가족 중에 우울증을 앓는 사람이 있다면, 아마 당신은 이 책을 읽으면서 면역정신의학이라는 새로운 과학이 어느 정도나 그 사람에게 중요한 의미가 있을지 궁금할 것이다. 이제는 예전 관행과 달리 그 친구의 면역계를 살펴봄으로써 우울증에서 회복하도록 도울 수 있는 새로운 방법이 있을까?

2018년에 당신의 친구가 주치의에게 가서 자신의 우울증이 염증과 관련 있는 게 아닌지 묻는다면 어떤 일이 생길까? 의사는 그의 우울증이 정말로 염증과 관련 있는지 판단하기 위해 어떤 일을 할 수 있을까? 그리고 정말 관련이 있다면 의사는 그 상황에서 어떤 일을 할 수 있을까? 안타까운 말이지만, 만약 그 의사가 정말 훌륭하고 마음이 열려 있으며 정보에 밝고 시간이 남아돈다고 하더라도, 그 결과는 정말 변변치 않을 확률이 매우 높다.

　의사가 자기 앞에 앉아 있는 그 친구를 위해 실제로 해줄 수 있는 일은 무엇일까? 예를 들어 P부인의 류머티즘성관절염처럼 심한 염증을 일으키는 질병이 있는지 알아보기 위해 여러 가지 질문을 던질 수 있다. 그러나 그 모든 질문에 대한 답이 부정적이라도, 다시 말해서 그 친구에게는 알려진 염증성질환이 없더라도, 그것은 우울증을 초래할 만큼 충분한 염증이 없다는 뜻이 아닐 수도 있다. 염증 질환이 있지만 아직 진단받은 적이 없어서 그 병의 존재를 모르고 있는 경우일지도 모른다. 아니면 과체중 때문이거나, 알츠하이머병에 걸린 아내를 돌보느라 스트레스를 받아서, 혹은 어렸을 때 학대를 당했거나, 나이가 너무 많아서, 혹은 그 밖에 염증을 일으키는 다른 흔한 요인들이 더해져 경미한 염증이 생긴 상태일 수 있다.

　의사 입장에서는 한숨이 나올 상황일 것이다. 더 자세히 알아낼 유일한 방법은 혈액검사다. 현실적으로 일반의가 사용할 수 있고 비용이 적절한 염증 검사 방법은 무엇이 있을까? 2018년 현재 영국에서 그 선택의 폭은 아주 좁다. 의사가 당신 친구의 우울증이 염증과 연관되었을 가능성을 인정했다면, 일반 혈액검사를 실시해 혈액 속 대식세포와 림프구, 기타 백혈구의 수를 측정하고 C-반응성 단백질의 혈중 수치를 알아볼 수 있을 것이다.

　혈액검사 결과 친구의 C-반응성 단백질 수치가 4.8mg/L로 나왔다고 하자. 이 수치가 의미하는 바는 뭘까? 엄청나게 높은 수치는 아니므로 친구에게는 진단되지 않은 주요 염증 질환이 없다는 의미다. 다행이지만 그래도 정상 범위 밖인 것은 분명하다. 대부분의 의사는 이 수치가 3mg/L 이하일 때 정상으로 간주하므로, 4.8은 경도 혹은 중등도 염증으로 보기 충분하다. 따라서 친구에게는 자신의 우울증이 염증과 관련 있을 거라고 믿을 근거가 하나 더 생긴 셈인데, 그렇다면 그 결과에 대해 친구나 의사가 해볼 수 있는 일은 뭘까?

당연하게 떠오르는 한 가지 방법은 아스피린처럼 이미 널리 사용되고 있는 여러 항염증약 중 하나를 복용하는 것이다. 친구의 우울증이 염증 때문이라면 항염증약을 복용하는 것은 원칙적으로 말이 된다. 그러나 실제로는 의사가 그 방법을 추천하지 않을 가능성이 크다. 현재 염증성 우울증 환자에게 항염증약을 처방하는 것을 의료계가 꺼리는 데는 두 가지 타당한 이유가 있다. 첫째, 이미 의약품으로 사용되고 있는 아스피린 등의 기존 항염증약에 항우울 효과가 있다는 확실한 증거가 없기 때문이다. 그런 증거를 얻는 데 필요한 임상시험은 아직 실시된 적이 없다. 일부 항염증약(특히 미노사이클린minocycline과 디클로페낙diclofenac)이 통증이나 염증 증상에 대해 처방했을 때 항우울 효과가 있다는 강력하지만 정황적인 증거가 있기는 하다.[4] 하지만 항염증약 중에서 공식적으로 우울증 치료 인가를 받은 것은 하나도 없다. 둘째, 의사가 효과에 대한 확실한 증거도 없이 '인가되지 않은 용도'로, 혹은 추측에 근거해 항염증약을 처방해줄 마음의 준비가 되어 있다고 하

염증에 걸린 마음

더라도, 안전상의 위험 때문에 단념할 것이다. 예컨대 아스피린은 흔히 위 자극, 위궤양, 위출혈의 부작용을 일으킨다. 환자에게 해로운 일은 절대 하지 않겠다는 히포크라테스 선서를 충실히 지키는 의사라면, 위험보다 이로움이 더 크다는 증거가 없을 경우 위험한 약을 처방하지 않을 것이다.

그러므로 2018년 현재, 신중한 의사라면 기존 항염증약을 처방하기보다는 염증의 근본 원인을 치료하는 쪽으로 유도할 것이다. 경도 염증을 일으킬 개연성 있는 원인들로는 앞에서 이야기한 비만, 노화, 사회적 스트레스, 계절주기가 있고, 그 밖에 아직 언급하지 않은 원인도 많다. 내 경우 염증이 생기거나 우울 증상이 생긴다면 치주염 탓일 확률이 가장 높다. 만성 경도 염증인 치주염은 곧잘 간과된다. 대부분의 의사는 치주염이 치과의사의 소관이라 생각해 관심을 두지 않고, 대부분의 치과의사는 잇몸질환과 우울증의 연관관계를 고민하는 대가로 진료비를 받는 것이 아니기 때문이다. 친구 입에서 나쁜 냄새가 난다면 치주염을 의심해볼 수도 있겠다.

과민대장증후군이나 간헐 대장염 같은 다양한 위장 장애도 용의선상에 올려볼 수 있다. 장에는 세균 항원들이 가득하고 그중 일부는 유독성이 있으며, 장의 길이는 8미터로 평균 신장보다 4배 더 길다. 자기와 잠재적인 비자기 세균들이 모여 있는 이 긴 접경지대의 감시탑에 대식세포들이 집중되어 있다. 침입한 세균과 수비하는 대식세포 사이에서 끊임없이 소규모 접전이 벌어지는데, 이때 대식세포들이 혈액 속으로 뿜어내는 사이토카인이 C-반응성 단백질 수치를 높인다. 새는 장 증후군(장누수 증후군)의 염증 강도는 장내 세균총(미생물군 유전체)●의 유독성과 이에 대한 면역반응의 강도로 결정된다. 어려서 빈곤 혹은 학대에 시달린 사람은 이른 시기에 극심한 사회적 스트레스에 노출되어 대식세포 군대가 이미 황색경보 단계에 들어서 있기 때문에, 수년 뒤 적대적인 장내 세균에 대해 더욱 심한 염증과 우울증 반응을 일으킬 수 있다. 아무튼 이 문제는 아주 복잡하다. 경도 염증을 초래하는 개별 요인이 많을 뿐 아니라, 그 요인들끼리 서로 복합적으로 상호작용해 염증 효과를 더욱 악화시킬 수도 있으니 말이다.

의사의 도움으로 친구가 경도 염증의 원인을 찾았다면, 이제 그 원인의 해결을 위해 노력할 단계다. 비만이 원인이라면 체중을 줄여 사이토카인 수치를 떨어뜨릴 수 있다. 새 치과의사를 찾아가거나 식생활에 변화를 줄 수도 있다. 운동을 하고 잠을 푹자고 과음을 피하는 것 같은 현명한 행동들도 염증 제거에 효과가 좋다.[5] 생활 방식 관리라는 측면에서 볼 때 아주 좋은 말이고 익히 들어온 말이지만, 사실 지키기는 매우 어려운 충고다. 어쩌면 당신 친구에게 염증이 생긴 이유는 그런 자기 노력만으로는 해결되지 않는 것일지도 모른다. 치매에 걸린 아내를 돌보느라 받은 스트레스가 원인인 경우, 그렇다고 해서 아내를 돌보지 않을 수 있

●　특정 부위에 모여 서식하는 세균들의 집합체.

　　　　　　　　　염증에 걸린 마음

겠는가? 돌보지 않아 찾아오는 죄책감은 또 어쩔 것인가? 혹은 어린 시절에 일어난 일 때문이라면 이제 와서 그 일을 되돌릴 수도 없지 않은가? 나이가 들면서 몸에 일어나는 변화들에 대해서는 또 어떻게 해야 하는가?

한마디로 당신 친구가 전과 달리 해볼 수 있는 일이 뭘까? 의사가 한숨을 쉰 이유도 여기에 있었다. 의사는 이렇게 될 줄 분명 알고 있었을 것이다. 마치 면역학 분야의 탐정처럼 우울증을 일으킨 원인을 찾아냈더라도 즉각적으로 시도해볼 만한 다른 치료법이 없다는 것을. 염증이 있는 우울증 환자에게는 선택적 세로토닌 재흡수 억제제 같은 전형적인 항우울제가 잘 안 듣는다는 것이 입증되었다. 그러니 친구의 C-반응성 단백질 수치가 4.8로 정상 범위를 벗어나 있음을 아는 의사는, 이미 선택적 세로토닌 재흡수 억제제를 복용했으나 효과가 없었던 친구에게 또다시 그 약을 처방하지는 않을 것이다. 이렇게 치료 선택지 하나가 사라지는 것은 친구에게 그리 달가운 일은 아닐 것이다. 그러나 개념적으로 보면, C-반응성 단백질 수치라는 생체지표를 (사실 다른 어떤 생체지표라도) 활용해 항우울제에 대한 치료 반응을 예측하는 것만으로도 현재의 의료 실무에서는 분명한 발전이다. 물론 그리 낙관적 측면은 아니다. 결국 염증을 줄이는 데 중점을 둔 항우울제가 아직 존재하지 않는다는 의미이기 때문이다. 다시 말해 아직 아무 변화도 일어나지 않은 상황이다. 면역계와 신경계의 상호작용에 관한 과학 이론은 상당한 진전을 이루었지만, 이 새로운 지식이 우울증이라는 실제 삶의 경험에 변화를 일으키는 단계까지는 아직 도달하지 못했다. 의료 실무에서 진정한 변화가 생기려면 새로운 치료법이 나와야 한다.

신약 개발과 시장실패

1989년에 프로작이 출시된 후 약 30년 동안, 제약업계와 생명공학업계는 새로운 우울증 치료법을 찾는 일에 수십억 달러를 투자했다. 과학적으로나, 치료의 측면에서나, 상업적으로나 그 투자로 거둔 수익은 점잖게 표현해도 실망스러운 수준이었다. 거의 아무 효과도 거두지 못한 것이 현실이다. 전도유망해 보이는 실마리들을 잡고 연구를 추진했고 수백 차례 임상시험을 실시했지만, 이프로니아지드의 우연한 발견에서 시작해 선택적 세로토닌 재흡수 억제제의 등장으로 정점을 찍었던 항우울제 혁신 이후 2세대 혁신은 아직도 이루어지지 않았다.

이미 손해를 본 일에 또다시 투자하기 싫은 기업들은 당연한 수순으로 발을 빼기 시작했다. 우울증 및 기타 정신질환에 대한 연구개발비 지출이 줄었고, 진행되던 프로젝트들이 돌연 중단되었으며, 과학자들은 직장을 잃거나 다른 치료 분야로 배치됐다. 30년 전에 비하면 연구개발 중인 새로운 우울증 치료제 수는 아주 많이 줄었다. 엄청난 액수의 투자를 하고도 새로운 항우울제 발견에 거듭 실패한 경험들이 잔뜩 쌓였다. 그러니 앞으로는 더 적은 투자로 더 큰 성공을 거둘 거라는 말을 들어도, 그 말을 믿고 다시 모험을 하려면 중력을 거스를 정도로 강한 낙천성이 필요하지 않을까. 다른 모든 조건이 같을 때, 투자가 줄면 새로운 치료법을 발견할 확률은 더 줄어든다. 그것도 우울증이 지속적으로 전 세계 노동연령대 성인의 가장 큰 장애 원인으로 꼽히고 있는 바로 이때 말이다. 미충족 임상 수요는 더할 수 없이 높아진 데 반해 공적 영역과 사적 영역 모두 투자 수준은 터무니없이 낮다. 이상적인 시장경제에서는 있을 수 없는 일이다. 수요가 높으면 그 수요를 충족하고 시장의 틈새를 메울 새로운 제품의 공급을 위해 대규모 투자를 하는 게 당연하다. 이론적으로는 우울증 연구에 돈과 재능을 쏟아부어야 마땅하지만 실제로는 돈과 재능이 모두 떠나가고 있다. 경제학자라면 시장실패라고 진단할 사례다. 제약업계에서는 과거의 사업 모델이 무너진 거라고들 말한다.

　나는 2010년에 이런 실례를 바로 눈앞에서 목격했다. 글락소스미스클라인에서 시간제로 일한 지 5년 정도 되었을 때의 일이다. 어느 월요일 오후, 긴급하게 일정이 잡힌 화상회의에 참석했다가, 회사가 이탈리아와 영국에 있는 정신의학연구센터를 즉각 폐쇄하기로 했다는 소식을 들었다. 500명 이상이 정리해고될 터였고, 진행 중이던 모든 프로젝트는 중단되거나 더 작은 회사들로 넘기고, 이탈리아의 센터 부지는 매각할 것이라고 했다. 정신건강의 전 분야에서 전략적 탈출을 감행한 것이다. 그리고 이런 행동을 취한 대기업이 이 회사만은 아니었다. 몇 주 뒤 아스트라

제네카AstraZeneca도 정신 건강 분야에 대한 연구개발 예산을 대폭 삭감한다고 발표했다. 이런 결정을 내린 금전적 논리나 사업 모델이 무너진 이유를 파악하는 것은 그리 어려운 일이 아니었다.[6] 그때나 지금이나 더 어려운 일은 그 다음에 무엇을 해야 할지 아는 것이다.

항우울제를 개발하는 데 실패한 사업 모델은 1990년경부터 2010년까지 업계 전체가 마치 관행처럼 따라한, 프로작이 닦아 놓은 경로였다. 첫 단계는 주로 세로토닌이나 노르아드레날린, 도파민 또는 그와 연관된 분자를 약물 표적으로 정해 프로젝트에 착수하는 것이다. 다음으로는 수천 가지 후보 약물 가운데 생화학적으로 해당 표적과 결합하는 능력이 있어서 시험관 안에서 그 표적의 작동 방식을 바꿀 수 있는 약물을 로봇으로 선별한다. 수천 가지 중 몇 가지 후보가 추려지면, 안전성을 조사하려는 주된 목적과 약효의 이른 증거를 보고 싶은 부차적 희망을 품고, 동물을 대상으로 한 후보 약물 시험에 돌입한다.

생쥐의 꼬리를 붙잡아 머리를 아래로 한 채 들고 있으면 생쥐는 손에서 벗어나거나 몸을 바로잡으려고 한동안 몸부림을 친다. 그러다 소용이 없단 걸 깨달으면 애쓰기를 포기하고 더 이상 버둥거리지 않는다. '꼬리 매달기 시험'이라고 알려진 이 방법은 수십 년 동안 우울증의 동물 모형으로 널리 사용되었다. 그렇게 보는 근거는, 초기 항우울제들 중에서 진정제 효과와 유사한 부작용이 있는 약물을 투여한 생쥐들이 꼬리 매달기 시험에서 덜 버둥

거렸다는 것이다. 그래서 연구자들은 새로운 항우울제도 비슷한 효과가 있을 거라고 가정했다. 거꾸로 매달기 전이든 후든, 생쥐들이 우울증 상태였다고 확신할 만한 증거는 전혀 없었다. 그러니 엄밀히 말하면, 제약업계는 새로운 항우울제를 찾는 데 생쥐를 활용한 것이 아니라, 이전 항우울제들의 부작용과 일치하는 특징이 있는 새 약을 찾아내는 데 생쥐를 활용한 셈이다. 꼭 데카르트주의자가 아니라도 거꾸로 매달린 생쥐가 사람의 우울증에 대한 훌륭한 동물 모형이 아니라는 것은 쉽게 알 수 있을 것이다.

화학적 선별과 동물실험이라는 전前임상시험 단계를 거쳐 가장 유망한 약물을 선발했다면, 이제 사람을 대상으로 시험해볼 차례다. 제1상 임상시험은 약이 안전한지 확인하고 최대 허용 용량이 어느 정도인지 알아보기 위해 건강한 자원자에게 시험한다. 그런 다음 제2상이라는 중요한 단계로 이어진다. 이때가 우울증 환자를 대상으로 하는 첫 임상시험 단계다. 동물실험 과정과 마찬가지로 제2상 시험도 주로 미리 짜인 공식대로 전형적인 경로를 따르도록 설계된다. 주요우울장애 환자 수백 명을 모집해 반반으로 나누어 무작위로 위약과 신약을 할당해 투여하고 2~3개월간 결과를 지켜보는 것이다. 치료를 시작할 때와 끝낼 때 정신과의사가 환자를 면담하거나 환자에게 자신의 우울 증상에 관한 설문지를 작성하게 한다. 약물 치료를 받은 환자 쪽이 위약 치료를 받은 환자 쪽보다 증상이 훨씬 더 개선되었다면 그 시험은 성공한 것으로 간주되고, 이제 마지막 단계인 제3상 임상시험으로 넘어간다.

제3상도 기본적으로는 제2상과 동일한 계획을 따르지만, 수백 명이 아니라 주로 수천 명의 환자가 참여하는 규모가 큰 시험이다. 제3상 시험이 끝났을 때 위약 대조군과 비교해 그 약이 여전히 통계적으로 유의미한 효과를 냈다면, 판매 허가 승인을 받기 위해 정부 기관에 데이터를 제출한다.

투자 규모는 대략 한 연구의 제1상 연구에는 100만 달러, 제2상 연구에는 1000만 달러, 제3상 연구에는 1억 달러 규모로 증가한다. 하나의 분자를 정신 의료 시장에 내보내는 데까지 드는 총비용은 2010년 기준 8억 5000만 달러로 추산됐다. 하지만 대부분의 약이 도중 어디선가 실패에 부딪혔다. 전반적인 성공률은 10퍼센트 이하인데, 모든 과정을 통과한 소수의 약들은 그 약 자체에 들어간 개발 비용뿐 아니라 실패한 다른 후보들에 들어간 매몰비용까지 회수해야 하므로 어마어마한 액수의 수입을 창출해야 한다. 해피엔딩이 되는 유일한 길은 최대한 많은 수의 우울증 환자에게 처방되어 한 해에 수십억 달러씩 벌어들이는 블록버스터가 되는 것이다.

돌이켜보면 이 사업 모델이 결국 파산한 것은 전혀 놀라운 일이 아니다. 그것이 무너지지 않았던 시절이 한때라도 있었다는 것이 오히려 더 놀랍다. 지금 보면 과학적으로 전혀 이치에 안 맞는 모형이었다. 대개 표적의 선택과 동물실험은, 생산라인 확장에 기여할 수 있거나, 이미 성공한 기존 약물과 최대한 유사한 '따라쟁이' 약물을 만드는 것을 우선적 목표로 설계되었다. 터놓고 말해

염증에 걸린 마음

서, 제약업계는 더욱 혁신적인 약물을 만들어낼 새로운 표적을 탐색하는 것이 아니라, 세로토닌과 도파민과 그 연관 표적들만을 계속 쪼아댔다. 또한 임상시험과 마케팅에서도 '범용' 접근법을 썼다. 즉, 모든 우울증 환자에게 똑같이 효과를 낼 약을 찾으려 한 것이다. 약이라는 물리적 매개물이 어째서 우울증 같은 마음 상태에 영향을 미칠 수 있는지 이해하려는 노력도 별로 없었다. 구식 임상시험에서는 생체지표나 DNA 염기서열을 검토하지도, 뇌스캔 영상을 들여다보지도 않았다. 물론 1990년대와 2000년대 초에는 그런 생의학 기술들이 모두 존재했던 건 아니지만 말이다. 한편 뇌스캔으로 세로토닌 수준을 알아내는 것처럼, 당시에 있었다면 매우 유용했을 법한 기술 중에는 아직까지 개발되지 않은 것도 있다. 어쨌든 제약업계에서 임상시험의 생물학적 데이터를 공개하지 않았으므로, 우리는 그 약들의 메커니즘이나 가장 효과를 볼 환자 유형에 관해서도 깊이 알지 못했다. 우리가 그걸 잘 모른다는 사실도, 모즐리병원 진료실에서 그 환자와 대화를 나누기 전까지는 깨닫지 못했지만 말이다.

　블록버스터 약물 사업은 데카르트가 지배하는 세계에서 항우울에 내포된 철학적 혹은 희극적 역설 따위에는 개의치 않았다. 어떤 개발 프로그램이 꼬리 매달기 시험에서 시작해 제3상에서 긍정적 결과 데이터를 낼 수 있다면, 그렇게 희박한 가능성을 뚫고 이루어진 성공이 그 프로그램을 정당화할 테니 말이다. 무엇을 더 바라겠는가? 그러나 일단 시장이 이 초기 로또 당첨자들로 포화상태가 되면 '발 빠른 모방자들'이 상업적 성공을 거두기가 점점 더 어려워지고, 그제야 그 사업 모델은 무언가 결함이 있는 것으로 여겨지게 된다. 그 모델 자체로는 왜 실패했는지 설명할 수 없다. 성공할지 아닐지 예측할 수도 없다. 과학적으로는 완전히 고갈되었고 사업적으로는 파산했다. 여기까지는 시장실패가아니다. 그것은 동력이 소진되고 시장의 힘에 짓눌린 사업 모델의피할 수 없는 운명이다. 약 150년 전 한때 번창했던, 체액 불균형을 바로잡아 준다던 약초 사업에서도 똑같은 일이 벌어졌었다.

경제학자들은 곧잘 '창조적 파괴'라는 표현을 쓴다. 옛 사업들이 시장에 의해 사망선고를 받고, 그럼으로써 새롭고 더 나은사업들이 번성할 공간이 만들어진다는 것이다. 옛 사업은 치고 올라오는 새로운 경쟁자에 의해 무너지기도 하지만, 때로는 강력한경쟁 사업이 시장에 등장하기도 전에 다른 이유들로 무너지기도한다. 2010년에 항우울제 개발의 옛 사업 모델이 무너진 것은 그자리를 대신할 새로운 사업 모델이 준비되어 있어서가 아니었다.단순히 그 모형에 지속가능성이 없었기 때문이었다. 투자 대비 충분한 수익을 거두지 못했고, 엄청난 개발비용을 정당화할 정도의치료 혁신도 이루지 못했다. 새 모델이 마련되기도 전에 옛 모델이사망한 것이다. 그리고 옛 모델이 사망한 지 6개월 안에, 혹은 6년안에, 혹은 60년 안에 새로운 모델이 분명히 태어난다고 단언하는경제학의 법칙 같은 것은 없다. 최근 붕괴한 사업 영역에 한 기업또는 한 경제 부문이 다시 투자를 시작할 때까지 얼마나 기다려야

염증에 걸린 마음

할지는 아무도 모른다. 창조적 파괴가 필요한 것일지는 모르나 그 파괴가 언제나 재빠르게 창조적으로 이루어지는 것은 아니다.

그 월요일 아침의 화상회의 이후 몇 주가 지난 뒤, 나는 글락소스미스클라인의 상사에게 회사가 우울증과 정신의학에 다시 투자할 거라고 생각하는지 물었다. "나는 절대 안 한다는 말은 절대 안 합니다. 하지만 우리가 다시 거기 들어간다면," 그의 말투는 '거기'가 체르노빌이라도 되는 것처럼 엄숙했다. "전과는 완전히 달라야만 합니다. 멈춰서 좀 기다려보다가 예전에 하던 일을 똑같이 다시 시작하는 일은 없을 거요. 그러니까 나한테 옛날식 제2상 임상시험에 수천만 달러를 들고 다시 뛰어들라고 요구하지는 말아요. 그런 일은 일어나지 않을 테니까요. 먼저, 다음에는 어떻게 다를 것인지 당신이 내게 말해줘야 할 겁니다."

염증성 우울증의 치료약을 찾아서

만병통치약이라는 말은 더 이상 나올 수 없다. 이제 우리는 우울증이 모두 똑같은 한 가지 병이라는 생각을 떨쳐버려야 한다. 더 이상 암이 머리가 여럿 달린 괴물 같은 병이 아니라, 수천 가지 다양한 암들의 집합임을 알게 된 것처럼 말이다. 우울증에는 아주 다양한 원인이 있을 수 있으므로 만병통치약의 가능성은 포기해야 한다. 우울증의 수많은 원인을 무시한 채로, 선택적 세로토닌 재흡수 억제제나 인지행동치료 같은 단 한 가지 치료법이 모든 환자를 치료할 최선의 치료법이라고 어떻게 생각할 수 있단 말인가?

만병통치약의 가능성을 배제한 건 바로 과학이다. 대신 우리는 우울증의 주요 원인을 어떻게 밝혀낼 것인지, 동일한 발병 원인을 공유하고 있어 특정 치료에서 공히 좋은 효과를 볼 수 있는 우울증 환자 집단을 어떻게 정의할 것인지 생각해야 한다. 이런 접근법은 환자의 입장에서 볼 때 당연히 더 이롭다. 특정 약물에서 도움을 얻을 가능성이 아주 적은 환자가 그 약의 위험성에 노출될 일을 줄여주기 때문이다. 이런 노선을 따라 신경면역학의 과학을 해석해 항우울제를 만들어내려면, 모든 우울증 환자가 아니라 일부 우울증 환자에게 우울증을 일으킨 염증 메커니즘을 표적으로 하는 치료법을 설계해야 한다. 항염증약이 염증성 우울증 환자에게 좋은 효과를 낼 수 있으리라는 기대는 여전히 존재한다. 우울증 증상이 있지만 염증은 없는 환자는 기존의 항우울제 치료나 미래에 나오게 될 새로운 비면역적 치료에서 더 도움을 받을 것이다.

프로작과 그 사촌들이 블록버스터가 된 데는 두 가지 이유가 있다. 바로 엄청난 상업적 성공과 거의 무제한적인 승인이다. 그 약들은 만병통치약처럼 사용되었고, 우울증(과 다른 많은 장애)에 대한 범용 치료제로 제공되었다. 차세대 항우울제는 아마도 더 개개인에 맞춘 약일 것이고, 한 가지 특정한 이유 때문에 우울증이 생긴 환자의 치료에 큰 도움이 될 약일 것이다. 새로운 항우울제의 개발과 출시는 이른바 동반 진단●과 결합될 가능성이 크다. 동반 진단이란 개발 중인 신약과 연계해 사용될, 이미 유효함이 확증되고 승인된 생체지표들을 말한다. 예를 들어 혈액검사 같은 간단한 임상 절차를 통해 어떤 우울증 환자가 신약에서 가장 큰 혜택을 얻을지 예측하는 식이다. 이런 유형의 틈새 버스터 제품이 프로작 같은 전통적 블록버스터 항우울제에 맞먹는 규모의 상업적 성공을 거둘 수 있을까?

　　그걸 누가 장담할 수 있겠는가? 하지만 상업적 관점에서는 잠재 시장의 규모를 당연히 중요하게 고려해야 한다. 항우울제로서 아주 좋은 효과를 내지만, 염증에 의해 우울증이 생긴 일부 환자들에게만 효과를 내는 약이라면 어느 정도 규모의 시장을 형성할까? 이는 염증이 있는 환자와 없는 환자를 구분하는 기준에 따라 달라질 것이다. 또한 주요우울장애의 전통적 정신의학 진단대로 정신질환으로서 우울증에만 초점을 맞출 것인지, 아니면 P부인처럼 신체질환이 있으면서 동반 이환으로 우울증이 있는 환자들도 고려할 것인지에 따라서도 달라질 것이다. 먼저 2012년에 주요우울장애 삽화를 한 번이라도 겪은 사람이 3억 5000만 명, 즉

●　어떤 치료약을 특정 사람에게 사용해도 될지 판단하기 위한 검사를 말한다. 약물에 대한 반응 또는 심각한 독성을 예측할 수 있는 생체지표를 가지고 실시하며, 생물학적 특징을 기준으로 특정 약의 치료에 반응하는 사람과 반응하지 않는 사람을 구분해 환자 그룹을 선별하거나 배제하는 데 사용된다.

세계 인구의 7퍼센트라는 사실에서 출발해 대략 추정해보자. 이들 중 얼마나 많은 수가 염증 혈액검사를 통과할 거라 예측할 수 있을까? 생체지표로 C-반응성 단백질을 사용한다면 염증에 대한 커트라인은 3mg/L가 될 것이고, 그렇다면 주요우울장애 환자 중 약 3분의 1이 새로운 항염증성 약물로 치료받기에 적합하리라고 예상할 수 있다. 이는 1억 명이 넘는 수다. 세상에 우울증을 겪는 사람이 엄청나게 많다는 사실이 지닌 유일한 장점은, 생체지표로써 구획되는 틈새시장의 규모가 매우 커서 개인별 맞춤 약물 제공으로도 상업적 기회를 창출할 수 있다는 점이다.

염증성 우울증을 치료할 신약이 개발되면, 우울증 환자 가운데 이 치료에 적합한 이들을 가려낼 혈액검사, 그리고 염증 생체지표에 의해 치료에 반응하리라고 예측되는 환자 집단을 대상으로 한 약물 실험도 타당성을 인정받게 될 것이다. 새로운 항우울제로 승인받는 데 필요한 엄격한 기준들을 만족시키며 이 모든 일을 해내려면 엄청난 시간과 돈이 필요하다. 내가 기대하는 최선의 상황은 지금부터 5년쯤 지나면 P부인처럼 동반 이환 우울증이 있는 환자들이 사용할 수 있는 새로운 항염증약이 나오고, 5~10년 뒤에는 주요우울장애가 있는 일부 환자들도 사용할 수 있는 항염증약이 나오는 것이다. 아주 긴 시간처럼 느껴질 수도 있다. 하지만 냉철하게 산업적인 관점에서 보면 이마저도 성공 확률은 50퍼센트 미만이다. 대부분의 약품 개발 프로젝트가 실패하며, 특히 항우울제 개발 프로젝트에서는 임상시험에서 긍정적 결과가 나올 확률이 암울할 정도로 낮다는 사실을 기억하자. 현재 제약업계와 생명공학업계를 탐문해보면, 전반적으로 업계 사람들은 항염증약이 모든 단계를 무사히 통과해 새로운 유형의 항우울제로 자리 잡게 될 확률을 20퍼센트 정도로 본다는 인상을 받는다. 앞으로 몇 년 안에 긍정적인 임상시험 결과가 새로 나온다면 20퍼센트의 성공 확률은 극적으로 상승할 것이다. 그러나 정신의학의 역사에는 착각으로 밝혀진 헛된 기대들이 많았고, 최근 면역학적 항우울제에 관한 치솟는 낙관론 역시 또 하나의 헛된 기대로 드러날지도 모른다. 그 꾸러미 안에는 여전히 실패 리스크도 들어 있는 셈이다. 확신을 심어줄 만큼 긍정적인 임상시험 데이터가 나올 때까지 그 리스크는 계속 남아 있을 텐데, 안타깝게도 아직 그런 데이터는 나오지 않았다.

하지만 제약업계가 임상시험을 계속하도록 용기를 주는 사실이 있으니, 바로 이미 개발되었거나 다른 질병들에 대해 사용 승인이 난 항염증약 수십 종이 염증성 우울증 치료에도 유용하게 쓰일 잠재성이 있다는 점이다. 업계 용어로 이를 용도 변경이라고 한다.[7] 원리상 이는 맨바닥에서부터 새로운 항염증약을 개발하는 일, 그러니까 최초의 생화학적 선별 연구에서부터 동물실험을 거쳐 제1상 안전 연구까지 들어가는 비용을 들이지 않으면서도, 우울증과 관련된 일련의 면역계들을 표적으로 삼을 수 있게 해준다. 이처럼 곧바로 제2상 단계로 들어갈 수 있기 때문에, 이미 인간 면역계에서 표적을 안전하게 처리하는 것으로 밝혀진 약물이 우울증 환자에게도 효과를 낼지 여부를, 비용과 시간을 더 적게 들이고 덜 위험하게 알아낼 수 있는 것이다.

옛 사업 모델의 붕괴에서 나온 매캐한 낙진이 아직도 우울증 상공에 드리워 있고, 대규모 투자가 실패로 돌아간 기억들이 아직 생생하지만, 용도 변경은 제약업계가 다시 항우울제 연구를 시작하는 데 힘이 될 수 있다. 일이 잘 풀리면, 전통적으로 마음의 장애와 관련이 있다고 여겨지지는 않았던 기존의 수백 가지 항염증약들 중 일부를 용도 변경해 혁신의 파도를 몰고 올 수도 있다. 정말 잘 된다면, 1970년에 세로토닌을 표적으로 정하고 1990년에 신약으로 출시된 프로작처럼, 새로운 표적에서 약의 완성까지 대개 20년이 걸리는 데 비해 비교적 짧은 기간인 5~10년 안에 그 혁신이 이루어질 수도 있다.

어떤 사람이 항염증약에 더 잘 반응할지 예측하는 데 사용할 수 있는 생체지표의 수가 거의 무한하다는 점도 고무적이다. 나는 C-반응성 단백질을 주로 거론했지만, 그것이 염증성 우울증에 가장 좋은 생체지표 혹은 유일한 생체지표이기 때문은 아니다. 단지 이것이 의학계에서 오랫동안 사용되었고, 1990년대 초창기 면역정신의학 연구에서 쉽게 사용할 수 있는 생체지표였던 덕에, 그 이후로 원래 어둠침침했던 그 분야에서 길을 안내하는 불빛 역할을 해왔기 때문이다. 그러나 나는 더 좋은 생체지표들이 존재하리라고 기대한다. 혈중 C-반응성 단백질 수치나 사이토카인 수치에 비해 여러 환자 집단 사이에서 더 큰 차이를 보여주거나 신약

염증에 걸린 마음

의 작용 메커니즘을 더욱 정밀하게 보여줄 검사가 존재할 것이다. 현대 면역학은 말초 면역계 프로파일링에 대한 이례적으로 폭넓은 기술이 있으며, 그 기술 중 상당수가 이제 막 우울증 연구에 사용되기 시작하는 단계. C-반응성 단백질 수치는 우울증에 대한 최초의 유용한 면역 생체지표임을 증명했지만 결코 마지막 생체지표도 아니고, 모든 용도에 최선인 생체지표도 아니다.

또한 예전에 나온 임상시험 데이터들을 새로운 렌즈를 끼고 재검토하면서 신약의 가능성을 찾아보는 것도 좋은 방법이다. 항종양괴사인자 항체를 사용한 선구적인 류머티즘성관절염 치료를 본받아, 지난 10년 간 다양한 염증성질환에 대해 수십 가지 항사이토카인 항체가 임상시험에 사용되었다. 여러분도 짐작하겠지만, 현재까지 발표된 모든 항사이토카인 항체 시험은 환자의 신체 건강에 미치는 영향을 우선적으로 측정하는 계획에 따라 설계되었다. 예를 들어 류머티즘성관절염에 대한 새로운 항체 연구 대부분은 부은 관절에 대한 신체검사를 1차 측정치로, 즉 그 약이 효과를 내는지, 그 시험을 성공으로 간주할 수 있을지 판단하는 핵심 측정치로 사용해왔다. 그런데 이런 종류의 임상시험들이라도 정신 건강을 완전히 도외시한 것은 아니었다. 대략적으로라도 정신 건강을 2차 측정치로 삼고 환자에게 이런 식으로 설문하는 경우가 많았다. "당신이 우울한 정도를 점수로 매긴다면 1~4점 중 몇 점에 해당합니까?" "에너지 수준은 얼마나 됩니까?" 그러니까 마치 그 연구들이 처음부터 해당 약물이 (관절의 부기가 아니라) 우울증에 미치는 효과를 시험한 연구인 것처럼, 정신 건강 점수에 해당하는 이 2차 측정치를 다시 분석해볼 수 있다. 그리고 거기서 나온 결과들은 상당히 인상적이다. 최근 류머티즘성관절염, 건선, 천식을 포함한 다양한 병이 있는 환자 수만 명을 대상으로 위약 대조시험을 실시한 수십 건의 연구 데이터를 재분석한 연구들이 있는데, 시험 대상이었던 항염증약들의 효과 크기가 평균 0.4로 나왔다.[8,9,10] 이게 어느 정도의 효과인 것일까? 0.4는 큰 수처럼 보이지 않겠지만, 동일한 척도에서 선택적 세로토닌 재흡수 억제제의 평균 효과는 0.2 정도밖에 안 된다. 표면적으로 이 결과는 새로운 항염증약들이 표준적으로 사용되는 기존 항우울제들보다 우울증 증상을 치료하는 데 2배나 효과적일 수 있다는 의미다.

그러나 함정이 하나 있다. 해묵은 데카르트주의가 쳐놓은 또 하나의 함정이다. 지금까지 시행된 모든 임상시험에서 해당 약물이 우울증에 미치는 효과는 치료가 시작된 지 2~3개월 정도가 지난 뒤에야 처음으로 측정되었다는 점이다. 그 무렵이면 많은 환자의 신체 건강이 상당히 호전되었을 터이다. 관절염 환자는 관절 통증이 줄어들고 엑스선사진으로 본 관절의 모습도 개선되었을 것이며, 건선 환자는 얼굴과 팔꿈치에 있던 빨간 염증 플라크의 크기와 수도 줄었을 것이다. 그러니 데카르트주의자라면 누구나 재빨리 이렇게 지적할 것이다. 치료할 수 없는 병을 앓고 있다고 생각했는데, 새로운 치료법을 시도해서 그 병이 나았다면 당연히 우울한 기분이 한결 덜어지지 않았겠느냐고 말이다. 항사이토카인 치료는 표면적으로 항우울 효과가 있는 것이 분명해 보이지만, 염증성질환의 정신 증상에 대한 의료계의 무관심을 정당화해왔던 바로 그 논리에 의해 의미가 심하게 격하된다.

그리하여 우리는 다시 인과성의 질문에 맞닥뜨린다. 신체 건강 개선에 대한 심리적 반응이 아니라 항염증약이 직접 정신 건강을 개선한다는 것을 보여주기 위해서는, 정신 건강에 이로운 효과가 신체 건강에 나타난 효과보다 먼저 나타났거나 그 효과를 예측하게 한다는 것을 확실히 증명해야 한다. 항종양괴사인자 항체 투여 후 즉각 기분이 좋아지는 효과인 '레미케이드 하이'는 아직 충분히 연구되지는 않았지만, 항염증약이 그만큼 신속한 항우울 효과를 낼 수 있다는 흥미로운 단서를 제공한다. 선택적 세로토닌 재흡수 억제제는 효과를 내기까지 보통 2~6주가 걸리는데, 효과가 더 빠른 항우울제가 있다면 의사나 환자 모두에게 훨씬 더 유용할 것은 말할 필요도 없다. 물론 우리는 그 효과를 증명할 연구를 계속 해나가야 한다.

지금까지 항염증약의 항우울 효과를 검증하려는 목적의 위약 대조 임상시험은 매우 소수였고, 그 결과도 결정적이지 않았다. 그리고 그중 단 한 건만이 항사이토카인 항체에 관한 연구였다.[11] 전통적 항우울제에 잘 반응하지 않는 치료 내성 우울증 환자 60명에게 무작위로 항종양괴사인자 항체 치료와 위약 치료를 진행했다. 8주 후, 항체 치료를 받은 환자 집단은 우울 증상의 강도가 상당히 완화되었다고 보고했지만, 위약을 사용한 환자 집단도 같은 보고를 했다. 서로 다른 치료를 받은 두 집단 사이에 평균적으로 유의미한 차이가 없었던 것이다. 그런 의미에서 그 실험 결과는 음성이었다.

그런데 연구자들이 데이터를 좀 더 깊이 들여다보자 모든 환자가 치료에 동일한 방식으로 반응한 게 아니라는 사실이 드러났다. 시험이 시작되기 전 시점에 이미 C-반응성 단백질 수치가 더 높았던 환자는 수치가 더 낮았던 환자에 비해 항우울 효과가 더 강력하게 나타났다. 바꿔 말하면 그 항염증약은 누구에게나 듣는 만병통치약이 아니었다. 염증이 없는 우울증 환자보다 염증이 있는 우울증 환자에게 더 좋은 효과를 내는 것 같았다. 그런 의미에서 보면 그 실험 결과는 양성이었다.

그러니 앞으로는 우울증에 대한 항염증약 시험의 첫 단계부터 염증 생체지표를 사용해 그 치료로 혜택을 볼 확률이 높은 환자를 식별해내는 일이 일상화되리라 예상된다. 모든 약품 개발 프로젝트에 내재한 리스크에도 불구하고 나는 가까운 미래에 이런 새로운 유형의 항우울제 시험에 상당한 투자가 이루어지리라고 생각한다. 앞으로 몇 년, 이 분야를 지켜보는 것은 분명 흥미진진한 일이 될 것이다.

그렇다면 염증성 우울증에 대한 비약물 치료는 어떨까? 약물 외에도 스트레스와 염증과 우울증을 잇는 악순환을 깰 다른 방법이 있을까?

우리는 최근에 발견된 염증 반사를 통해, 미주신경이 비장에서 대식세포의 사이토카인 방출을 통제한다는 사실을 알게 됐다. 또한 몸에 이식한 전기자극기로 미주신경을 자극하면 류머티즘성관절염 환자의 염증을 급격히 감소시키고 증상을 개선할 수 있다는 것도 안다. 하지만 널리 알려지지 않은 또 하나의 사실이 있으니, 바로 2005년부터 미주신경자극이 우울증 치료법으로도 승인을 받았다는 것이다.

목을 따라 내려가는 미주신경 근처에 자극용 전극을 심고, 본인이 직접 미주신경 자극의 타이밍과 지속시간을 조절할 수 있는 조종장치를 피부 바로 밑에 심는 것으로, 많은 우울증 환자가 이 미주신경자극기를 사용하고 있다. 이 방법이 승인을 받은 이유는 안전하며 효과가 있어 보이기 때문이었다. 그러나 그 효과에 관한 대부분의 연구가 대조군 시험으로 위약 효과를 검토하지는 않았기 때문에 자극기 치료법의 가치에는 아직 의문의 여지가 있다. 또한 실제로 효과가 있다고 해도, 어떤 메커니즘 때문인지 분명히 밝혀지지 않았다.[12] 아직 이를 뒷받침하는 확실한 실험 데이터는 없지만 어쨌든 전통적인 설명으로는, 장치에서 나온 전기자극이 미주신경을 타고 뇌간으로 올라가 세로토닌과 노르아드레날린을 생산하는 세포들을 활성화시키고 그럼으로써 뇌의 나머지 부분으로 가는 세로토닌 신호를 증가시킨다는 것이다. 다시 말해서 미주신경자극은 전기로 작동하는 선택적 세로토닌 재흡수 억제제 같은 것으로 여겨진 셈이다. 그런데 혹시 그보다는 전기로 작동하는 항사이토카인 항체처럼 효과를 내고 있을 가능성이 더 큰 건 아닐까? 미주신경에서 뇌로 올라가는 전기자극이 아니라 미주신경에서 비장으로 내려가는 전기자극에 의해, 뇌의 세로토닌을 증가시키는 것이 아니라 몸의 염증 사이토카인을 감소시킴으로써 나오는 효과인지도 모르는 것이다. 아직 우리는 어느 쪽인지 확실히 모른다.

만약 미주신경자극의 우울증 치료 효과가 항염증 작용 때문이라는 게 확실히 밝혀진다면, 이는 비용이 많이 드는 전기자극기 이식 수술이 어떤 환자에게 가장 효과를 낼지 예측할 때 혈액 생체지표들을 사용하는 계기가 될 것이다. 그리고 전기자극기를 이식해 미주신경을 자극하는 일에서도 덜 침습적인 방식과 스마트 기기를 활용하는 방법을 개발하기 위해 더 많은 연구가 추진될 것이다. 생물학적 과정을 전기적으로 추적 관찰하고 자극하는 장치를 만드는 생체 전자bio-electronics 기술은 급속히 발전하는 중이지만, 아직 새로운 우울증 치료법을 개발하는 방향으로 나아가고 있지는 않다. 그러나 앞으로 10년 쯤 지나면 우울증을 일으키는 염증 신호를 전기적으로 가라앉힐 수 있는 차세대 생체 전자 기기가 나올 가능성도 충분하다.[13]

우리는 또한 스트레스와 연관된 염증에 관한 최근의 발견들을 통해, 공개 발언이나 학대 같은 사회적·심리적 충격이 신체 염증을 증가시킬 수 있다는 사실도 알고 있다. 이런 말을 들으면 스트레스 조절 기술을 키워주는 심리치료나 명상도 항염증 효과를 낼 수 있으리라고 짐작된다. 이에 대한 증거가 실제로 존재한

염증에 걸린 마음

다. 마음챙김 수련은 노년층 성인의 외로움을 감소시키고, 백혈구에 의한 염증 유전자의 발현도 감소시켰다.[14] 최근 명상이나 태극권 같은 심신 치료 기법의 면역학적 효과에 관한 여러 연구 결과를 종합해 분석한 결과, 그 기법들이 염증에 대한 대식세포 활성화 반응을 통제하는 유전자 발현을 유의미하게 감소시켰음이 드러났다.[15] 몸의 염증반응을 통제하는 방향으로 마음을 훈련하는 일은 가능하며, 이는 심리치료가 우울증에 효과를 내는 메커니즘 중 하나일 것이다.

명상을 비롯한 스트레스 관리 방법들이 이미 효과를 내며 널리 사용되고 있으므로, 신경면역학적 지식이 우울증 심리치료에 새로운 변화를 일으킬 여지는 별로 없을 거라는 생각이 들지도 모르겠다. 그러나 예를 들어 염증 생체지표를 그 치료법들에 대한 일종의 바이오피드백으로 활용할 수도 있다. 그러면 사람들이 명상을 실행하고 스트레스 관리 기술을 향상시킴에 따라 신체의 염증 상태에 어떤 차도가 생기는지를 구체적인 생물학적 정보로 확인할 수 있을 것이다. 이런 걸 '사이토카인이 안내하는 심리치료cytokine-guided psychotherapy'라 부를 수 있지 않을까? 물론 내가 아는 한 아직 이런 치료는 존재하지 않는다. 그러나 탈데카르트주의 세계에서는 심리치료의 효과가 마음에만 한정된다고 생각할 이유도 없고, 명상이 대식세포에 미치는 영향을 측정하지 말란 법도 없다.

알츠하이머병 치료에 진전이 없는 이유

치매라는 말은 우울증이나 염증처럼 아주 오래된 단어처럼 들리지만, 사실은 18세기에 들어서야 만들어진 신조어다. 라틴어 몇 개를 조합해 만든 이 단어는 '정신 상실'을 뜻한다. 게다가 치매가 세월의 흐름이 아니라 뇌의 질병 때문에 생길 수도 있다는 생각은 19세기 말에 이르러서야 초기 신경과학자들이 처음으로 제기했다. 19세기 말의 과학자 알로이스 알츠하이머Alois Alzheimer 는 지금은 프로이트에게 뒤지지 않는 인지도가 있고, 자신의 멘토였던 에밀 크레펠린보다 훨씬 더 유명해졌지만, 살아생전에는 그리 대단한 명성을 누리지 못했다. 그가 유명해진 것은 프랑크푸르트 근처 한 정신병원에 입원해 있던 아우구스테 데테르Auguste Deter라는 50대 여성 환자 사례 때문이다. 그는 노망이 들려면 한참 먼 나이인데도 치매가 급속도로 진행되고 있었다.[16] 아우구스테가 56세의 나이로 사망하자, 크레펠린이 뮌헨에 세운 '뇌와 정신 건강 연구소'에 초대받아 해부학 실험실을 차린 알츠하이머는 그의 뇌를 그 실험실로 가져갔다. 현미경으로 뇌 조각들을 살펴본 그는 뉴런 속과 주변에서 특이한 섬유질과 얼룩덜룩한 물질들이 뭉친 덩어리를 발견했다. 지금 그것은 플라크plaque와 덩어리tangle라고 불린다. 그것들에 대한 알츠하이머의 묘사는 지금 우리에게는 그가 무엇을 본 것인지 확실히 알 만큼 충분히 명확했지만, 당장 그의 동료들은 그리 깊은 인상을 받지 않았다.

전하는 이야기에 따르면 1907년에 알츠하이머가 한 정신

　　　　　　　　　　　　　　염증에 걸린 마음

의학 컨퍼런스에서 자신의 발견을 처음으로 발표한 직후, 훨씬 기대를 모았던 강박적 자위 사례에 관한 발표가 바로 다음 순서로 이어졌고, 그 때문에 알츠하이머는 청중의 질문을 하나도 받지 못했다고 한다. 앞에서 나는 공적인 자리에서 질문을 받는 것이 스트레스 심한 일이라고 말했는데, 과학자가 강연 후에 아무 질문도 못 받는 것 역시 굴욕적이다. 그것은 자신이 한 이야기가 의심을 불러일으킬 만큼도 흥미롭지 못했음을 암시하는 상황이다. 데테르 부인의 뇌에 있던 플라크와 덩어리는 그것을 기억하던 크레펠린이 1910년에 자신의 정신의학 교과서 8판에 그녀를 세계 최초의 알츠하이머병 환자로 다시 소개하지 않았다면 영원히 역사의 뒤안길로 사라져버렸을 것이다.

크레펠린은 알츠하이머병이 데테르 같은 비교적 젊은 소수의 사람들에게 나타나는 매우 드문 치매의 원인이라고 생각했지만, 뇌에 혈액 공급이 줄어든 탓에 생기는 훨씬 흔한 노인성 치매의 원인은 아니라고 생각했다. 1980년대에 바트의 의대생들이 치매에 관해 배운 내용도 대략 그와 비슷했다. 당시 우리는 작은 소리로 '노망'이라며 쑥덕거렸다. 그리고 알츠하이머가 누구나 아는 유명한 이름이 된 것은 로널드 레이건 미국 전 대통령이 알츠하이머병 진단을 받았다고 밝힌 1994년부터니, 겨우 25년 전 일이다. 그 사이 우리는 고령화 사회에서 발생하는 치매 사례의 대다수가 뇌에 플라크와 덩어리가 축적된 결과인 알츠하이머병 때문이라는 것을 알게 되었다.

알츠하이머는 그 플라크와 덩어리가 무엇인지 전혀 알지 못했다. 단지 '특이한 물질'이라고만 묘사했을 뿐이다. 이후 그것들이 단백질에서 형성된다는 것, 타우와 아밀로이드라는 불용성이 강한 단백질들이 이례적으로 많을 때 형성된다는 것이 밝혀졌다. 나이가 들어감에 따라 모든 사람의 뇌에서는 이 단백질들이 응집되고 '잘못 접혀'● 플라크와 덩어리를 이루는 현상이 생긴다. 그렇다고 모든 사람이 '알츠하이머병에 걸리는' 것은 아니다. 우리는 아직 플라크와 덩어리가 왜 어떤 사람에게는 진행성 치매를 초래하고 어떤 사람에게는 그러지 않는지 알지 못하지만, 이에 대한 그럴듯한 설명 하나는 면역계를 중심축에 둔 것이다. 타우와 아밀로이드는 인간 단백질이지만 평범한 인간 단백질은 아니다. 면역계의 관점에서 보면 항원이자 비자기이며 외래 단백질인 것이다. 이렇게 되면 여러분도 예상하듯이 염증반응이 일어난다.

● 　세포핵에서 DNA의 유전정보를 전사해서 만들어진 전령RNAmRNA가 세포질로 나오면 리보솜이라는 세포소기관이 전령RNA에 담긴 유전정보로 아미노산을 연결해 단백질을 합성한다. 이때의 단백질은 아미노산들이 사슬처럼 연결된 선형 구조로 안정적인 3차원 구조를 갖고 있지 못하며, 아미노산 서열에 담긴 정보에 따라 그 선형 사슬을 접어 각자에게 고유한 3차원 구조를 형성한다. 이 과정을 단백질접힘protein folding이라 한다. 고유의 3차원 구조로 정확하게 접히는 것은 각 단백질들이 제 기능을 하는 데 필수다. 단백질이 잘못 접히거나 접히지 않으면 단백질이 활동을 못하거나 변형되거나 독성을 갖게 되며, 신경퇴행성 질환을 비롯한 여러 질병의 원인이 된다. 알츠하이머병은 잘못 접힌 아밀로이드베타 단백질과 타우 단백질이 플라크 형태로 축적되어 생기는 '단백질의 잘못된 접힘 질환proteopathy'으로 여겨진다.

뇌의 로보캅인 미세신경교세포들이 아밀로이드 플라크 주변으로 모여들어 그것들을 공격하고 잡아먹고 그리하여 제 속으로 들어온 '유난히 굴복시키기 어려운' 단백질을 소화하려 애쓴다. 역시나 예상할 수 있듯이, 미세신경교세포가 플라크에게 반응해 활성화되면 주변에 부수적 피해가 생긴다. 뇌 속에서 염증이 일으킨 유해한 영향 때문에 뉴런이 손상되거나 죽는 것이다. 사실 플라크와 덩어리라는 1차적 문제보다도 미세신경교세포의 2차적인 염증반응이 뉴런의 죽음, 다시 말해 기억을 비롯한 인지기능이 점진적으로 상실되는 현상의 더욱 강력한 원인으로 보인다.

치매가 알츠하이머의 '특이한 물질'인 플라크와 덩어리 자체보다 그것들에 대한 면역계의 반응에 의해 결정되는 것이 사실이라면, 알츠하이머병의 진행 속도를 늦추거나 예방하는 데 항염증 치료가 효과적일 것이다. 이 예측을 뒷받침하는 증거가 약간 있는데, 아직까지는 '약간'일 뿐이다.[17]

P부인 같은 환자들, 그러니까 관절염이나 기타 면역질환 증상을 통제하기 위해 규칙적으로 항염증약을 복용해야만 하는 환자들에게서는 알츠하이머병 발병률이 유의미하게 감소했다.[18] 반대로 치료하지 않고 둔 감염이나 염증은 알츠하이머병의 위험과 치매의 진행 속도를 높이는 것으로 밝혀졌다.[19] 예컨대 대식세포가 치주염 같은 만성 감염에 대처하느라 혈류 속으로 뿜어내는 염증성 사이토카인은 혈뇌장벽을 뚫고 뇌에 들어가 미세신경교세포가 아밀로이드 플라크에 더욱 공격적으로 반응하도록 만들

고, 그럼으로써 뉴런에 미치는 부수적 피해를 더욱 증가시킨다.[20] 이는 치과에 가면 단기적으로 우울 증상이 생기는데도 불구하고 내가 꾸준히 치과에 가는 한 가지 이유다. 무엇이든 내 잇몸과 치아의 염증을 적절하게 진정시켜주는 조치는 노화가 진행 중인 내 뇌에 장기적으로 유익할 거라고 생각한다.

그런데 알츠하이머병에 대한 항염증약 치료 임상시험들은 아직 명백한 성패가 가려지지 않았다. 그리고 실패한 시험의 경우 대개 그렇듯이 그 이유를 두고 몇 가지 이견이 있다. 임상시험에 사용된 모든 약물이 충분히 높은 용량으로 투여되지 않았거나, 혈뇌장벽을 통과해 뇌에 도달하지 못했을 가능성이 이유로 제시된다. 일부 과학자들이 제시하는 더욱 근본적인 반론은 미세신경교세포의 활성화가 무조건 나쁘기만 한 건 아니라는 주장이다. 결국 미세신경교세포도 옳은 일을 하려고 애쓰는 것이다. 노화한 뇌에서 플라크를 제거하려고 노력하는 것인데, 현미경으로 들여다보면 아밀로이드 단백질을 잔뜩 집어삼킨 미세신경교세포들이 그 단백질을 소화시키려고 힘겹게 용을 쓰고 있는 모습을 볼 수 있다. 치료 측면에서는 미세신경교세포의 활동을 차단하려 할 게 아니라, 그것들이 하고 있는 선행을 지지하고 도와주려고 노력해야 한다는 합리적인 주장도 제기되었다. 이 주장은 환자의 뇌 속으로 들어가 플라크와 결합함으로써 미세신경교세포가 플라크를 더 쉽게 식별하고 파괴하도록 도와주는 항아밀로이드 항체를 개발해야 할 근거다. 또한 건강한 사람에게 아밀로이드 조각을 주입해 아밀로이드 항체 생산을 유도함으로써, 후에 아밀로이드 플라크가 형성되기 시작할 때 미세신경교세포가 그것들을 더 잘 처리하도록 도와줄 알츠하이머병 백신 개발에 대한 근거이기도 하다. 그러나 아직까지는 '착한' 미세신경교세포를 도와주도록 고안된 항체나 백신 가운데, '못된' 미세신경교세포를 억제하는 항염증약들보다 더 좋은 효과를 낸 것은 없었다.

　내 개인적인 의견은 알츠하이머병 치료에 진전이 없는 이유는 우울증 치료에 진전이 없는 근본 원인과 동일한 게 아닐까 싶다. 바로 블록버스터의 저주 말이다. 알츠하이머병은 처음에는 단 한 사람의 사례로 보고되었다가, 이후 약 80년 동안은 대단히 희귀한 사례로 여겨졌지만, 알고 보니 안타까울 정도로 흔한 병이었다. 알츠하이머병은 이제 공중보건과 경제에서 주요 걸림돌로 인식되고 있고, 이런 상황은 특히 급속도로 고령화가 진행 중인 부유한 나라들에서 더욱 그렇다. 가난한 나라와 개발도상국 들에서도 기대수명이 높아지고 60대 이상까지 생존하는 사람이 점점 더 많아지고 있기 때문에 알츠하이머병 발병과 영향이 증가하리라 예측된다. 즉 전 세계적인 질병이다. 그리고 우울증, 비만, 고혈압, 당뇨병, 죽상동맥경화증 등 대부분의 전 세계적 질병은 복합적인 원인에서 발생한다. 알츠하이머병도 예외가 아니다. 알츠하이머병을 일으키는 단 하나의 유전자는 존재하지 않는다. 과거에도 그랬고 앞으로도 결코 그런 유전자는 발견되지 않을 것이다. 알츠하이머병 위험을 높이는 유전자는 여럿이며, 대체로 각자 하나하나는 아주 작은 영향을 미치지만, 이들이 뇌 속의 여러 생화학적 경로에서 일으킨 영향들이 집합적으로 작용하는 것이다. 또한 수십 년에 걸친 인지 감퇴와 진행성 치매의 임상 증후군이 내내 동일한 생물학적 메커니즘에 의해 일어나는 것도 아니다.

다시 말하지만 알츠하이머병을 단일한 병으로 생각해서는 안 된다. 하나로 다 고칠 수 있는 만병통치약을 찾으려 해서는 안 된다는 말이다. 특정 치료에 반응할 가능성이 가장 큰 환자를 더욱 엄밀히 가려내 치료해야 한다. 그런 의미에서 알츠하이머병의 면역치료제 개발 전략은 염증성 우울증에 대한 고도의 전략과 정확히 동일하다. 생체지표를 사용해 임상시험에서 치료에 반응할 가능성이 가장 큰 환자(와 가장 작은 환자) 집단을 식별하는 것이다. 알츠하이머병 환자의 유전자 프로필도 항염증약에 대한 반응을 예측할 생체지표로 활용할 수 있다. 일례로 최근 알츠하이머병 위험을 높이는 유전자 중 하나로 밝혀진 TREM2는 뇌 속 미세신경교세포의 활동을 통제하는 데 중요한 역할을 하는 유전자다.[21] 위험한 TREM2 유전자 변이를 갖고 있는 환자의 치매는 미세신경교세포 염증의 비정상적 상태에 의해 발생하거나 가속화되는 것 같다. 이 TREM2 양성 환자 집단과 그 밖의 명백한 염증 위험 요인들을 갖고 있는 알츠하이머병 환자가 항염증 치료에서 가장 큰 혜택을 입을 거라는 예측은 타당하다.

알츠하이머병은 단 하나의 측면을 지닌 질병이 아니며, 뇌의 선천적 면역계도 음과 양이라는 최소한 두 가지 측면, 즉 보호

염증에 걸린 마음

적 측면과 자기파괴적 측면으로 이루어져 있다. 전형적으로 블록버스터가 기세를 펼칠 수 있는 영역이 아니라는 말이다. 한 가지 치료로 모든 것을 해결하는 일은 결코 일어나지 않을 것이다. 하지만 앞으로 5~10년 사이에 알츠하이머병에 대한 개인화된 면역 치료법이 개발될 가능성이 제법 크다는 건 여러분도 느낄 것이다.

조현병과 자가중독 •

1999년에 케임브리지대학교 부속 애든브룩스병원의 상임 정신과의사로 갓 부임한 나는 의사, 간호사, 심리학자 들로 구성된 팀의 일원으로서, 정신증 증상이 막 발현되기 시작한 환자들을 위한 임상 서비스를 꾸리는 일에 참여했다. 그 환자들은 실제로는 존재하지 않는 목소리와 모습을 보고 들었는데, 이는 환각이었다. 게다가 사실이 아닌 것을 믿는 이들이 있었으니, 이는 망상이었다. 환각과 망상은 정신증 혹은 정신이상을 진단하게 하는 전형적 특징으로, 고대부터 줄곧 그래왔다.

우리는 대부분 10대 후반이나 20대 초반인, 갓 정신증에 빠진 젊은이들을 자주 보았고, 그들에게 왜 그런 일이 일어났는지, 어떻게 해결해야 할지 알아내려 노력했다. 완전히 똑같은 경우인

•   auto-intoxication. 자기 몸 안에서 만들어진 유독성 대사산물로 인한 중독.

환자는 아무도 없었다. 완전히 똑같은 가족도 없었다. 케임브리지 대학교의 모범생도 있었고, 고아원이나 소년원 출신도 있었다. 그들의 정신증 증상에는 불안과 우울, 때로는 조증적 행복감이 다양한 비율로 섞여 있었다. 파티에서 대마초를 많이 피운 일이나 보호시설에서 퇴출되어 노숙 생활을 한 일처럼, 정신증 증상이 발현한 시기와 인과적 연관이 분명한 사건이 있을 때도 있었다. 그런가 하면 증상이 난데없이 불쑥 나타난 경우도 있었고, 대단히 점진적으로 진행되어 언제 시작됐는지 정확히 판단하기 어려운 경우도 있었다. 때로는 표준적 치료가 잘 듣기도 했고 때로는 안 들었다. 전반적으로 보면, 그 환자들 대부분이 도움을 주는 우리 팀과의 인간적 접촉에서 최소한 약에서 얻는 만큼의 혜택은 얻었다고 말하고 싶다. 하지만 모두의 뇌리 한구석에는 암담한 질문 하나가 항상 자리하고 있었다. "내가 미쳐가는 건가요?" "내 딸이 미쳐가고 있는 거예요?" "이건 그저 첫 번째 삽화, 그러니까 우리의 남은 생을 완전히 망쳐버릴, 그 절망적인 광기를 향해 가차 없이 나아가는 행진의 시작일 뿐인 건가요?" 그들 모두가 두려워하던 진단명, 아무도 듣고 싶지 않은 그 단어는 바로 조현병이었다.

그 단어는 심하게 오용되고 널리 오해받아 왔다. 프로이트의 초기 추종자 중 한 사람으로 정신증이란 순전히 마음의 문제라고 생각했던 오이겐 블로일러Eugen Bleuler가 20세기 초에 그리스어 단어들을 끌어다가 '분열된 정신'이라는 의미로 조합해 만든 것이다. 현재 조현병과 조현병 환자라는 말은 일상 대화에서 분열형

염증에 걸린 마음

성격이나 갈등형 성격, 우유부단하거나 위험한 성격, 심지어 정치적 경쟁자를 지칭하는 표현으로 아무렇게나 입에 오르내린다. 그러나 정신의학에서 조현병이 의미하는 바는, 우리 환자들과 그 부모들이 가장 두려워하는 그 병의 진행 경로를 처음으로 묘사했던 크레펠린의 설명에 훨씬 가깝다. 크레펠린은 프로이트나 라몬 이 카할, 파라켈수스나 데카르트 같은 고독한 천재가 아니었다. 그는 조직하고 체계화하고 관리하는 사람이었고, 백과사전처럼 박학다식한 사람이었다. 유대인 가문들에게서 자금을 조성해 뮌헨에 정신병원 겸 연구소를 설립했는데, 이는 신경과학을 중증 정신질환 치료에 적용한 초기 시설 중 하나다. 그는 여러 측면에서 황금기였다고 할 수 있는 20세기 초반에, 독일어권의 정신의학 및 뇌과학 분야의 많은 주도적 인물들을 교육하거나 그들과 협업했다. 가장 큰 영향력을 발휘한 업적은 1883년부터 세상을 떠나기 바로 전해인 1925년까지 정신의학 교과서를 11차 개정판까지 펴낸 일이다.[22]

크레펠린은 임상에서 관찰한 어마어마한 양의 실제 사례들을 바탕으로 정신증에 관한 단순한 틀 하나를 제시했다. 정신증이란, 기저에 있는 두 가지 질병 과정, 즉 조울성 정신이상manic-depressive insanity 과 조발성치매dementia praecox 둘 중 하나의 발현이라는 것이었다. 둘의 중요한 차이점 중 하나는 시간의 경과에 따른 변화였다. 조울증이 있는 환자는 기분이 심하게 들떴다가 가라앉는 상태를 오가고, 때로는 이성을 놓칠 만큼 극단적인 기복을 경험하지만 그렇게 정도를 벗어나는 사이사이 평정 상태로 돌아온다고 예상되었다. 단기적인 궤도는 매우 들쑥날쑥하지만 장기적 궤도는 평평했다. 반면 크레펠린의 책에 따르면 조발성치매 환자는 더욱 가차 없이 진행되는 경로를 따라간다. 그는 조발성치매를 "젊은 나이에 나타나는 정신적 취약함의 특이하고 단순한 상태의 아급성亞急性 발병"이라고 표현했다. 젊은이들이 정신이상에 의해 치매 상태가 되고, 점점 능력과 독립성이 떨어지며, 결국 거대한 정신병원의 후미진 병동에서 세월을 보낼 운명을 맞고 있었다.

크레펠린 본인까지 포함해 정신증이 그렇게 단순하고 깔끔하게 둘로 나뉠 수 있다고 완전히 확신한 사람은 아무도 없었지만, 그래도 그 공식은 여전히 《정신질환 진단 및 통계편람 5판》의 현 진단 체계에 뿌리 깊게 깃들어 있다. 세상은 변했다. 조울성 정신이상은 이제 양극성장애라고 불린다. 그리고 조발성치매는 알고 보니 환자 가족들이 한사코 입에 올리기 싫어하는 바로 그 단어, 조현병이었다.

크레펠린은 프로이트와 그가 만들어 번성하던 정신분석에 대해 매우 비판적이었다. 크레펠린이 보기에 정신증, 특히 우리가 조현병이라 부르는 유형의 정신증의 원인은 심리적인 것이 아니라 신체적인 것이 틀림없었다. 그는 평생 데카르트식 분계선의 한쪽에 머물렀다. 뇌과학 실험실에서 소파로 자리를 바꾼 프로이트와 달리 궤도를 바꾼 적이 없었다. 크레펠린의 연구소에서는 사망한 조현병 환자의 수많은 뇌를 부검했지만, 그중 아우구스테 데 테르의 뇌에 맞먹는 것은 없었다. 데테르의 뇌에서 중요한 발견을 한 알츠하이머와 달리, 크레펠린은 조현병 환자들의 뇌에서 플라크나 덩어리 같은 눈에 띄게 특이한 것은 전혀 발견하지 못했다. 대신 그는 조현병이 가계 내에서 유전되는 경향이 있음을 알아차렸다. 이는 곧 유전 가능성을 암시하는 것이었지만, 크레펠린으로서는 어느 유전자가 조현병에 관여하는지 알아낼 방법은 없었다. 그는 사회가 번식 통제라는 우생학 프로그램으로써 조현병과 저능 등 기타 뇌 장애들의 유전적 위험성을 제거하는 게 좋을 거라 제안하기도 했다. 그는 나치가 권력을 잡기 전에 사망했지만, 그가 남긴 몇 가지 관념들은 그보다 오래 살아남아 치명적인 영향을 미치면서 오늘날까지도 그의 명성에 오점을 남기고 있다.

생을 마감할 시점까지도 그는 여전히 무엇이 조현병을 초래하는지 알지 못했다. 그 기원이 마음이 아니라 몸이라는 것은 알고 있었지만, 몸 중에서도 어디였을까? 생애 말기에 정신의학 교과서 개정 작업에 몰두하는 동안 그가 점점 더 깊이 사로잡힌 한 가지 생각이 있었으나, 웬일인지 이 생각은 60년 뒤 《정신질환 진단 및 통계편람 5판》의 진단 기준에는 포함되지 않았다. 그것은 바로 조현병이 몸에 의한 뇌의 자가중독 때문에 발생한 전신 질환이라는 생각이었다. 크레펠린의 자가중독 이론은 표면적으로는 몸이 오해해 자기를 공격하는 자가면역 이론처럼 들린다. 하지만 20세기 초에는 면역계에 관해 알려진 것이 훨씬 적었고, 그에 비해 호르몬계에 대해서는 좀 더 잘 알려져 있었다. 그래서 크레펠린이 가장 의심 가는 용의자, 그러니까 뇌와 마음을 공격하는 신체 독성의 가장 가능성 있는 근원으로 꼽은 것은 림프선이 아니라 생식선이었다. 그는 여러 해 동안 고환 조직이나 기타 다른 분비샘 조직을 조현병 환자에게 주입하는 '장기요법organotherapy'를 시도했으나 효과는 없었다.[23]

　밝혀지기까지 아주 오랜 세월이 걸리기는 했지만, 그래도 이제 우리는 적어도 한 가지 중요한 면에서 크레펠린이 옳았다는 것을 알고 있다. 바로 조현병에 유전적 원인이 존재한다는 사실이다. 인간 유전체의 염기서열 분석이 이루어진 2000년에는 조현병을 비롯한 모든 병의 유전자들을 곧 발견하리라는 거대한 낙관론의 물결이 휩쓸었다. 그러나 결정적인 결과를 낼 만큼 충분한 환자 3만 7000명의 DNA 데이터가 수집된 것은 겨우 몇 년 전의 일이다.[24] 지금 우리는 조현병 위험을 높이는 유전자가 320개 정도 존재한다는 것을 알고 있다. 인간 유전체 중에서 조현병과 가장 강력하게 연관되는 유전자는 면역계와 자가면역에 중요한 것으로 알려진 유전자다. C4라는 이 유전자에는 보체complement •라 불리는 염증 단백질 합성에 필요한 정보가 암호화되어 있다. 사람마다 각자 가진 C4 유전자의 버전은 다를 수 있으며, 이렇게 다른 C4

•　감염·면역반응·염증반응·알레르기 반응 등의 매개 물질이 되는 혈청 단백질의 총칭.

들은 각자 조금씩 다른 보체 단백질을 만들어낸다. 염증 신호 증가와 연관된 유전자 변이를 갖고 있는 사람은 조현병에 걸릴 위험성이 상당히 크며, 이 동일한 유전자 변이가 생쥐에게서는 뉴런의 시냅스 연결을 손상시킨다.[25] 관련 유전자를 하나도 모르던 상태에서 320개의 유전자를 밝혀내고, 이어서 조현병에 대한 가장 큰 유전적 위험이 면역계에 의해 매개된다는 것을 밝혀낸 것은 정말로 경이로운 발견의 연속이었다. 그래도 C4는 조현병을 일으키는 수백 개의 위험 유전자 중 겨우 하나일 뿐이며, 알려진 모든 유전자의 누적 효과도 그리 큰 것은 아니다. 유전자 외의 다른 요인도 분명 작용하고 있다.

오랫동안 우리가 조현병에 관해 알고 있었던 부인할 수 없는 사실이 하나 있다. 그건 바로 겨울에 태어나면 조현병에 걸릴 위험이 커진다는 것이다.[26] 1990년대 중반에 역학자들이 이 문제를 진지하게 논의하는 것을 듣고 나는 그들이 미친 게 틀림없다고 생각했다. 데이터에 뭔가 결함이 있는 게 분명했다. 태어난 계절이 어떻게 19~25년 후의 조현병 발병에 영향을 줄 수 있단 말인가? 사수자리가 해로운 영향을 끼치기라도 한다는 건가? 당시 내가 공개 석상에서 손을 들고 그렇게 날선 발언을 하지 않은 것이 얼마나 다행인지 모르겠다. 겨울에는 감염 위험이 더 높아서 겨울에 태어나는 것이 더 위험하다는 강력한 증거가 있다. 임신기간 마지막 몇 달 동안의 임부와 태아, 그리고 신생아는 겨울에 더욱 큰 감염 위험에 직면한다. 그리고 임산부와 태아, 신생아의 감염은 모두 조현병 위험의 증가와 연관된다는 사실도 밝혀졌다. 집쥐와 생쥐로 한 실험에서 임신한 쥐 또는 태아 쥐의 바이러스 감염은 신경계 발달에 장기적인 변화를 초래했다. 이 바이러스가 동물의 뇌 발달에 얼마나 큰 영향을 미치는가는 면역계가 그 바이러스 감염에 어떻게 반응하는가에 따라 결정된다. 그와 비슷한 일이 사람에게도 일어날 수 있다. 태아기나 출생 시 감염이 일어난 아기의 경우, 면역계를 통제하는 유전자들이 이후 아기의 면역계가 일반적 바이러스 감염에 대해, 어떤 식으로든 뇌를 정상적 발달 경로에서 이탈하게 만들고 조현병 위험을 높이게끔 반응하게 만드는 것 같다.[27]

이 새롭고 흥미진진한 아이디어를 더 자세히 이해하게 되고, 여전히 오리무중인 조현병의 원인을 명쾌하게 밝혀낼 수 있다면 그건 정말 대단한 진전일 것이다. 그렇다면 이렇게 조현병을 새로운 관점에서 이해하게 되는 일에 대해 신경면역학에 기대할 것이 있을까? 한마디로 진정한 변화를 일으킬 새로운 조현병 치료법을 만들어내는 데도 도움이 될까? 이 분야의 상황은 우울증이나 알츠하이머병의 상황보다 더 뒤처져 있다. 실시된 시험도, 연구된 약물도 더 적다. 그래도 따라가 봐야 할 흥미로운 실마리들이 이미 몇 가지 존재한다. 예를 들어 우리는 뇌의 핵심 신경전달물질 수용체 중 하나인 NMDA N-methyl-D-aspartate 수용체에 결합하는 자가항체가 많은 환자에게서, 조현병과 유사한 정신증 증상이 나타난다는 것을 알고 있다. 모든 자가항체가 그렇듯이 NMDA 자가항체 역시 환자의 면역계가 자신의 단백질을 적으로 착각해 실수로 만들어낸 것이다. 아군에 의한 포격인 셈인데, 이 경우에는 그 표적이 이미 정신증에서 결정적인 역할을 한다고 알려진 시냅스 수용체다. 8년 전쯤, 케임브리지셔와 피터버러의 NHS 트러스트Cambridgeshire&Peterborough NHS Trust • 정신증 팀에 속한 내 옛 동료 몇 명이 자신들이 진료하던 환자들에게서 항 NMDA 항체 수치를 측정했다. 처음에 시험한 환자 43명 중 4명에게서 높은 자가항체 수치가 나왔다.[28] 이 시험에서 양성 반응을 보인 소수의 환자에게 면역 치료를 실시해 자가항체를 줄이자, 정신증 증상에도 즉각적이고 지속적인 차도가 나타났다. 그러나 그것이 병을 완전히 낫게 한 것은 아니었다. 대조군 시험을 실시한 것도 아니었다(이건 현재 진행 중이다). 물론 모두에게 똑같이 듣는 약도 아닐 것이다(정신증 환자들 중 약 5퍼센트에게만 항NMDA 항체가 있었다). 하지만 그 결과는 지난 30년 동안 치료법에 아무런 발전도 없었던 또 하나의 정신의학 영역에서 새로운 면역치료법에 낙관적 기대를 갖게 한다.

‡

그래서 무슨 말이 하고 싶은 거냐고? 그러니까, 아마 우리

• 영국 국민건강서비스에 소속된 2차 의료기관들.

는 앞으로 5년, 10년, 20년 뒤에는 우울증과 기타 정신질환에 대한 급진적으로 새로운 치료법이 점점 더 빠른 속도로 발전하는 모습을 보게 될 거라는 말이다.

어쩌면 우리는, 우울증이 있는 모든 사람에게 똑같이 효과가 있을 거라고 막연히 가정하던 옛 약들과 달리, 우울증이 있는 일부 사람에게 특히 효과가 잘 날 거라고 과학적으로 예측할 수 있는 새로운 약을 보게 될지도 모른다.

어떤 종류의 치료법이 어떤 환자에게서 가장 좋은 효과를 낼지 예측할 수 있는 유전 생체지표와 염증 생체지표를 측정하는 새로운 혈액검사법이 나올 수도 있다.

우울증에 걸린 사람의 정신 건강과 신체 건강을 더욱 통합적이고 전인적으로 평가할 수 있는 새로운 의료기관이 생겨서, 예전처럼 각자 다른 두 명인 것처럼 치료하는 게 아니라 한 명의 환자로서 치료하는 모습을 보게 될지도 모른다.

의학과 정신의학 사이를 가르던 전통적 분계선을 뛰어넘어 양쪽 어디서나 일하는 것에 대해 더욱 확신을 가진 새로운 부류의 의사도 출현할 것이다.

우울증은 순전히 마음만의 문제라 여기며, 병의 고통을 더욱 악화하던 분리 정책과 낙인찍기 문화에서 점진적으로 벗어나는 움직임을 목격하게 될지도 모른다.

그리하여 아마도 우리는 21세기 공중보건의 가장 큰 난제에 맞선 싸움에서 조금씩 더 많은 승리를 거둘 것이다. 지금 우리

염증에 걸린 마음

는 혁명의 문턱에 서 있는 건지도 모른다. 그리고 그 혁명은 텔레비전으로 방송되지는 않을 것이다. 아니, 어쩌면 그건 틀린 말인지도 모른다. 내 생각에 그 혁명은 이미 시작된 것 같다.

감사의 말

내가 우울증에 관해, 앞으로 만들어낼 새로운 치료법에 관해 다르게 생각할 수 있도록 도움과 가르침을 준, 학계와 의약업계, 영국 국민건강서비스에 속한, 이름을 다 거론할 수 없을 만큼 많은 동료에게 감사합니다.

친절하게도 이 책의 초고를 읽어봐 준 분들에게는 따로 이름을 불러 감사를 표합니다. 매튜 드안코나, 사이먼 배런-코언, 클레어 브로, 어멜리아 불모어, 제러미 불모어, 폴 히긴스, 피터 존스, 골럼 칸다커, 트레버 로빈스, 로린다 터너, 페트라 버티스, 제러미 바인. 고맙습니다.

원고를 책으로 만들어준 쇼트북스의 리베카 니콜슨, 오리어 카펜터, 캐서린 깁스, 교정교열을 해준 엠마 크레이기, 삽화를 그려준 헬레나 맥스웰에게도 깊은 감사를 드립니다.

이 책은 무엇보다 내게 책을 쓸 생각을 갖게 하고 여러 측면에서 이를 끝까지 해내게 도와준 아내 메리 피트가 없었다면 나오지 못했을 겁니다.

　　　　　　　　　　　　　　　　　염증에 걸린 마음

이 책에 표현된 관점과 견해는 오직 저자인 나의 것입니다. 또한 의도하지 않은 사실의 오류가 있다면 그 책임 역시 모두 나의 책임입니다.

안타깝지만, 저는 이 책을 읽는 독자의 개인적인 정신 또는 신체 건강상의 문제에 관해 전문적 조언을 해드릴 수 있는 입장이 아닙니다.

후주

1장

1) Mental Health Foundation. 정신 건강에 관한 근본적 사실들Fundamental Facts About Mental Health. 2015.

2) Farmer P, Stevenson D. 성공적인 직장생활; 정신 건강과 고용주들에 관한 검토Thriving at Work; a review of mental health and employers. UK Government; 2017.

3) Dantzer R, O'onnor JC, Freund GG, Johnson RW, Kelley KW. 염증에서 질병과 우울증으로; 면역계가 뇌를 지배할 때From inflammation to sickness and depression; when the immune system subjugates the brain. Nature Reviews Neuroscience. 2008;9:46-56.

4) Raison CL, Capuron L, Miller AH. 블루스를 노래하는 사이토카인; 염증과 우울증 발병Cytokines sing the blues; inflammation and the pathogenesis of depression. Trends in Immunology. 2006; 27:24-31.

5) Smith RS. 우울증의 대식세포 이론The macrophage theory of depression. Medical Hypotheses. 1991;35:298-306.

6) Maes M. 주요우울증의 면역반응에 대한 증거; 검토와 가설Evidence for an immune response in major depression; A review and hypothesis. Progress in Neuro-psychopharmacology and Biological Psychiatry. 1995;19:11-38.

7) Khandaker GM, Pearson RM, Zammit S, Lewis G, Jones PB. 아동기의 혈청 인 터류킨 6 및 C-반응성 단백질과 청년기 우울증과 정신증의 연관관계; 인구기 반 종단연구 Association of serum interleukin 6 and C-reactive protein in childhood with depression and psychosis in young adult life; a population-based longitudinal study. *JAMA Psychiatry*. 2014;71:1121-1128.

8) Dantzer et al.

9) Harrison N, Brydon L, Walker C, Gray M, Steptoe A, Critchley H. 염증은 슬하전두대상피질의 활동 및 중간변연계와의 연결성에 변동을 일으켜 기 분 변화를 초래한다 Inflammation causes mood changes through alterations in subgenual cingulate activity and mesolimbic connectivity. *Biological Psychiatry*. 2009;66:407-414.

10) Miller AH, Raison CL. 우울증에서 염증의 역할; 진화상의 필수 사항에서 현 대의 치료 표적으로 The role of inflammation in depression; from evolutionary imperative to modern treatment target. *Nature Reviews Immunology*. 2016;16:22-34.

11) Anders S, Tanaka M, Kinney DK. 감염에 대한 진화의 방어 전략으로서의 우 울증 Depression as an evolutionary strategy for defense against infection. *Brain, Behavior, and Immunity*. 2013;31:9-22.

12) Watson JD, Crick FH. 핵산의 분자구조 Molecular structure of nucleic acids. *Nature*. 1953;171:737-738.

13) Clinton WJ. 인간 유전체 프로젝트 The Human Genome Project. 2000; https://www.youtube.com/watch?v=slRyGLmt3qc.

14) Pittenger C, Duman RS. 스트레스, 우울증, 신경가소성; 한 점에서 만나는 메커니즘들 Stress, depression, and neuroplasticity; a convergence of mechanisms. *Neuro-psychopharmacology*. 2008;33:88-109.

15) Slavich GM, Irwin MR. 스트레스에서 염증과 주요우울장애로; 사회적 신호 의 우울증 변환 이론From stress to inflammation and major depressive disorder; a social signal transduction theory of depression. *Psychololgical Bulletin.* 2014;140: 774-815.

16) Danese A, Moffitt TE, Harrington H, et al. 부정적 아동기 경험과 성인의 연 령 관련 질환에 대한 위험 요인; 우울증, 염증, 신진대사 위험지표들Adverse childhood experiences and adult risk factors for age-related disease; Depression, inflammation and clustering of metabolic risk markers. *Archives of Pediatric and Adolescent Medicine.* 2009;163:1135-1143.

17) Raison CL, Capuron L, Miller AH.

2장

1) MacPherson G, Austyn J. 면역학 탐구; 개념과 증거*Exploring Immunology; Concepts and evidence.* Germany; Wiley-Blackwell; 2012.

3장

1) National Rheumatoid Arthritis Society. 보이지 않는 병; 류머티즘성관절염과 만성피로*Invisible disease; rheumatoid arthritis and chronic fatigue.* London 2014.

2) Danese A, Moffitt TE, Harrington H, et al.

3) Lokhorst G-J. 데카르트와 솔방울샘Descartes and the pineal gland. 스탠퍼드 철 학 백과사전*The Stanford Encyclopedia of Philosophy* 2016; https://plato.stanford. edu/archives/sum2016/entries/pineal-gland/.

4) Descartes R. 인간에 관한 논고*Treatise of Man.* Harvard University Press; 1637.

5) Depression Alliance. 가능성 2배; 장기 질병과 우울증의 의제화*Twice as likely; putting long term conditions and depression on the agenda.* London UK 2012.

6) Feldmann M. 류머티즘성관절염에 대한 항종양괴사인자 치료법 개발Development of anti-TNF therapy for rheumatoid arthritis. *Nature Reviews Immunology*. 2002;2;364-371.

7) Elliott MJ, Maini RN, Feldmann M, et al. 류머티즘성관절염에서 키메라 단클론 항체와 종양괴사인자 α(cA2) 및 위약의 무작위 이중 맹검 비교Randomised doubleblind comparison of chimeric monoclonal antibody to tumour necrosis factor α (cA2) versus placebo in rheumatoid arthritis. *The Lancet*. 1994;344;1105-1110.

8) National Rheumatoid Arthritis Society. 보이지 않는 병; 류머티즘성관절염과 만성피로*Invisible disease; rheumatoid arthritis and chronic fatigue*. London; 2014.

9) Hess A, Axmann R, Rech J, et al. TNF-알파 봉쇄는 중추신경계에서 통증 반응을 빠르게 억제한다Blockade of TNF-alpha rapidly inhibits pain responses in the central nervous system. *Proceedings of the National Academy of Scientists USA*. 2011;108;3731-3736.

4장

1) Telles-Correia D, Marques JG. 20세기 이전의 우울증; 공포와 슬픔 혹은 부분적 정신이상? Melancholia before the twentieth century; fear and sorrow or partial insanity? *Frontiers in Psychology*. 2015;6.

2) American Psychiatric Association D-AP. 정신질환 진단 및 통계 편람 *Diagnostic and Statistical Manual of Mental Disorders*. 5th edition ed. Arlington; American Psychiatric Publishing; 2013.

3) Auden WH. 지그문트 프로이트를 기억하며In memory of Sigmund Freud. *Another Time*. London; Random House; 1940.

4) Freud S. 자전적 연구An autobiographical study. In; Strachey J, ed. *Standard Edition of the Complete Psychological Works of Sigmund Freud*. Vol 20.

London; Hogarth Press; 1927, 1959:1-74.

5) Masson JM. 진실에 대한 공격 *The Assault on Truth*. New York; Farrar Straus Giroux; 1984.

6) Freud S. 과학적 심리학을 위한 프로젝트 Project for a scientific psychology. In; Strachey J, ed. *Standard Edition of the Complete Psychological Works of Sigmund Freud*. Vol 1. London; Hogarth Press; 1895, 1950.

7) Wampold BE, Mondin GW, Moody M, Stich F, Benson K, Ahn H-N. 선의의 심리치료를 비교한 연구 결과들에 대한 메타분석; 결과에 근거하면 "모두에게 상을 줘야 함" A meta-analysis of outcome studies comparing bona fide psychotherapies; empirically, "all must have prizes" *Psycholological Bulletin*. 1997; 122:203-215.

8) Molière. 상상병 환자 *La malade imaginaire*. *Methuen*; 1981.

9) Lopèz-Muñoz F, Alamo C. 단아민자극성 신경전달; 1950년대부터 현재까지 항우울제 발견의 역사 Monoaminergic neurotransmission; the history of the discovery of anti-depressants from 1950s until today. *Current Pharmaceutical Design*. 2009;15:1563-1586.

10) Kline NS. 중증 우울증의 치료를 위한 이프로니아지드 Iproniazid for the treatment of severe depression. *Albert Lasker Clinical Medical Research Award Citations* 1964; http://www.laskerfoundation.org/awards/show/iproniazid-for-the-treatment-of-severe-depression/.

11) Schildkraut JJ. 정동장애의 카테콜아민 가설 The catecholamine hypothesis of affective disorders; a review of supporting evidence. *American Journal of Psychiatry*. 1965;122:509-522.

12) Wong DT, Perry KW, Bymaster FP. 플루옥세틴 하이드로클로라이드(프로작)의 발견 The discovery of fluoxetine hydrochloride(Prozac). *Nature Reviews Drug*

　　　　　　　　　　　　　　　　　　　　　　　　 염증에 걸린 마음

Discovery. 2005;4:764-774.

13) Wurtzel E. 프로작 네이션*Prozac Nation ; Young and depressed in America*. Van-couver ; Penguin ; 1994. 엘리자베스 워첼, 김유미 옮김, 민음인, 2011.

14) Coles AJ, Twyman CL, Arnold DL, et al. 질병 조절 치료 후 재발한 다발경화증 환자들에 대한 알렘투주맙 무작위 대조 3상 시험 Alemtuzumab for patients with relapsing multiple sclerosis after disease-modifying therapy ; a randomised controlled phase 3 trial. *The Lancet*. 2012;380:1829-1839.

15) Bentley B, Branicky R, Barnes CL, et al. 예쁜꼬마선충의 다층 커넥톰 The multilayer connectome of *Caenorhabditis elegans*. *PLoS Computational Biology*. 2016;12:p.e1005283.

16) Kapur S, Phillips AG, Insel TR. 생물학적 정신의학에서 임상검사법을 개발하는 일은 왜 그렇게 오래 걸리며 이에 대한 대책은 무엇인가? Why has it taken so long for biological psychiatry to develop clinical tests and what to do about it? *Molecular Psychiatry*. 2012;17:1174-1179.

17) Cavanagh J, Patterson J, Pimlott S, et al. 단극성 우울증 환자들의 장기 항우울제 치료 중 세로토닌 수송체의 잔여 가용성은 반응군과 비반응군에서 차이가 나지 않는다 Serotonin transporter residual availability during long-term antidepressant therapy does not differentiate responder and nonresponder unipolar patients. *Biological Psychiatry*. 2006;59:301-308.

5장

1) Dantzer R, Kelley KW. 스트레스와 면역 ; 뇌와 면역계의 관계에 대한 통합적 관점 Stress and immunity ; an integrated view of relationships between the brain and the immune system. *Life Sciences*. 1989;44:1995-2008.

2) Smith RS. 우울증의 대식세포 이론 The macrophage theory of depression. *Medical*

Hypotheses. 1991;35:298-306.

3) Maes M. 주요 우울증의 면역반응에 대한 증거; 검토와 가설 Evidence for an immune response in major depression; A review and hypothesis. *Progress in Neuro-psychopharmacology and Biological Psychiatry*. 1995;19:11-38.

4) Haapakoski R, Mathieu J, Ebmeier KP, Alenius H, Kivimaki M. 주요우울장애 환자들의 인터류킨 6과 인터류킨 1-베타, 종양괴사인자 알파, C-반응성 단백 질에 대한 누적 메타분석 Cumulative meta-analysis of interleukins 6 and 1-beta, tumour necrosis factor-alpha and C-reactive protein in patients with major depressive disorder. *Brain, Behavior and Immunity*. 2015;49:206-215.

5) Dowlati Y, Herrmann N, Swardfager W, et al. 주요 우울증에서 사이토카인의 메타분석 A metaanalysis of cytokines in major depression. *Biological Psychiatry*. 2010;67:446-457.

6) Wium-Andersen MK, Orsted DD, Nielsen SF, Nordestgaard BG. 73,131명의 개인에게서 상승한 C-반응성 단백질 수치, 심리적 스트레스, 우울증 Elevated C-reactive protein levels, psychological distress, and depression in 73 131 individuals. *JAMA Psychiatry*. 2013;70:176-184.

7) Khandaker GM, Pearson RM, Zammit S, Lewis G, Jones PB. 아동기의 혈청 인 터루킨6 및 C-반응성 단백질과 청년기 우울증과 정신증의 연관관계; 인구기 반 종단연구 Association of serum interleukin 6 and C-reactive protein in childhood with depression and psychosis in young adult life; a population-based longitudinal study. *JAMA Psychiatry*. 2014;71:1121-1128.

8) Bell JA, Kivimaki M, Bullmore ET, Steptoe A, Carvalho LA, Consortium MI. 전신 염증에 대한 반복 노출과 노년에 새로운 우울 증상이 나타날 위험성 Repeated exposure to systemic inflammation and risk of new depressive symptoms among older adults. *Translational Psychiatry*. 2017;7:p.e1208.

9) McDonald EM, Mann AH, Thomas HC. 정신질환 이환의 매개자로서 인터페론; B형 간염 보균자에게서 재조합형 알파-인터페론의 시험 연구Interferons as mediators of psychiatric morbidity; An investigation in a trial of recombinant alpha-interferon in hepatitis B carriers. The Lancet. 1987;330:1175-1178.

10) Bull SJ, Huezo-Diaz P, Binder EB, et al. 인터류킨 6와 세로토닌 수송체 유전자의 기능적 다형성 및 인터페론 알파와 리바비린 병합 치료에 의해 유발되는 우울증 및 피로Functional polymorphisms in the interleukin-6 and serotonin transporter genes, and depression and fatigue induced by interferon-α and ribavirin treatment. Molecular Psychiatry. 2009;14:1095-1104.

11) Conan Doyle A. 주홍색 연구A study in scarlet. Wordsworth Press; 1887, 2001.

12) Willans G, Searle R. 학교 타도! Down with Skool! London; Methuen; 1953.

13) Louveau A, Smirnov I, Keyes TJ, et al. 중추신경계 림프관의 구조와 기능의 특징Structural and functional features of central nervous system lymphatic vessels. Nature. 2015;523:337-341.

14) Galea I, Bechmann I, Perry VH. 면역 특권은 무엇이고 무엇이 아닌가?What is immune privilege (not)? Trends in Immunology. 2007;28:12-8.

15) Tracey KJ. 염증 반사The inflammatory reflex. Nature. 2002;420:853-859.

16) Koopman FA, Chavan SS, Miljko S, et al. 류머티즘성관절염에서 미주신경 자극은 사이토카인 생산을 억제하고 발병도를 낮춘다Vagus nerve stimulation inhibits cytokine production and attenuates disease severity in rheumatoid arthritis. Proceedings of the National Academy of Sciences. 2016;113:8284-8289.

17) Hamilton JP, Etkin A, Furman DJ, Lemus MG, Johnson RF, Gotlib IH. 주요우울장애의 기능적 뇌영상; 실험 전 활성화 정도와 신경 반응 데이터의 메타분석과 새로운 통합Functional neuroimaging of major depressive disorder; a meta-analysis and new integration of baseline activation and neural response data.

American Journal of Psychiatry. 2012;169:693-703.

18) Phan KL, Wager T, Taylor SF, Liberzon I. 감정의 기능적 뇌해부학; 양전자방출단층촬영과 기능적 자기공명영상의 감정 활성화 연구들에 대한 메타분석 Functional neuroanatomy of emotion; a meta-analysis of emotion activation studies in PET and fMRI. *NeuroImage*. 2002;16:331-348.

19) Fu CH, Williams SC, Cleare AJ, et al. 항우울제 치료로 주요 우울증에서 슬픈 얼굴에 대한 신경 반응 감쇠; 전향적, 사건관련적 기능적 자기공명영상 연구 Attenuation of the neural response to sad faces in major depression by antidepressant treatment; a prospective, event-related functional magnetic resonance imaging study. *Archives of General Psychiatry*. 2004;61:877-889.

20) Harrison N, Brydon L, Walker C, Gray M, Steptoe A, Critchley H. 염증은 슬하전두대상피질의 활동 및 중간변연계와의 연결성에 변동을 일으켜 기분 변화를 초래한다 Inflammation causes mood changes through alterations in subgenual cingulate activity and mesolimbic connectivity. *Biological Psychiatry*. 2009;66:407-414.

21) Dantzer R, Kelley KW. 사이토카인으로 유도한 질병 행태에 관한 20년간의 연구 Twenty years of research on cytokine induced sickness behavior. *Brain, Behavior, and Immunity*. 2007;21:153-160.

22) Perry VH, Holmes C. 퇴행성 신경질환에서 미세신경교세포의 점화효과 Microglial priming in neurodegenerative disease. *Nature Reviews Neurology*. 2014;10:217-224.

23) Morris GP, Clark IA, Zinn R, Vissel B. 미세신경교세포; 시냅스 가소성, 학습 및 기억, 퇴행성 신경질환 연구의 최첨단 Microglia; a new frontier for synaptic plasticity, learning and memory, and neurodegenerative disease research. *Neurobiology of Learning and Memory*. 2013;105:40-53.

24) Raison CL, Dantzer R, Kelley KW, et al. IFN-α에 의한 면역 자극 동안 뇌 트립토판 및 키뉴레닌의 뇌척수액 농도; 중추신경계 면역반응 및 우울증과의 관계CSF concentrations of brain tryptophan and kynurenines during immune stimulation with IFN-α; relationship to CNS immune responses and depression. *Molecular Psychiatry*. 2010;15:393-403.

25) Maes M, Bosmans E, De Jongh R, Kenis G, Vandoolaeghe E, Neels H. 주요 우울증 및 치료저항성 우울증에서 혈청 내 IL-6 및 IL-1 수용체 길항제의 농도 Increased serum IL-6 and IL-1 receptor antagonist concentrations in major depression and treatment resistant depression. *Cytokine*. 1997;9:853-858.

26) Raison CL, Capuron L, Miller AH. 블루스를 노래하는 사이토카인; 염증과 우울증 발병Cytokines sing the blues: inflammation and the pathogenesis of depression. *Trends in Immunology*. 2006;27:24-31.

27) Anders S, Tanaka M, Kinney DK. 감염에 대한 진화의 방어 전략으로서의 우울증Depression as an evolutionary strategy for defense against infection. *Brain, Behavior, and Immunity*. 2013;31:9-22.

28) Slavich GM, Irwin MR. 스트레스에서 염증과 주요우울장애로; 사회적 신호의 우울증 변환 이론From stress to inflammation and major depressive disorder; a social signal transduction theory of depression. *Psychololgical Bulletin*. 2014;140:774-815.

29) Das U. N. 비만은 염증 질환인가?Is obesity an inflammatory condition? *Nutrition*. 2001;17:953-966.

6장

1) Das U. N. 비만은 염증 질환인가?Is obesity an inflammatory condition? *Nutrition*. 2001;17:953-966.

2) Luppino FS, de Wit LM, Bouvy PF, et al. 과체중, 비만, 우울증; 종단연구들에 대한 체계적 검토와 메타분석 Overweight, obesity, and depression; a systematic review and meta-analysis of longitudinal studies. *Archives of General Psychiatry*. 2010;67:220-229.

3) Chung HY, Cesari M, Anton S, et al. 분자의 염증; 노화와 연령 관련 질환의 기저들 Molecular inflammation; underpinnings of aging and age-related diseases. *Ageing Research Reviews*. 2009;8:18-30.

4) Dopico XC, Evangelou M, Ferreira RC, et al. 광범위한 계절별 유전자 발현이 사람의 면역 및 생리학에서의 연간 차이들을 드러낸다 Widespread seasonal gene expression reveals annual differences in human immunity and physiology. *Nature Communications*. 2015;6:7000.

5) Kendler KS, Thornton LM, Gardner CO. 여성의 주요 우울증 병인학에서 스트레스가 많은 삶의 사건과 이전의 우울삽화 Stressful life events and previous episodes in the etiology of major depression in women. *American Journal of Psychiatry*. 2000;157:1243-1251.

6) Mazure CM. 우울증 위험 요인으로서 삶의 스트레스 요인 Life stressors as risk factors in depression. *Clinical Psychology; Science and Practice*. 1998;5:291-313.

7) Kendler KS, Hettema JM, Butera F, Gardner CO, Prescott CA. 주요우울장애와 범불안장애의 발병 예측에서 상실, 굴욕, 함정수사, 위험 등 삶의 사건 차원 Life event dimensions of loss, humiliation, entrapment and danger in the prediction of onsets of major depression and generalized anxiety. *Archives of General Psychiatry*. 2003;60:789-796.

8) Boyle PJ, Feng Z, Raab GM. 배우자 사망으로 혼자가 되면 사망 위험이 높아지는가? 배우자 사망 원인들 비교를 통한 선택편향 테스트 Does widowhood

염증에 걸린 마음

increase mortality risk? Testing for selection effects by comparing causes of spousal death. *Epidemiology*. 2011;22:1-5.

9) Carey IM, Shah SM, DeWilde S, Harris T, Victor CR, Cook DG. 파트너 사별 후 급성심혈관계질환 위험성 증가Increased risk of acute cardiovascular events after partner bereavement; a matched cohort study. *JAMA Internal Medicine*. 2014;174:598-605.

10) Wohleb ES, Franklin T, Iwata M, Duman RS. 우울증의 신경생물학에서 신경 면역계의 통합Integrating neuroimmune systems in the neurobiology of depression. *Nature Reviews Neuroscience*. 2016;17:497-511.

11) Reader BF, Jarrett BL, McKim DB, Wohleb ES, Godbout JP, Sheridan JF. 반복 적인 사회적 패배 스트레스가 말초신경계와 중추신경계에 미치는 영향; 단핵 세포의 체내 이동, 미세신경교세포 활성화, 불안Peripheral and central effects of repeated social defeat stress; monocyte trafficking, microglial activation, and anxiety. *Neuroscience*. 2015;289:429-442.

12) Schultze-Florey CR, Martinez-Maza O, Magpantay L, et al. 슬픔이 당신을 병들게 할 때; 사별로 인한 전신 염증은 유전자형의 문제When grief makes you sick; Bereavement induced systemic inflammation is a question of genotype. *Brain, Behavior, and Immunity*. 2012;26:1066-1071.

13) Slavich GM, Irwin MR. 스트레스에서 염증과 주요우울장애로; 사회적 신호 의 우울증 변환 이론From stress to inflammation and major depressive disorder; a social signal transduction theory of depression. *Psychololgical Bulletin*. 2014;140: 774-815.

14) Glaser R, Kiecolt-Glaser JK. 스트레스로 인한 면역기능장애; 건강에 대한 함 의들Stress-induced immune dysfunction; implications for health. *Nature Reviews Immunology*. 2005;5:243-251.

15) Danese A, Moffitt TE, Harrington H, et al. 부정적 아동기 경험과 성인의 연령 관련 질환에 대한 위험 요인; 우울증, 염증, 신진대사 위험지표들Adverse childhood experiences and adult risk factors for age-related disease; Depression, inflammation and clustering of metabolic risk markers. *Archives of Pediatric and Adolescent Medicine*. 2009;163:1135-1143.

16) Bellingrath S, Rohleder N, Kudielka BM. 건강한 교사들에게서 노력-보상 불균형은 시험관 내에서 지질다당 자극에 의한 인터류킨 6의 생산 증가와 인터류킨 6의 글루코코르티코이드 감도 저하와 관련이 있다Effort-reward-imbalance in healthy teachers is associated with higher LPS-stimulated production and lower glucocorticoid sensitivity of interleukin-6 in vitro. *Biological Psychology*. 2013;92:403-409.

17) Anders S, Tanaka M, Kinney DK. 감염에 대한 진화의 방어 전략으로서의 우울증Depression as an evolutionary strategy for defense against infection. *Brain, Behavior, and Immunity*. 2013;31:9-22.

18) Kiecolt-Glaser JK, Derry HM, Fagundes CP. 염증; 우울증이 불길에 부채질을 하고 그 열기를 포식한다Inflammation; depression fans the flames and feasts on the heat. *American Journal of Psychiatry*. 2015;172:1075-1091.

19) Cohen IV, Makunts T, Atayee R, Abagyan R. 인구 규모 데이터에서 드러난, 케타민 및 비정신과적 용법으로 승인된 기타 치료제의 항우울 효과Population scale data reveals the antidepressant effects of ketamine and other therapeutics approved for non-psychiatric indications. *Scientific Reports*. 2017;7:1450.

20) Darwin C, Prodger P. 동물과 사람의 감정 표현*The Expression of the Emotions in Man and Animals*. USA; Oxford University Press; 1998.

21) Maes M. 주요 우울증의 면역반응에 대한 증거; 검토와 가설Evidence for an immune response in major depression; A review and hypothesis. *Progress in Neuro-*

psychopharmacology and Biological Psychiatry. 1995;19:11-38.

22) Miller AH, Raison CL. 우울증에서 염증의 역할; 진화상 필수에서 현대의 치료 표적으로 The role of inflammation in depression; from evolutionary imperative to modern treatment target. *Nature Reviews Immunology*. 2016;16:22-34.

23) Anders S, Tanaka M, Kinney DK. 감염에 대한 진화의 방어 전략으로서 우울증 Depression as an evolutionary strategy for defense against infection. *Brain, Behavior, and Immunity*. 2013;31:9-22.

24) Psychiatric Genetics Consortium MDWGotPG. 전장 유전체 연관 분석으로 주요우울장애의 위험 변이 44개를 식별하고 유전적 조성을 더욱 명료히 밝히다 Genome-wide association analyses identify 44 risk variants and refine the genetic architecture of major depressive disorder. *bioRxiv*. 2017.

25) Liu W, Yan M, Liu Y, et al. 올팩토메딘 4는 헬리코박터 파일로리 감염에 대한 선천성 면역을 하향조절한다 Olfactomedin 4 down-regulates innate immunity against Helicobacter pylori infection. *Proceedings of the National Academy of Sciences*. 2010;107:11056-1061.

7장

1) Lee CG, Carr MC, Murdoch SJ, et al. 폐경이행기의 아디포카인, 염증 그리고 내장지방; 전향적 연구 Adipokines, inflammation, and visceral adiposity across the menopausal transition; a prospective study. *The Journal of Clinical Endocrinology & Metabolism*. 2009;94:1104-1110.

2) Chang CK, Hayes RD, Perera G, et al. 런던의 2차 정신 건강 의료 환자 등록부에서 추출한 중증 정신질환 및 기타 주요 장애가 있는 사람들의 출생 시 기대수명 Life expectancy at birth for people with serious mental illness and other major disorders from a secondary mental health care case register in London. *PLoS ONE*.

2011;6:p.e19590.

3) Nordentoft M, Wahlbeck K, Hallgren J, et al. 덴마크, 핀란드, 스웨덴에서 최근 정신장애가 발발한 환자 270,770명의 초과 사망률, 사망 원인, 기대 수명 Excess mortality, causes of death and life expectancy in 270,770 patients with recent onset of mental disorders in Denmark, Finland and Sweden. PLoS ONE. 2013;8:p.e55176.

4) Cohen IV, Makunts T, Atayee R, Abagyan R. 인구 규모 데이터에서 드러난, 케타민 및 비정신과적 용법으로 승인된 기타 치료제의 항우울 효과 Population scale data reveals the antidepressant effects of ketamine and other therapeutics approved for non-psychiatric indications. Scientific Reports. 2017;7:1450.

5) 상동.

6) Miller G. 제약업계는 똑똑한 아이디어가 동이 났는가? Is pharma running out of brainy ideas? Science. 2010;329:502-504.

7) Arrowsmith J, Harrison R. 약물 재배치; 보류된 후보 약물 및 시판 약물의 용도 변경을 위한 사업 사례 및 현재 전략 Drug repositioning; the business case and current strategies to repurpose shelved candidates and marketed drugs. In; Barratt MJ, Frail DE, eds. Drug repositioning; Bringing new life to shelved assets and existing drugs. Hoboken, NJ; John Wiley & Sons, Inc.; 2012:9-31.

8) Köhler O, Benros ME, Nordentoft M, et al. 항염증 치료가 우울증, 우울 증상 및 부작용에 미치는 영향; 무작위 임상시험들의 체계적 검토 및 메타분석 Effect of anti-inflammatory treatment on depression, depressive symptoms, and adverse effects; a systematic review and meta-analysis of randomized clinical trials. JAMA Psychiatry. 2014;71:1381-1391.

9) Kappelmann N, Lewis G, Dantzer R, Jones PB, Khandaker GM. 항사이토카인 치료의 항우울 작용; 만성염증 질환에 대한 임상시험들의 체계적 검토 및

염증에 걸린 마음

메타분석 Antidepressant activity of anti-cytokine treatment; a systematic review and meta-analysis of clinical trials of chronic inflammatory conditions. *Molecular Psychiatry*. 2016.

10) Wittenberg G, Stylianou A, Zhang Y, et al. 우울 증상에 대한 면역조절 약물 효과의 메가 분석 A mega-analysis of immuno-modulatory drug effects on depressive symptoms. *bioRxiv*. 2018.

11) Raison CL, Rutherford RE, Wollwin BJ, et al. 치료 내성 우울증에 대한 종양 괴사인자 길항제 인플릭시맙의 무작위 통제 시험; 기준 염증 지표의 역할 A randomised controlled trial of the tumor necrosis factor antagonist infliximab for treatment-resistant depression; the role of baseline inflammatory markers. *JAMA Psychiatry*. 2013;70:31-41.

12) Groves DA, Brown VJ. 미주신경자극; 그 적용 및 임상 효과를 매개하는 잠재적 기제에 대한 검토 Vagal nerve stimulation; a review of its applications and potential mechanisms that mediate its clinical effects. *Neuroscience and Bio-behavioral Reviews*. 2005;29:493-500.

13) Fox D. 전기치료 The electric cure. *Nature*. 2017;545:20-22.

14) Creswell JD, Irwin MR, Burklund LJ, et al. 마음챙김 기반 스트레스 감소 훈련은 노년층의 외로움과 염증 촉진 유전자를 감소시킨다; 소규모 무작위 대조 시험 Mindfulness-based stress reduction training reduces loneliness and pro-inflammatory gene expression in older adults; a small randomized controlled trial. *Brain, Behavior, and Immunity*. 2012;26:1095-1101.

15) Bower JE, Irwin MR. 심신 치료와 염증 생물학의 통제; 서술적 검토 Mind-body therapies and control of inflammatory biology; a descriptive review. *Brain, Behavior, and Immunity*. 2016;51:1-11.

16) Maurer K, Volk S, Gerbaldo H. 아우구스테 D와 알츠하이머병 Auguste D and

Alzheimer's disease. *The Lancet*. 1997;349:1546-1549.

17) Tuppo EE, Arias HR. 알츠하이머병에서 염증의 역할 The role of inflammation in Alzheimer' disease. *The International Journal of Biochemistry & Cell Biology*. 2005;37:289-305.

18) McGeer PL, McGeer EG. 염증과 노화로 인한 퇴행성 질환 Inflammation and the degenerative diseases of aging. *Annals of the New York Academy of Sciences*. 2004;1035:104-116.

19) Perry VH, Holmes C. 퇴행성 신경질환에서 미세신경교세포의 점화 효과 Microglial priming in neurodegenerative disease. *Nature Reviews Neurology*. 2014;10:217-224.

20) Groves DA, Brown VJ. 미주신경자극; 그 적용 및 임상 효과를 매개하는 잠재적 기제에 대한 검토 Vagal nerve stimulation; a review of its applications and potential mechanisms that mediate its clinical effects. *Neuroscience and Biobehavioral Reviews*. 2005;29:493-500.

21) Guerreiro R, Wojtas A, Bras J, et al. 알츠하이머병에서 TREM2의 변이들 TREM2 variants in Alzheimer' disease. *New England Journal of Medicine*. 2013; 368:117-127.

22) Kraepelin E, Diefendorf AR. 임상정신의학; 학생들과 의사들을 위한 교과서 Clinical psychiatry; a text-book for students and physicians. London; Macmillan; 1915.

23) Noll R. 크레펠린의 '잃어버린 생물학적 정신의학'? 조발성치매에 대한 자가중독, 장기요법, 수술 Kraepelin' "lost biological psychiatry" Auto-intoxication, organotherapy and surgery for dementa praecox. *History of Psychiatry*. 2007; 18:301-320.

24) Psychiatric Genetics Consortium. 108개의 조현병 관련 유전자 좌에서 얻은

생물학적 통찰Biological insights from 108 schizophrenia-associated genetic loci. *Nature*. 2014;511:421-427.

25) Sekar A, Bialas AR, de Rivera H, et al. 보체구성인자4(C4)의 복잡성 변이로 인한 조현병 위험 Schizophrenia risk from complex variation of complement component 4. *Nature*. 2016;530:177-183.

26) Davies G, Welham J, Chant D, Torrey EF, McGrath J. 북반구의 출생 계절이 조현병에 미치는 영향 연구들의 체계적 검토 및 메타분석 A systematic review and meta-analysis of Northern Hemisphere season of birth studies in schizophrenia. *Schizophrenia Bulletin*. 2003;29:587-593.

27) Khandaker GM, Cousins L, Deakin J, Lennox BR, Yolken R, Jones PB. 조현병에서 염증과 면역; 병리생리학과 치료를 위한 함의 Inflammation and immunity in schizophrenia; implications for pathophysiology and treatment. *The Lancet Psychiatry*. 2015;2:258-270.

28) Zandi MS, Irani SR, Lang B, et al. 조현병 1차 발발에서의 질병 연관 자가항체 Disease-relevant autoantibodies in first episode schizophrenia. *Journal of Neurology*. 2011;258:686-688.

후주

그림 목록

그림 9 184~185쪽. 내가 의대에서 배운 것, 현재 우리가 아는 것. 2018. 헬레나 맥스웰 그림.

그림 10 190쪽. 염증을 통제하는 신경 반사. 2018. 헬레나 맥스웰 그림.

그림 11 231쪽. 감정적 얼굴과 감정적 뇌. 첫 번째 그림 Fu CH, Williams SC, Cleare AJ, et al. 항우울제 치료로 주요 우울증에서 슬픈 얼굴에 대한 신경 반응 감쇠; 전향적, 사건관련적 기능적 자기공명영상 연구Attenuation of the neural response to sad faces in major depression by antidepressant treatment:a prospective, event-related functional magnetic resonance imaging study. *Archives of General Psychiatry*. 2004;61:877-889. 두 번째 그림 Darwin, Charles, 동물과 사람의 감정 표현*The Expressions of the Emotions in Man and Animals*, London, 1872.

그림 12 254~255쪽. 스트레스, 염증, 우울증의 악순환, 그리고 그 순환을 깨는 법 (화가가 받은 인상대로 표현한 그림). 2018. 헬레나 맥스웰 그림.

그림 목록

옮긴이 정지인

《우울할 땐 뇌 과학》,《내 아들은 조현병입니다》,《불행은 어떻게 질병으로 이어지는가》,《공부의 고전》,《혐오사회》,《무신론자의 시대》등 여러 권의 책을 번역했다. 어려서부터 언어에 대한 관심과 재미가 커서 좀 조숙한 나이에 번역을 하겠다는 '장래희망'을 품었고, 그대로 세월이 흘러 꽤 오랫동안 번역만 하며 살고 있다. 부산대학교에서 독일어와 독일문학을 '조금' 공부했다.

염증에 걸린 마음

첫판 1쇄 펴낸날 2020년 5월 12일
    3쇄 펴낸날 2020년 7월 22일

지은이 에드워드 불모어
옮긴이 정지인
발행인 김혜경
편집인 김수진
책임편집 김수연
편집기획 이은정 김교석 조한나 이지은 유예림 유승연 임지원
디자인 한승연 한은혜
경영지원국 안정숙
마케팅 문창운 정재연
회계 임옥희 양여진 김주연

펴낸곳 (주)도서출판 푸른숲
출판등록 2003년 12월 17일 제406-2003-000032호
주소 경기도 파주시 회동길 57-9, 우편번호 10881
전화 031)955-1400(마케팅부), 031)955-1410(편집부)
팩스 031)955-1406(마케팅부), 031)955-1424(편집부)
홈페이지 www.prunsoop.co.kr
페이스북 www.facebook.com/simsimpress 인스타그램 @simsimbooks

ⓒ푸른숲, 2020
ISBN 979-11-5675-821-1 (03180)

심심은 (주)도서출판 푸른숲의 인문·심리 브랜드입니다.

* 잘못된 책은 구입하신 서점에서 바꾸어 드립니다.
* 본서의 반품 기한은 2025년 7월 31일까지 입니다.

이 도서의 국립중앙도서관 출판시도서목록(CIP)은 e-CIP 홈페이지(http://www.nl.go.kr/ecip)와 국가자료공동목록시스템(http://www.nl.go.kr/kolisnet)에서 이용하실 수 있습니다. (CIP2020013834)

.